Wissenschaftliche Untersuchungen zum Neuen Testament

Begründet von Joachim Jeremias und Otto Michel
Herausgegeben von
Martin Hengel und Otfried Hofius

40

Tauta Egeneto

Die Präzisierungssätze im Johannesevangelium

von

Carl J. Bjerkelund

J.C.B. Mohr (Paul Siebeck) Tübingen

CIP-Kurztitelaufnahme der Deutschen Bibliothek

Bjerkelund, Carl J.:
Tauta egeneto : die Präzisierungssätze im Johannesevangelium / von Carl J.
Bjerkelund. — Tübingen : Mohr, 1987.
 (Wissenschaftliche Untersuchungen zum Neuen Testament ; 40)
 ISBN 3-16-145117-1
 ISSN 0512-1604

NE: GT

© J.C.B. Mohr (Paul Siebeck) Tübingen 1987.

Satz: Computersatz Staiger, Tübingen. Druck: Gulde-Druck, Tübingen. Einband: Groß-
buchbinderei Heinrich Koch, Tübingen.

Printed in Germany.

Für Nunnan

Vorwort

Als ich vor vielen Jahren auf die Präzisierungssätze aufmerksam wurde und entdeckte, daß man sich durch diese Sätze der Gedankenwelt des Johannes-evangeliums nähern konnte, begann meine lange theologische Beschäftigung mit dem Evangelium, das mir tiefe Befriedigung gegeben hat. Die Arbeit ist nun zu Ende geführt, und es liegt mir am Herzen, meinen tiefen Dank auszu-drücken.

Die Arbeit ist mit Hilfe verschiedener Institutionen und Personen zustande-gekommen.

Die Universität in Oslo hat mich für einen Studienaufenthalt in Rom im Jahre 1981 von allen Unterrichtspflichten befreit. Ich danke der Universität und allen Kollegen am Institut für Religionsgeschichte und Christentums-kunde. Der Norwegische Allgemeinwissenschaftliche Forschungsrat hat diese Untersuchung die ganze Zeit unterstützt, mir ein Reisestipendium gegeben und Übersetzungs- und Druckkosten übernommen. Auch dem Forschungsrat bin ich zu großem Dank verpflichtet. Dem Chefbibliothekar und allen Mitar-beitern am Instituto Pontificio Biblico in Rom danke ich an dieser Stelle für ihre unermüdliche Hilfsbereitschaft.

Meinen erneuten Kontakt mit der Universität in Tübingen, wo ich vor zwanzig Jahren mit meinem Buch PARAKALÔ einige Zeit arbeitete, ver-danke ich Professor Eberhard Jüngel, der als Gastdozent und Opponent unsere Universität in Oslo im Jahre 1985 besuchte und dem ich hiermit meinen Dank ausspreche.

Ich möchte außerdem Professor Martin Hengel meinen besonderen Dank ausdrücken. Er hat mein Manuskript entgegengenommen, mir wichtige Vor-schläge für die Präsentation der Untersuchung gegeben und im Einverständnis mit Professor Otfried Hofius das Buch in die Reihe Wissenschaftliche Unter-suchungen zum Neuen Testament aufgenommen. Ich danke den Professoren Hengel und Hofius dafür herzlich.

Wie meine anderen theologischen Arbeiten ist auch diese Arbeit von cand. theol. Karin Kvideland übersetzt worden. Durch ihre sowohl theologische als auch sprachliche Einsicht hat sie mir dabei eine nicht zu überschätzende Hilfe geleistet, für die ich hier danken will.

Für den sorgfältigen Durchgang des ganzen Manuskriptes vor Druck danke ich stud. theol. Jörg Frey, Tübingen, herzlich.

Oslo, 7. Mai 1986

Carl J. Bjerkelund

Inhalt

I. Teil

II. Teil

III. Teil

IV. Teil

V. Teil

VI. Teil

Abkürzungsverzeichnis

Einleitung

Dieses Buch trägt den Titel TAUTA EGENETO, und wie der Unter-
titel besagt, handelt es von den »Präzisierungssätzen« im Johannesevangelium. Der Begriff Präzisierungssätze ist bisher in der johanneischen
Forschung nicht geläufig, deshalb möchten wir den Leser über den Ausgangspunkt und die Absicht des Buches vorweg orientieren.

Wir legen hier eine Spezialuntersuchung vor, die sich auf bestimmte
Teile des Evangeliums beschränkt, möchten aber betonen, daß dieser
Detailuntersuchung ein Interesse für das ganze Evangelium — als Schrift
und Komposition — zugrunde liegt. Wir sehen das Evangelium aus einer
bestimmten, neuen Perspektive. Dieses Vorhaben mag ein Vergleich erläutern: Wenn wir eine Vorstellung von Europa gewinnen wollen, brei-
ten wir eine Europakarte vor uns aus und betrachten die Grenzlinien, die
uns nicht nur ein Bild über die einzelnen Länder und ihr Verhältnis zueinander vermitteln, sondern uns auch einen Überblick über das gesamte
Europa verschaffen.

In unserer Untersuchung des Johannesevangeliums gehen wir auf eine
ähnliche Weise vor, das Evangelium enthält mehrere Randbemerkungen
und redaktionelle Notizen zum überlieferten Stoff, die das Evangelium
durchziehen wie die Grenzlinien die Landkarte. Diese »Grenzlinien«,
d. h. eine Gruppe der Randbemerkungen und Notizen, bilden den Ausgangspunkt der vorliegenden Arbeit.

Die abschließende, allgemein bekannte Bemerkung des Evangelisten
— in der Kommentarliteratur häufig behandelt und diskutiert — lautet:
»Noch viele andere Zeichen tat Jesus vor den Jüngern, die nicht geschrieben sind in diesem Buch. Diese aber sind geschrieben, daß ihr glaubet,
Jesus sei der Christus, der Sohn Gottes, und daß ihr durch den Glauben
das Leben habet in seinem Namen« (Joh 20.30—31). Diese Sätze drücken
die Intention und die bewußte Schreibweise des Evangelisten deutlich
aus, ein Eindruck, der durch andere Bemerkungen, die von den Kommentatoren jedoch weniger beachtet wurden, unterstützt und verstärkt
wird.

Die erste Bemerkung, die zu dieser bisher kaum beachteten Gruppe
gehört, steht in Joh 1.28 und wird mit den Worten TAUTA EGENETO
eingeleitet. Diese Eingangsworte haben wir als Titel für die vorliegende

Monographie gewählt. 1.28 erinnert an andere Fußnoten im Johannesevangelium, unterscheidet sich aber von Fußnoten in den synoptischen
Evangelien. Wer sich für die Eigenart des Johannesevangeliums interessiert, kann nicht umhin, sich mit den johanneischen »Präzisierungssätzen« zu beschäftigen, die wir so bezeichnet haben, weil sie sich auf die
vorangehenden Aussagen beziehen und diese präzisieren.

Wie schon erwähnt, können diese Sätze im Johannesevangelium unserer Meinung nach als eine besondere Gruppe angesehen werden.

Eine Forschungsarbeit über das Verhältnis dieser Gruppe zu anderen
Fußnoten oder Gruppen von Fußnoten im vierten Evangelium wäre
selbstverständlich auch von Interesse gewesen. Man hätte darin die
Rolle, die die Fußnoten überhaupt spielen, welche Hinweise sie geben,
welche Bedeutung ihnen beigemessen werden kann u. a. m., untersuchen
können. Wie wertvoll eine solche Arbeit über die verschiedenen Randbemerkungen in einem Evangelium sein kann, zeigt K. L. Schmidts klassi-
sches Werk: Der Rahmen der Geschichte Jesu, 1919. In diesem Buch
richten wir doch unsere Aufmerksamkeit gesondert auf die Präzisierungssätze und versuchen, ihre Funktion im Evangelium näher zu bestimmen.

Unsere Wahl ist dabei nicht zufällig, diese Sätze bilden eine spezielle
Gruppe und ihre Relation zum Kontext wirft Fragen auf, die ein näheres
Studium wert sind. Wie z. B. soll die Gruppe genauer abgegrenzt wer-
den? Gibt es in der zeitgenössischen, außerneutestamentlichen Literatur
Randbemerkungen ähnlicher Art, und wenn ja, mit welcher Funktion?
Wie können die Perikopen, auf die die Präzisierungssätze hinweisen, ab-
gegrenzt und charakterisiert werden? Welche Bedeutung haben die Sätze
für die Komposition des Evangeliums?

Von großem Interesse sind dabei natürlich auch die Perikopen, auf die
sich die Sätze beziehen. Es handelt sich bei den Perikopen um Berichte,
mit denen die Neutestamentler sich immer wieder befaßt haben. Unsere
Darstellung baut auf ihrer Forschungsarbeit auf; weil die Schlußfolgerungen dieser Forscher aber ohne Rücksicht auf die »zufälligen« Grenzlinien, die wir anders einschätzen, gezogen wurden und weil gerade diese
Linien unseren Ausgangspunkt im Evangelium bilden, kommen wir
nicht selten zu anderen Resultaten.

Im ersten Kapitel präsentieren wir eine Übersicht über die Forschungsgeschichte und zeigen, wie die Randbemerkungen des Johannesevangeliums bisher gruppiert und behandelt wurden. Dabei machen wir
den Leser mit der Gruppe der Randbemerkungen bekannt, die wir als
Präzisierungssätze bezeichnet haben. Außerdem werden einige charakteristische Züge dieser Sätze nachgewiesen.

Wir untersuchen im weiteren einige zeitgenössische Werke der außerneutestamentlichen Literatur, um zu sehen, ob dort Randbemerkungen, die in Form und Funktion an die Präzisierungssätze erinnern, zu finden sind. Wie meinen, in den historischen Werken des Josephus und in der samaritanischen Literatur entsprechende Bemerkungen nachweisen zu können. Auch ein Studium von Philos Schriften ist in diesem Zusammenhang von Interesse.

In dem Abschnitt — »Die Präzisierungssätze als Problem« — kehren wir zum Johannesevangelium zurück und zeigen, welche Rolle einige der Randbemerkungen in der exegetischen und thematischen Diskussion und in der Debatte über die Quellen des Evangeliums gespielt haben. Dabei stellen wir fest, daß die Forscher sehr unterschiedliche Auffassungen vertreten, Unsicherheit und Divergenz herrscht sowohl über den Ursprung als auch über die kontextuelle Bedeutung der Randbemerkungen. In vielen Fällen werden sie kaum beachtet, und wir legen dar, wie dies die Interpretation zentraler Stellen des Johannesevangeliums auf verschiedene Weise beeinflußt hat. Es gibt Grund zu der Annahme, daß eine genauere Untersuchung der Funktion der Präzisierungssätze der Forschung bei schwierigen Fragen der Exegese einen sichereren Ausgangspunkt liefern könnte.

Nachdem die Problemstellungen aufgezeigt wurden, folgt eine ausführliche Darstellung der Perikopen, auf die die Präzisierungssätze hinweisen. Die Kapitelüberschriften geben an, welche Perikopen behandelt werden: Das Zeugnis Johannes des Täufers, Die Hochzeit zu Kana, Die Tempelreinigung usw. Bei der Auslegung dieser unterschiedlichen und variierten Texte entstehen vielerlei Fragen. Die durchgehende und wesentliche Frage ist jedoch, ob wir bei der Behandlung der Texte ein bestimmtes Muster für die Plazierung der Präzisierungssätze nachweisen können. Gibt es Hinweise auf eine planmäßige Plazierung der Sätze?

In einem abschließenden Abschnitt sammeln wir die Faktoren, die unserer Meinung nach bestätigen, daß die Präzisierungssätze zum Gesamtbild des Evangeliums gehören und die Struktur des Evangeliums unterstreichen.

Zum Schluß fragen wir uns, wie unser Thema in die Problemstellungen eingreift, mit denen sich die Johannesforschung beschäftigt.

Wie sich im folgenden zeigt, haben wir diese Untersuchung als Arbeit vom Typ »Form and Function« klassifiziert (P. Schubert, Form and Function of the Pauline Thanksgivings, 1939, ist der Vertreter dieser Forschungsmethode), eine solche Typenbeschreibung soll jedoch hier nur als Orientierungshilfe dienen. Der Exegese und den theologischen Betrachtungen wird in dieser Arbeit ebensoviel Gewicht beigelegt wie der Arbeit mit den formalen Strukturen.

Diese Darstellung hat Thesenform. Wir rechnen mit verschiedenen Schichten im Aufbau des Evangeliums, behaupten aber, daß die Präzisierungssätze zu ein- und derselben Schicht gehören. Diese These versuchen wir in dem vorliegenden Buch zu begründen.

I. Teil

Die Forschungsgeschichte mit einer Präsentation der Präzisierungssätze

Kaum ein anderes Evangelium war in den letzten Jahren Gegenstand einer so regen Forschung wie das Johannesevangelium[1]. Trotzdem sind die sogenannten ›footnotes‹, Bemerkungen des Verfassers zu dem Traditionsstoff, den er vorlegt, im Joh bei weitem nicht so ausführlich untersucht wie in den anderen Evangelien.

Mehrere Forscher haben dies bemerkt, auch wurde darauf hingewiesen, daß es für viele Aspekte des Joh nützlich wäre, dieses Gebiet in Angriff zu nehmen und genauer zu untersuchen. Daß dies kaum der Fall ist, hängt wahrscheinlich damit zusammen, daß die großen und vielschichtigen theologischen und sachlichen Probleme, die dieses Evangelium aufwirft, wesentlicher und herausfordernder erscheinen als die Randbemerkungen, die es umschließen. Das Kunstwerk ist wichtiger als der Rahmen.

Die Forschungsgeschichte zu diesem Gebiet läßt sich daher schnell referieren. Zu den Randbemerkungen liegt keine ausführliche Monographie vor[2]. Die einschlägigen Zeitschriften enthalten kaum Artikel mit dem Thema der »Fußnoten«. Merrill C. Tenney veröffentlichte 1960 ei-

---

[1] Mehrere Verfasser haben Übersichten der umfassende Literatur, die während der letzten Jahre zur johanneischen Forschung erschienen ist, vorgelegt: ROBERT KYSAR, The Fourth Evangelist and his Gospel, An examination of contemporary scholarship, Minneapolis, Minnesota, 1975. HARTWIG THYEN, Aus der Literatur zum Johannesevangelium, ThR NF 39 (1974), 1–69, 222–252, 289–330; 42 (1977), 211–270; 43 (1978), 328–359; 44 (1979), 97–134. JÜRGEN BECKER, Das Johannesevangelium im Streit der Methoden (1980–1984), ThR NF 51 (1986), 1–78. Xavier Léon-Dufour, Bulletin de litterature johannique, RSR 68/2 (1980), 271–316.

Vgl. auch FRANS NEIRYNCK, John and the Synoptics, BETL 44 (1977), 73–106. NEIRYNCK legt großen Wert auf die neueren Kommentare: »The exegetical literature on the Fourth Gospel in this last decade, 1965–1975, is dominated by the appearence of important new commentaries on John: R. SCHNACKENBURG (1965, 1971, 1975), R. E. BROWN (1966, 1970), J. N. SANDERS − B. A. MASTIN (1968), J. MARSH (1968), L. MORRIS (1971), S. SCHULZ (1972) and B. LINDARS (1972).«

[2] Professor Martin Hengel hat mich auf das folgende neuerschienene Werk aufmerksam gemacht: GILBERT VAN BELLE, Les Parenthèses dans l'évangile de Jean. Studiorum Novi Testa-

nen Artikel in Bibliotheca Sacra über The Footnotes of John's Gospel. »Any casual reader of the Fourth Gospel soon becomes aware that its pages contain a great deal of explanatory material which is not directly involved in the progress of the narrative. This material is by no means irrelevant to the main thrust of the Gospel, but it is parenthetical«, schreibt er. »If it were ommitted, the main theme of thought would remain largely unaltered, although the parenthetical material has a definite value for understanding the meaning of the Gospel. It is more extensive and varied than the notes that one finds occasionally in the Synoptics, and is worth special consideration in the interpretation of the meaning of *John.*«[3]

Tenney registriert 59 Verfasserbemerkungen, weist aber darauf hin, daß diese Zahl ungenau ist, da es oft Schwierigkeiten bereitet zu entscheiden, ob eine gegebene Anmerkung als Fußnote oder »part of the

---

menti Auxilia XI., Leuven 1985. – Weil mein Buch zur Zeit in Druck geht, kann ich leider nur kurz auf das Werk eingehen.

VAN BELLE gibt eine historische Übersicht darüber, wie die sogenannten Parenthesen im Johannesevangelium in der theologischen Fachliteratur registriert und kommentiert wurden, sowohl in den neutestamentlichen Textausgaben von J. J. GIESBACH (1796) bis K. ALAND (1981) und in griechischen neutestamentlichen Grammatiken von A. B. SPITZNER (1773) bis BLASS-DEBRUNNER (1976), als auch in Kommentaren und anderen Publikationen von J. A. BENGEL (1742) bis B. OLSSON (1974). Die vielen Fragmente im Evangelium, die von den neutestamentlichen Forschern als Parenthesen aufgefaßt wurden, werden nach ihrem Inhalt in 17 verschiedene Gruppen mit den folgenden Titeln eingeteilt:

1) Traduction des mots hébreux ou araméens. 2) Explication des usages juifs. 3) Indication ou description des personnages. 4) Indication ou description du lieu. 5) Indication du temps. 6) Explication des mots de Jésus ou d'un autre personnage. 7) Explication des artes de Jésus ou d'autres personnages. 8) Incompréhension des disciples (ou d'autres personnes). 9) Compréhension tardive des disciples. 10) Accomplissement de l'Écriture ou des paroles de Jésus. 11) Référence à un passage qui précède ou qui suit. 12) Correction. 13) Notice de conclusion. 14) Réflextion insérée »après coup« dans la narration. 15) Réflexion théologique plus longue. 16) »Référence« à l'auteur de l'évangile. 17) Connaissance surnaturelle de Jésus.

VAN BELLE führt auch eine grammatikalische Klassifikation durch, die eine noch genauere Einteilung ermöglicht. Dieser Klassifikation legt er die Verwendung von Partikeln, Konjunktionen und Pronomina, syntaktische Aspekte usw. zugrunde.

Im letzten Teil seines Buches wird das ganze Evangelium auf griechisch nach Nestle-Aland wiedergegeben. Die Parenthesen sind von VAN BELLE im Text eingefügt.

In unserem Zusammenhang ist dieses Werk vor allem deshalb von Interesse, weil es eine weit größere Übersicht über die verschiedenen Meinungen der Forscher über »die Parenthesen« gibt, als wir es in unserer Arbeit für nötig erachteten. Wir haben allerdings den Eindruck, daß viele der von VAN BELLE erwähnten Theologen die Grenze zwischen Parenthesen vom Typ redaktionelle Bemerkungen und Parenthesen, die eine Folge literarkritischer Arbeit sind, nicht scharf genug gezogen haben. Dies ist unserer Meinung nach eine Schwäche; das bearbeitete und klassifizierte Material ist dadurch sehr umfangreich.

[3] MERRILL C. TENNEY, The Footnotes of John's Gospel, Bibl. Sac. 117 (1960), 350–364. Siehe S. 350.

main narrative«[4] zu verstehen ist. Er teilt die Anmerkungen versuchs-
weise in 10 Gruppen ein, möchte sich jedoch nicht ganz ohne Vorbehalte
auf diese Einteilung festlegen. Eine strengere Unterteilung ließe sich
durchführen, er wählte stattdessen zu vereinfachen (simplify)[5], wie er
sich ausdrückt.

Zu Gruppe 1 — *The footnotes of translation* — zählt er: 1.38,41—43; 4.25;
9.7; 19.13, 17; 20.16, 24 (die letzte Stelle mit Vorbehalt).

Gruppe 2 — *Footnotes of time and place* — 6.23; 7.2; 8.20; 9.14;
10.22—23; 11.30; 19.31,42; 21.8. Der Verfasser ist sich nicht ganz sicher,
inwieweit er 7.2 dieser Gruppe zuordnen soll, das vielleicht auch als »in-
tegral to the narrative«[6] verstanden werden könnte. Die Bemerkung 6.59
(die Lokalisation der Rede Jesu vom Lebensbrot in der Synagoge von
Kapernaum), die Mitteilung in 9.14 (die Datierung der Heilung des
Blindgeborenen auf den Sabbat) und die Angabe 11.18 (die Entfernung
von 15 Stadien für die Strecke zwischen Bethanien und Jerusalem) fehlen
in dieser Gruppe, weil es sich hier nach Tenney um unentbehrliche Be-
standteile der Erzählung handelt.

Gruppe 3 — *Customs* — besteht genau genommen nur aus einer einzigen Stelle: 4.9 »For the Jews have no dealings with the Samaritans«.

Gruppe 4 — *Footnotes reflecting the author* — bilden bei Tenney eine zusammengesetzte Gruppe. Zu dieser Gruppe gehören die »wir-Stellen«
im Prolog 1.14 und 1.16. Die Anspielung auf »the disciple whom Jesus
loved (13.23—27, 19.35 und 21.23) paves the way for the formal statement in 21.24 that identifies him with the author«[7].

Gruppe 5 — *Recollections of the disciples* — Tenney behauptet, diese
Gruppe sei zum Teil eng verwandt mit Gruppe 4. Er bringt hier die Anmerkungen unter, die sich auf die Reaktionen der Jünger auf verschiedene Ereignisse beziehen. Die Mitteilung, daß die Jünger nicht gleich,
sondern erst nach der Auferstehung Jesu Aufforderung, den Tempel zu
zerstören, verstanden (2.22), und die Bemerkung, die Jünger begriffen
Jesu Gleichnisse nicht (10.6b), und den Hinweis darauf, daß sie erst nach
der Verherrlichung die Schrift verstanden — sowie die Bemerkung zum
Palmsonntag-Erlebnis bei Jesu Einzug in Jerusalem (12,16), gehören
hierher. Vgl. ebenfalls Jesu Rede an Judas in 13.28. Die Feststellung »der
andre Jünger sah und glaubte« wird auch zu dieser Gruppe gezählt
(20.8). Doch wie bereits erwähnt, bezeichnet Tenney Gruppe 4 und 5 als
»closely allied«[8].

---

[4] Id. 351.
[5] Id. 351.
[6] Id. 353.
[7] Id. 355.
[8] Id. 355.

Gruppe 6 — *Notes explanatory of situations and actions* — Hier finden sich »bits of explanatory material that have no special doctrinal purpose, but that add to the colour or to the understanding of the action described«. Zuerst wird die Bemerkung in 2.9 erwähnt, »die Diener, die das Wasser geschöpft hatten, wußten davon«, dann 4.2 »Jesus selbst taufte nicht, nur seine Jünger«. Zu dieser Gruppe rechnet der Verfasser auch die Bemerkung in 6.23, daß es am Ostufer des Sees Tiberias keine Boote gebe, in denen Jesus hätte überfahren können, außerdem 7.5: »Denn auch seine Brüder glaubten nicht an ihn«, sowie den Hinweis 6.71: »Er meinte aber Judas, den Sohn des Simon Ischariot«, als Jesus sagte, »einer der Auserwählten ist ein Teufel«. Zur Gruppe 6 gehört ebenfalls die Auslegung der Rede Jesu vom lebendigen Wasser als »emblematic of the Spirit« (7.39).

Die Bemerkung, Kaiphas habe als Hoherpriester geweissagt, *einer* müsse für das Volk sterben (11.15), und die, daß Judas keineswegs die Armen am Herzen lagen, sondern daß er ein Dieb war (12.6), weist der Verfasser ebenfalls dieser Gruppe zu. Vgl. ebenfalls 21.19 zu Jesu Wort über Petrus, das erklärt: »durch welchen Tod er Gott verherrlichen werde«. Als »the fullest footnote of explanation« führt Tenney schließlich 20.30—31 an, »where the purpose of the whole gospel is definitely stated«[9].

Gruppe 7 — *Enumeration or summary* — »The writer of the Fourth Gospel attached some importance to the cumulative listing of certain types of events«, schreibt Tenney und verweist auf die Zählung der Zeichen in Kana in Galiläa, das Wein-Wunder (2.11) und das Heilungs-Wunder (4.54). Er führt hier auch 21.14 an: »Dies war schon das dritte Mal, daß sich Jesus den Jüngern offenbarte, nachdem er von den Toten auferweckt worden war.«

Gruppe 8 — *Identification of persons* — Hier finden wir Bemerkungen, die dem Leser des Evangeliums helfen, die Personen, von denen berichtet wird, zu unterscheiden. Z. B. wird Nikodemus den Lesern in Kapitel 3 vorgestellt und später wie folgt wieder eingeführt: »Einer, der zu ihnen gehörte, Nikodemus, der früher zu ihm gekommen war« (7.50), oder ähnlich (19.39).

Maria wird danach, 11.1—2, folgendermaßen erwähnt: »Maria aber war die, welche den Herrn mit Salbe gesalbt und seine Füße mit ihren Haaren getrocknet hat; deren Bruder Lazarus war krank«, vgl. 12.3. Daß der Knecht Malchus hieß, ist ebenfalls eine Bemerkung, die eine Person identifiziert (18.10).

In einer Bemerkung über Kaiphas, 18.14, greift der Evangelist zurück auf dessen Wort ›einer muß für das Volk sterben‹. 16.40 wird mitgeteilt,

---

[9] Id. 358.

daß Barrabas ein Räuber war. Auch diese Stellen werden zu Gruppe 8 gerechnet.

Gruppe 9 — *Knowledge of Jesus* — Tenney ordnet dieser Gruppe 3 Stellen zu: Die Bemerkung zum Brot-Wunder: ». . . er wußte nämlich selbst, was er tun wollte« (6.6), 6.64: »Jesus wußte nämlich von Anfang an, wer die waren, die nicht glauben, und wer der war, der ihn verraten würde« und eine entsprechende Bemerkung 13.11: »Denn er kannte seinen Verräter.«

Gruppe 10 — *Long theological notes* — Diese Gruppe bildet die wichtigste für Tenney. Trotzdem ist er sich unsicher, ob die drei Textabschnitte, die er zu dieser Gruppe zusammenfaßt, wirklich nur Fußnoten oder aber mehr sind. »Three passages deserve special consideration because their subject matter is of more importance, and because they are so long that they may be more than footnotes.«[10] Die Textabschnitte, die hier in Betracht kommen, sind 3.16—21, ein Text, der entweder dem Gespräch mit Nikodemus folgt oder einen Teil dieses Gesprächs ausmacht. 3.31—36 im Anschluß an das Zeugnis Johannes des Täufers und 12.37—43, die zusammenfassende Bemerkung, daß die Juden Jesus nicht glaubten, trotz aller Zeichen, die er tat.

Tenneys Artikel ist nicht lang. Mehrere Probleme, die mit diesem Forschungsgebiet verbunden sind, hat er nicht aufgegriffen. Er sah seine Aufgabe darin, eine Übersicht über die Fußnoten zu geben, indem er sie in Gruppen einteilte. Diese Einteilung beruht auf keinem bestimmten Formalprinzip. Fußnoten, die nach der Auffassung des Verfassers einander ähnlich sind, werden derselben Gruppe zugeteilt.

Die Schlüsse, die Tenney aus dieser Einteilung zieht, weisen alle in dieselbe Richtung. Sie stärken den Eindruck, der Evangelist — nach Tenney kann es Johannes sein — ist gut informiert und daher in der Lage, sich über Sitten und Gebräuche in Palästina zu äußern, auf sprachliche und geographische Verhältnisse einzugehen und theologische Motive zu erklären.

Neulich hat John J. O'Rourke den Artikel von Tenney wieder aufgegriffen[11]. Neue Wege der Erforschung der Fußnoten schlägt er nicht ein, jedoch hebt er hervor, daß es sich um ein unsicheres und schwieriges Gebiet handelt, besonders deshalb, weil man nicht wissen kann, ob die Fußnoten »already existed in the sources used by the evangelist and were taken over bodily by him«[12] oder vom Evangelisten selbst stammen.

O'Rourke akzeptiert »for the moment« Tenneys Gruppeneinteilung, trotzdem nimmt er in seinem Artikel ab und zu Korrekturen vor.

---

[10] Id. 361.
[11] JOHN J. O'ROURKE, Asides in the Gospel of John, NovTest 21 (1979), 210—219.
[12] Id. 210.

O'Rourke hat ein Diagramm aufgestellt, aus dem eindeutig hervorgeht, wie sich die Fußnoten seiner Meinung nach auf die verschiedenen
Gruppen verteilen. Wir gehen hier nicht näher darauf ein, sondern greifen nur einige seiner bemerkenswerten Korrekturen auf.

Nicht immer folgt O'Rourke der ziemlich engen Einteilung Tenneys.
Er meint z. B., daß die Fußnote, die nach Tenney in 2.22 beginnt – die
Jünger verstanden erst nach der Auferstehung Jesu Worte vom Abbruch
des Tempels –, bereits mit dem vorhergehenden Vers einsetzt, 2.21: »Er
aber sprach vom Tempel seines Leibes«. Nach O'Rourke hat die Bemerkung in 10.6b: »Jene aber verstanden seine Rede nicht«, eigentlich ihren
Anfang in 10.6a: »Diese Bildrede sprach Jesus zu ihnen«, usw.

Somit wird auch eine andere Gruppeneinteilung plausibel. Die letztge-
nannte Fußnote versteht O'Rourke als »explanatory note«, erstere bringt
er in der Gruppe »theological reflection« unter. Hier fügt er auch die Bemerkungen ein von der Erfüllung der Schrift und der Worte Jesu (18.9,
19.24, 19.28). Diese Gruppe wird noch um einige andere Bemerkungen
erweitert, weil Tenney eine andere Einteilung vornimmt als O'Rourke.

Auf's Ganze gesehen bleibt O'Rourke jedoch bei der Einteilung Tenneys stehen und zieht keine wesentlichen prinzipiellen Schlüsse aufgrund
seiner vorgeschlagenen Korrekturen.

Birger Olsson geht in seiner umfassenden Studie, Structure and Meaning in the Fourth Gospel, in der er Joh 2.1–11 analysiert, ebenfalls auf die
Fußnoten bei Johannes ein[13]. Ein Kapitel seines Buches trägt die Überschrift: The Remarks of the Narrator[14]. Nach Olssons Auffassung steht
außer Zweifel, daß »the Johannine text as a whole has an interpretative
character"[15]. Der Verfasser ist erstaunt, daß die Fußnoten bisher nicht die
Aufmerksamkeit der Forscher auf sich gezogen haben. »Strangely
enough there is no special work on these ›footnotes‹«[16], schreibt er. Seine
eigene Einteilung der Fußnoten folgt zu einem gewissen Grad der Tenneys, er arbeitet jedoch mit weniger Gruppen als Tenney, nämlich nur
mit 6: »Translations of words, identification of individuals, data of time,
place and customs, explanations of speaches and events and longer theological expositions.«[17]

In unserem Zusammenhang ist jedoch Olssons Interesse an Form und
Funktion der Fußnoten wichtig. Sein allgemeiner Eindruck: »that they
have no definite form. Their function also seems to vary in nature« er-

---

[13] BIRGER OLSSON, Structure and Meaning in the Fourth Gospel. A text-lingustic analysis
of John 2.1–11 and 4.1–42, in: Coniectanea Biblica N.T. Series 6, 1974.
[14] Id. 262–266.
[15] Id. 263.
[16] Id. 262.
[17] Id. 262.

scheint korrekt und entspricht dem sehr variierten und lebendigen Bild, das er von ihnen zeichnet: »Most usual are clauses with γάϱ, clauses beginning with ταῦτα (τοῦτο) and clauses with ἦν as the verb. Such expressions as ›this he / they said‹, ›he / they knew / did not know‹, ›that is, in translation‹ are repeated several times. Yet definite formulae for these notes cannot be said to exist. Thus we find that the remarks appear throughout the Gospel, that they deal with many different subjects.

This abundance and variety may depend to some extend on the fact that the Johannine text has a long prehistory, and that the notes were added on different occasions«, schreibt Olsson[18].

Wie wir sehen, bilden die Fußnoten bei Johannes ein ziemlich sperriges und unsystematisches wissenschaftliches Untersuchungsfeld. Ihre Vielfalt stellt eine schwierige Forschungsaufgabe dar.

Andererseits hat es wenig Sinn, die Arbeit an den Fußnoten auf eine Diskussion der Gruppenzugehörigkeit zu beschränken. Ausgehend von der angedeuteten Einteilung sollte es möglich sein, auf diesem Gebiet eine Untersuchung durchzuführen, die sich zunächst eine genauer definierte Gruppe der Fußnoten zum Gegenstand nimmt. Methodisch scheint dies der beste Weg zu sein, um dem Stoff gerecht zu werden – daher schlagen wir diesen Weg ein.

Einzelne Fußnoten oder Gruppen von Fußnoten haben in Verbindung mit anderen Forschungsaufgaben Beachtung gefunden und sind ausführlicher behandelt worden als andere. Dies gilt z. B. für die sogenannten Reflexionszitate (vgl. die Gruppe »theological reflection« bei O'Rourke), die bei Joh in dieser Form vorkommen können: ἐγένετο γὰρ ταῦτα ἵνα ἡ γραφὴ πληρωθῇ (19.36). Die großen Monographien zu den Reflexionszitaten gelten zwar Mt, doch hat man die entsprechenden Zitate bei Joh zum Vergleich herangezogen[19]. So entstand die Diskussion um diese Gruppe der Randbemerkungen.

Wir haben Olssons Interesse an den Fußnoten, besonders an 2.11, erwähnt[20]. Dieser Vers, der das Wunder zu Kana als Jesu erstes Zeichen re-

---

[18] Id. 262 f.

[19] Vgl. GEORGE M. SOARES PRABHU, The Formula Quotations in the Infancy Narrative of Matthew, in: Analecta Biblica 63, 1976, besonders S. 46 ff.

[20] In einer Strukturanalyse von Joh 2.1–11 hat B. OLSSON die Fußnoten als Forschungsfeld gestreift. Der Bericht von dem Weinwunder zu Kana wird bekanntlich mit der Bemerkung abgeschlossen: ταύτην ἐποίησεν ἀρχὴν τῶν σημείων ὁ Ἰησοῦς (2.11). OLSSON sagt zu diesem Vers, daß er sich vom vorhergehenden Text unterscheidet, »separated by structure and content from the preceding ones. – It takes the form of a parenthetical comment and thus reveals something of the narrator's view of the events he describes.« Er erwähnt, daß viele Bemerkungen auf diese Weise eingeleitet sind. »The remarks usually concern what someone *said*, 6.6,59; 7.39; 8.20; 9.22 f.; 10.6; 11.51, but they may refer to something that *happend*, 1.28; 4.54; 19.36; and cf. 12.16; 13.28; 21.14 and 12.37 (τοσαῦτα . . . σημεῖα) and 20.30 f. (πολλὰ

gistriert, steht neben 4.54 (das zweite Zeichen in Kana) und 20.30–31 (Jesu viele Zeichen) im Mittelpunkt der Diskussion um die Zeichen-Quelle bei Joh. Man hat behauptet, diese Fußnoten hätten ursprünglich zur Zeichen-Quelle gehört – vielleicht in einer anderen und kürzeren Form als bei Joh. Robert Tomsen Fortna argumentiert für diese Auffassung[21]. Wir kommen später auf diese Verhältnisse zurück, stellen jedoch zunächst fest, daß die Fußnoten bei Joh in verschiedenen Bezügen Beachtung gefunden haben.

Unserer Auffassung nach ist es wichtig, daß *eine* Gruppe der Randbemerkungen Gegenstand einer Spezialuntersuchung wird, nämlich die »johanneische«. Bei den Synoptikern kommen keine Parallelen zu diesen Bemerkungen vor. Wir bezeichnen die johanneische Gruppe als *Präzisierungssätze*. Diese Bezeichnung deutet ihre Funktion im Evangelium an.

Bevor wir weitergehen, wollen wir die Sätze vorstellen – wir schicken jedoch die Bemerkung voraus, daß Abgrenzungsfragen in Untersuchungen wie dieser Schwierigkeiten bereiten[22]. Es gibt Sätze, die eindeutig unserer Gruppe angehören und andere, deren Zugehörigkeit bezweifelt werden kann. Wir haben angegeben, daß wir uns mit den »johanneischen« Fußnoten beschäftigen. Etwas vage ausgedrückt handelt es sich dabei um die Gruppe, die Olsson wie folgt charakterisiert: »Clauses beginning with ταῦτα (τοῦτο).«

Das einleitende Demonstrativpronomen reicht allerdings nicht aus, um einen Präzisierungssatz zu kennzeichnen. Funktion und Sinn eines Satzes spielen ebenfalls eine Rolle bei der Abgrenzung, die wir vorgenommen haben. Es läßt sich daher nicht ausschließen, daß ein Satz, der das äußere Kennzeichen aufweist, trotzdem aus verschiedenen Gründen ausgelassen, und ein anderer Satz, der das äußere Kennzeichen nicht aufweist, trotzdem zur Gruppe gezählt worden ist. Zunächst stellen wir die von uns als typisch aufgefaßten Präzisierungssätze vor und diskutieren dann Grenz- und andere Fälle.

1:28 ταῦτα ἐν Βηθανίᾳ ἐγένετο
πέραν τοῦ Ἰορδάνου
ὅπου ἦν ὁ Ἰωάννης βαπτίζων

μὲν οὖν καὶ ἄλλα σημεῖα . . . ταῦτα δέ), especially what Jesus said and did. In two passages, 8.20 and 10.6, the pronoun is followed by a noun and there with the article according to normal Greek usage (ταῦτα τὰ ῥήματα, ταύτην τὴν παροιμίαν).« Vgl. auch CARL J. BJERKELUND, Geografi og Kjærlighet i Johannesevangeliet, in: Dynamis, 1980, S. 14–27.

[21] ROBERT TOMSON FORTNA, The Gospel of Signs, A reconstruction of the narrative source underlying the Fourth Gospel, in: Soc.NT Stud. Monogr. Ser. 11, 1970.

[22] Vgl. CARL J. BJERKELUND, PARAKALÔ, Form, Funktion und Sinn der parakalo-Sätze in den paulinischen Briefen, in: Bibliotheca Theologica Norvegica 1, 1967.

2:11   ταύτην ἐποίησεν ἀρχὴν τῶν σημείων ὁ Ἰησοῦς
      ἐν Κανὰ τῆς Γαλιλαίας
        καὶ ἐφανέρωσεν τὴν δόξαν αὐτοῦ
        καὶ ἐπίστευσαν εἰς αὐτὸν
        οἱ μαθηταὶ αὐτοῦ

4:54   τοῦτο [δὲ] πάλιν δεύτερον σημεῖον ἐποίησεν ὁ Ἰησοῦς ἐλθὼν
      ἐκ τῆς Ἰουδαίας
      εἰς τὴν Γαλιλαίαν

6:59   ταῦτα εἶπεν
      ἐν συναγωγῇ διδάσκων
      ἐν Καφαρναούμ

7:39   τοῦτο δὲ εἶπεν
      περὶ τοῦ πνεύματος
      ὃ ἔμελλον λαμβάνειν
      οἱ πιστεύσαντες εἰς αὐτόν
        οὔπω γὰρ ἦν πνεῦμα
        ὅτι Ἰησοῦς οὐδέπω ἐδοξάσθη

8:20   ταῦτα τὰ ῥήματα ἐλάλησεν
      ἐν τῷ γαζοφυλακίῳ διδάσκων
      ἐν τῷ ἱερῷ
        καὶ οὐδεὶς ἐπίασεν αὐτόν
        ὅτι οὔπω ἐληλύθει ἡ ὥρα αὐτοῦ

10:6   ταύτην τὴν παροιμίαν εἶπεν αὐτοῖς ὁ Ἰησοῦς
      ἐκεῖνοι δὲ οὐκ ἔγνωσαν
      τίνα ἦν ἃ ἐλάλει αὐτοῖς

11:51 τοῦτο δὲ ἀφ' ἑαυτοῦ οὐκ εἶπεν
      ἀλλὰ ἀρχιερεὺς ὢν τοῦ ἐνιαυτοῦ ἐκείνου ἐπροφήτευσεν
        ὅτι ἔμελλεν Ἰησοῦς ἀποθνήσκειν ὑπὲρ τοῦ ἔθνους
        καὶ οὐχ ὑπὲρ τοῦ ἔθνους μόνον
        ἀλλ' ἵνα καὶ τὰ τέκνα τοῦ θεοῦ
        τὰ διεσκορπισμένα συναγάγῃ εἰς ἕν

12:16 ταῦτα οὐκ ἔγνωσαν αὐτοῦ οἱ μαθηταὶ τὸ πρῶτον
      ἀλλ' ὅτε ἐδοξάσθη Ἰησοῦς
      τότε ἐμνήσθησαν
        ὅτι ταῦτα ἦν ἐπ' αὐτῷ γεγραμμένα
        καὶ ταῦτα ἐποίησαν αὐτῷ

12:33 τοῦτο δέ ἔλεγεν
      σημαίνων ποίῳ θανάτῳ ἤμελλεν ἀποθνήσκειν

12:41 ταῦτα εἶπεν Ἡσαΐας
      ὅτι εἶδεν τὴν δόξαν αὐτοῦ
      καὶ ἐλάλησεν περὶ αὐτοῦ

Bei der Beschäftigung mit den P-Sätzen und ihren formalen Eigenschaften fällt ihre Eigenart auf. Übereinstimmung in allen Details läßt sich allerdings nicht nachweisen. Einige Sätze sind sehr kurz, bestehen nur aus ein paar Zeilen, andere sind bedeutend länger. Entsprechende Satzglieder können mehr oder weniger ausgeführt sein, Satzglieder, die in einem P-Satz vorkommen, können in anderen fehlen. Charakteristische Züge kommen trotzdem bei allen vor, teils scheint das auf einem bestimmten Stil oder einer Tradition der Schreibweise zu beruhen, teils auf sachlichen Gründen, wie z. B. die Einsicht des Verfassers in unterschiedliche Verhältnisse, tieferliegende Motive usw, mit denen er seine Leser bekannt machen will.

Das wichtigste, allen P-Sätzen gemeinsame Charakteristikum ist das Demonstrativpronomen, das in allen Sätzen an vorgeschobener Stelle steht. Was vorher erzählt oder gesagt wurde, wird in einem ταῦτα (τοῦτο) zusammengefaßt, dem Objekt des Satzes, der so eingeleitet wird. Der Plural ταῦτα wechselt mit dem Singular τοῦτο. Die Wahl der einen oder anderen Form wird vom Zusammenhang bestimmt, in dem der Satz vorkommt. In einigen Fällen finden wir eine ausführlichere Form, die an die Stelle des einfachen Pronomens tritt. Es kann heißen: »dieses Zeichen«, »dieses Gleichnis«, oder ähnlich. Dieser ausführlichere Ausdruck bildet dann in entsprechender Weise das Objekt.

Ist der P-Satz mit dem Vorhergehenden durch Kopula verbunden, wird durchgehend die Partikel δὲ gebraucht.

Abgesehen von einer Ausnahme, steht das Verb in diesen Sätzen im Aorist, 3. Pers. Sing. Die am häufigsten in dieser Form vorkommenden Verben sind: ἐποίησεν / εἶπεν (ἐλάλησεν / ἔλεγεν).

Wir sehen, daß in vielen Fällen ein Partizip Präsens mit diesen Verben verbunden ist: ἐποίησεν ἐλθὼν / εἶπεν διδάσκων / ἐλάλησεν διδάσκων / εἶπεν ... ἀρχιερεῦς ὢν / ἔλεγεν σημαίνων. Wird das Objekt des Satzes hervorgehoben, wird das Subjekt nicht mehr ausdrücklich erwähnt, es geht klar aus dem Zusammenhang hervor. Meistens ist Jesus in diesen Sätzen handelndes Subjekt.

Mit den P-Sätzen soll nicht berichtet werden, was Jesus tat oder sagte, das wurde bereits in der unmittelbar vorhergehenden Perikope zum Ausdruck gebracht, sondern sie kommentieren seine Taten und Reden. Entweder wird festgestellt, wo oder wann sich etwas zutrug, oder eine Episode wird erklärt. Beide Motive werden an mehreren Stellen, aber nicht an allen, miteinander kombiniert. In einigen kurzen P-Sätzen wird dem Ereignis nur eine knappe geographische Notiz beigefügt ohne weitere Mitteilungen, doch erscheint meistens entweder eine Auslegung oder eine Orientierung.

Die geographischen Notizen (Orts- und Zeitangaben) werden als Dativobjekte konstruiert. Die am häufigsten gebrauchte Präposition ist ἐν, oft kommen aber auch Doppelobjekte vor, und die Präpositionen wechseln: ἐν — πέραν / ἐκ — εἰς / ἐν — ἐν. Die Auslegungen sind verschieden gestaltet, sie folgen gewöhnlich in einem eigenen Satz und erscheinen entweder dem Vorhergehenden beigeordnet und mit den Konjunktionen γάρ, καί, δέ oder ἀλλά verbunden, oder sie treten als Nebensätze auf.

Es gibt Sätze, die formal der obigen Gruppe angehören und dort zugeordnet werden könnten, wir stellen sie aber neben die P-Sätze. Es handelt sich um folgende: τοῦτο δὲ ἔλεγεν πειράζων αὐτόν· αὐτὸς γὰρ ᾔδει τί ἔμελλεν ποιεῖν (6.6). ταῦτα εἶπαν οἱ γονεῖς αὐτοῦ ὅτι ἐφοβοῦντο τοὺς Ἰουδαίους· ἤδη γὰρ συνετέθειντο οἱ Ἰουδαῖοι ἵνα ἐάν τις αὐτὸν ὁμολογήσῃ Χριστόν, ἀποσυνάγωγος γένηται (9.22).

Wie wir sehen, sind sie genauso konstruiert wie die P-Sätze, alle haben sie das charakteristische, einleitende τοῦτο (ταῦτα) und so weiter.

Wenn wir trotzdem zögern, diese Sätze den P-Sätzen gleichzustellen, hängt das damit zusammen, daß wir in dieser Untersuchung gleiches Gewicht sowohl auf die Funktion wie auch auf die Form legen. Auf diese Weise wollen wir die für das 4. Evangelium charakteristischen Fußnoten ins rechte Licht rücken. Die beiden Sätze sind so eingefügt, daß sie den Bericht unterbrechen und Realia zu den vom Verfasser erwähnten Verhältnissen beisteuern. Sie haben daher keine besondere Funktion, sondern werden wie die meisten Fußnoten in den Evangelien angewandt. Bei Joh lassen sie sich am besten mit 12.6 vergleichen: εἶπεν δὲ τοῦτο οὐχ ὅτι περὶ τῶν πτωχῶν ἔμελεν αὐτῷ, ἀλλ' ὅτι κλέπτης ἦν καὶ τὸ γλωσσόκομον ἔχων τὰ βαλλόμενα ἐβάσταζεν.

6.6, 9.22 und 12.6 kommen bei unserer Beschäftigung mit den P-Sätzen nur im Vorbeigehen in Betracht.

2.21−22 dagegen ordnen wir ohne weiteres den P-Sätzen zu. ἐκεῖνος δὲ ἔλεγεν περὶ τοῦ ναοῦ τοῦ σώματος αὐτοῦ. ὅτε οὖν ἠγέρθη ἐκ νεκρῶν, ἐμνήσθησαν οἱ μαθηταὶ αὐτοῦ ὅτι τοῦτο ἔλεγεν, καὶ ἐπίστευσαν τῇ γραφῇ καὶ τῷ λόγῳ ὃν εἶπεν ὁ Ἰησοῦς.

Zunächst stellen wir fest, daß die beiden Verse wie P-Sätze fungieren. Sie bilden den Abschluß der Perikope von der Tempelreinigung in 2.13−22, die aus zwei Abschnitten besteht. Der erste, 13−17, beschreibt Jesu heftiges Auftreten gegenüber den Händlern und Geldwechslern. Im zweiten Abschnitt (18−20) fordern die Juden von Jesus ein Zeichen, und er antwortet ihnen und spricht, würden sie den Tempel niederreißen, er würde ihn in drei Tagen wieder aufbauen. Darauf folgt die eben zitierte

Bemerkung 21—22. Nun kann man selbstverständlich gegen 2.21—22 als P-Satz anführen, daß die Randbemerkung zwar die funktionalen Bedingungen erfüllt, aber daß ihr das Demonstrativpronomen, das Charakteristikum der P-Sätze, fehlt. Aus diesem Grund wurde dieser Satz auch nicht der ersten Gruppe zugeordnet. Wir halten es jedoch für vertretbar, davon abzusehen, da es kaum einen Unterschied ausmacht, wenn in dieser Fußnote statt des Demonstrativpronomens (τοῦτο) ein anderes Demonstrativpronomen (ἐκεῖνος) steht. Der Evangelist ist bei der Gestaltung der P-Sätze nicht an eine strenge Formelsprache gebunden. Außerdem erinnert 2.21 f. ἐκεῖνος δὲ ἔλεγεν περὶ τοῦ ναοῦ τοῦ σώματος αὐτοῦ der Form nach an den P-Satz in 7.39 τοῦτο δὲ εἶπεν περὶ τοῦ πνεύματος κ.τ.λ.

A. Dauer hat in seinem Buch zur Passionsgeschichte im Joh einige andere Sätze, die ebenfalls mit ταῦτα eingeleitet werden, behandelt[23]. Als Gruppe liegen sie außerhalb unseres Gebiets. Wir gehen trotzdem näher auf sie ein, um die Schwierigkeiten einer derartigen Grenzziehung aufzuzeigen. Allzu scharfe Grenzen isolieren die Gruppen zu sehr voneinander.

Dauer greift den Satz heraus, der im Joh den Passionsweg Jesu einleitet: ταῦτα εἰπὼν Ἰησοῦς ἐξῆλθεν σὺν τοῖς μαθηταῖς αὐτοῦ πέραν τοῦ χειμάρρου τοῦ Κεδρὼν κ.τ.λ. (18.1).

Aus der Stelle wird klar ersichtlich, daß wir es hier nicht mit einer eingeschobenen Randbemerkung zu einer vorhergehenden Rede Jesu zu tun haben, sondern mit Geschichte — Passionsgeschichte — eingeleitet mit ταῦτα εἰπὼν. Dauer hebt hervor, daß diese Übergangsphraseologie bei Joh üblich ist. Sie kommt besonders häufig beim Wechsel zwischen Rede und Handlung vor. Daher begegnen wir meistens nicht nur derselben Form, sondern auch derselben Terminologie wie hier: ταῦτα (τοῦτο) εἰπὼν, vgl. z. B. in der Leidensgeschichte 18.38, 20.20, 20.22. Dies ist trotzdem keine speziell johanneische Form. Vereinzelt finden wir sie bei Lk, sowohl im Evangelium wie auch in Acta, außerdem erscheint sie nicht selten in der zeitgenössischen Literatur außerhalb des neuen Testaments, besonders in historischen Schilderungen. Die Verfasser machen gern von dieser Wendung Gebrauch, um die Aussage einer historischen Persönlichkeit während eines entscheidenden Augenblicks ihres Lebens zu unterstreichen. Hier in Joh 18.1 — wird auf Jesu Worte, ehe er den

---

[23] ANTON DAUER, Die Passionsgeschichte im Johannesevangelium, StANT 30 (1972), 22.
Vgl. auch CHARLES H. GIBLIN, Suggestion, Negative Response, and Positive Action in St John's Portrayal of Jesus, NTS 26 (1980), 208. Felix Porsch, *Pneuma und Wort,* Frankfurt a. M. 1974, S. 356. HERBERT LEROY, Rätsel und Mißverständnis. Ein Beitrag zur Formgeschichte des Johannesevangeliums, BBB 30 (1968).

Bach Kidron überschreitet, hingewiesen. In Lk 23.46 sind Jesu letzte Worte am Kreuz:»In deine Hände befehle ich meinen Geist!«, genau so eingeflochten: τοῦτο δὲ εἰπὼν ἐξέπνευσεν. Vgl. den Bericht vom Tod des Stephanus in Acta 7.60. Vgl. in derselben Schrift auch 1.9, 14.41, 20.35.

Wir wollen besonders auf drei derartige Stellen bei Joh eingehen. Die Erzählung vom Blindgeborenen nimmt im Joh eine bevorzugte Stelle ein. Unmittelbar bevor Jesus den Blindgeborenen heilt, spricht er:»Wir müssen die Werke dessen, der mich gesandt hat, wirken solange es Tag ist; es kommt die Nacht, da niemand wirken kann. Solange ich in der Welt bin, bin ich das Licht der Welt« (9.4—5). Die Erzählung geht folgendermaßen weiter: ταῦτα εἰπὼν ἔπτυσεν χαμαὶ κ.τ.λ. (9.6).

Auch hier wird hinreichend deutlich, daß V 6 ein integrierender Teil der Wundererzählung ist. ταῦτα leitet keinen Kommentar ein.

Anders verhält es sich bei der folgenden Wundererzählung im Joh: Lazarus ist krank. Jesus hört davon, zögert aber zwei Tage, ehe er Lazarus besucht. Am dritten Tag wendet sich an seine Jünger:»Hat nicht der Tag zwölf Stunden? Wenn jemand bei Tage umhergeht, stößt er nicht an; denn er sieht das Licht dieser Welt. Wenn aber jemand bei Nacht umhergeht, stößt er an, denn das Licht der Welt ist nicht in ihm« (11.9—10). Dann folgt: ταῦτα εἶπεν, καὶ μετὰ τοῦτο λέγει αὐτοῖς. Hier fällt der vollständige Satz auf: ταῦτα εἶπεν κ.τ.λ.

Einerseits hat er die Form des P-Satzes, andererseits hat diese Stelle ihre nächste Parallele im 9.6 und muß entsprechend verstanden werden. Das Vorkommen einer Partizipialkonstruktion im einen Fall und eines vollständigen Satzes im anderen, kann auf sprachlichen Kriterien beruhen. Wir sehen 11.11 daher nicht als P-Satz an, doch weder 9.6 noch 11.11 liegen völlig außerhalb unserer Untersuchung.

Besonders gilt dies, wenn man beachtet, daß es noch einen Satz desselben Typus gibt: 12.36b. Auf die Frage der Juden, wer der Menschensohn sei (12.34ff.), antwortet Jesus:»Noch kurze Zeit ist das Licht bei euch. Wandelt, solange ihr das Licht habt, damit euch nicht Finsternis überfällt! Und wer in der Finsternis wandelt, weiß nicht, wohin er geht«. Dann folgt: ταῦτα ἐλάλησεν Ἰησοῦς, καὶ ἀπελθὼν ἐκρύβη ἀπ' αὐτῶν (12.36b).

An den erwähnten drei Stellen weist das Demonstrativpronomen ταῦτα zurück auf die besonderen Offenbarungsworte Jesu, mit denen er sich als das Licht bezeichnet und von dem Gegensatz zwischen dem Wandeln im Licht und dem in der Finsternis spricht. Bultmann hat sich in seinen quellenkritischen Studien zu Joh mit diesen Worten beschäftigt und behauptet, sie seien gnostischen Ursprungs. Er vertritt die Auffassung, der Evangelist habe eine Offenbarungsreden-Quelle vor sich gehabt, von der er Gebrauch macht[24]. Wie diese Offenbarungsworte in das Evangelium eingefügt worden seien, dazu äußert sich Bultmann nicht.

Diese Frage steht ein wenig am Rande unserer Problemstellung, und wir gehen hier nicht näher auf sie ein, doch die terminologische Nähe zu den P-Sätzen verwies uns auf 9.6, 11.11 und 12.36.

Aus literarkritischen Gründen haben wir Joh 21 nicht in unsere Darstellung der P-Sätze einbezogen. Dieses Kapitel enthält jedoch eine Stelle, auf die wir später zurückkommen werden: 21.19a τοῦτο δὲ εἶπεν σημαίνων ποίῳ θανάτῳ δοξάσει τὸν θεόν.

Form und Terminologie bringen diesen Vers in auffallende Nähe zu 12.33: τοῦτο δὲ ἔλεγεν σημαίνων ποίῳ θανάτῳ ἤμελλεν ἀποθνήσκειν.

Kein anderer der P-Sätze ist so streng nach dem gleichen Muster konstruiert wie dieser. Kontextuell ist 21.19a so angebracht, daß der Vers sich zwischen Jesu prophetische Worte an Petrus, »wahrlich, wahrlich, ich sage dir: als du jünger warst, gürtetest du dich selbst« usw., und der darauf folgenden Aufforderung Jesu, »folge mir nach« (21.19b) befindet. Diese Aufforderung wird mit τοῦτο εἰπών eingeleitet: καὶ τοῦτο εἰπὼν λέγει αὐτῷ· ἀκολούθει μοι.

Die in 21.19 vorliegende Kombination einer Randbemerkung vom Typ P-Satz mit einem Satz, der mit τοῦτο εἰπών eingeleitet wird, ist merkwürdig und im Neuen Testament einmalig. Diese Kombination läßt sich vermutlich bei Joh nur literarkritisch erklären.

Schließlich wollen wir noch erwähnen, daß auch die sogenannten Reflexionszitate außerhalb unserer Untersuchung liegen, formelartige Sätze bei Joh, aber besonders bei Mt, die feststellen, daß der vorliegende Bericht des Evangelisten die »Erfüllung« einer bestimmten alttestamentlichen Prophetie darstellt. Bei Joh ist vor allem die Leidensgeschichte vom Gesichtspunkt der Erfüllung her erzählt. Deshalb erscheinen die Reflexionszitate in der zweiten Hälfte des Evangeliums, sie beginnen mit dem Einzug in Jerusalem. Bei Mt dagegen prägen die Reflexionszitate das ganze Evangelium. Wir begegnen ihnen bereits in der Kindheitsgeschichte Jesu.

Das voll ausgeführte Reflexions-Zitat bei Joh , ἐγένετο γὰρ ταῦτα ἵνα ἡ γραφὴ πληρωθῇ (19.36), kann an eine P-Bemerkung erinnern. Die Kurzform ist allerdings üblicher, sie wird mit ἵνα eingeleitet: ἵνα ὁ λόγος Ἠσαΐου τοῦ προφήτου πληρωθῇ ὃν εἶπεν (12.38), ἵνα ἡ γραφὴ πληρωθῇ ἡ λέγουσα (19.24), ἵνα τελειωθῇ ἡ γραφή, λέγει (19.28).

Die Ähnlichkeit ist dann nicht mehr so groß. Hinzu kommt, daß die Reflexionszitate im Evangelium eine andere Funktion haben als die P-

---

[24] Zur Lichtrede siehe z. B. RUDOLF BULTMANN, Das Evangelium des Johannes, KEKNT 2 (1964), 237, 252.1, 258.2, 262.1.6, 269.1, 271.2, 304.1.

Sätze, nämlich die Erfüllung einer bestimmten Schriftstelle einzuführen. Als Stichwort ist hier das Verb πληρόω zu erwähnen, ein Wort, das in den P-Sätzen überhaupt nicht vorkommt.

Wir haben die Sätze, die den Gegenstand unserer Untersuchung bilden, angeführt (1.28, 2.11, 2.21−22, 4.54, 6.59, 7.39, 8.20, 10.6, 11.51, 12.16, 12.33, 12.41) und vorläufig beschrieben. Sie sind ein Teil der vielfältigen Gruppe der »footnotes« oder Randbemerkungen, die im vierten Evangelium mindestens ebenso häufig ist wie in den anderen Evangelien. Der eigenartige Charakter der Sätze fällt auf, doch sollte man, wie unsere Abgrenzung ergeben hat, von allzu scharfen Grenzziehungen Abstand nehmen.

Das einleitende Demonstrativpronomen bildet ihr wichtigstes formales Kennzeichen. Das Pronomen weist auf eben Gesagtes zurück. Aus den meisten Stellen geht deutlich hervor, worauf das Pronomen zurückweist, doch vereinzelt kann die Abgrenzung der Perikopen Schwierigkeiten bereiten. Um welche Perikope es sich handelt, wird am deutlichsten, wenn der P-Satz folgendermaßen eingeleitet wird: »Dies tat Jesus als Anfang der Zeichen zu Kana in Galiläa« (2.11). »Diese Bildrede sprach Jesus zu ihnen« (10.6). Dagegen ist es schwieriger festzustellen, auf welchen Textabschnitt 2.21−22 zurückweist. Denkt der Verfasser an die ganze Perikope der Tempelreinigung oder nur an deren letzten Teil? − Bezüglich 6.59 kennen wir die schwierigen und umstrittenen literarkritischen und exegetischen Probleme in Joh 6 und verstehen ohne weiteres, daß es gar nicht einfach ist zu entscheiden, worauf 6.59 sich bezieht. Methodisch empfiehlt es sich, diese komplizierten Fragen zusammenhängend zu behandeln, wozu eine Gesamtdarstellung der Funktion der P-Sätze Gelegenheit gibt.

Daß diese Sätze nicht nur auf einen Einzelvers oder einige Worte zurückweisen, sondern auf umfassende Textabschnitte, auf Zeichen, Gleichnisse und Reden im Tempel und Synagoge, charakterisiert mit ihre Funktion im Evangelium. Gewisse Momente oder Kombinationen von Momenten wiederholen sich in den P-Sätzen:

a) Bevor der Evangelist seinen Bericht fortsetzt, bestätigt er das Ereignis durch Ortsangabe und Schilderung der Umstände, unter denen es sich vollzog.

b) Er erklärt den tieferen Sinn des Geschehens.

c) Er gibt an, wann die Jünger die Bedeutung des Ereignisses verstanden.

Ein weiteres auffallendes Moment besteht darin, daß die P-Sätze nur im ersten Teil des Evangeliums vorkommen, nicht in der Leidensgeschichte, die von einem anderen Gesichtspunkt, dem der Erfüllung her, berichtet wird.

Wir machen diese Sätze nun zum Gegenstand einer formkritischen Untersuchung vom Typ »Form and Fuction«. Wir wollen herausstellen, wie die P-Sätze zur Eigenart des Johannesevangeliums beitragen.

Viele Forscher verhalten sich kritisch gegenüber dem Gebrauch der formkritischen Methode auf Joh. S. Schulz scheint den Gedanken abzulehnen: »Aufs Ganze gesehen stellt die Formgeschichte im Johannesevangelium einen toten Zweig dar.«[25] B. Olsson gesteht der Methode nur begrenzte Möglichkeiten zu: »A Johannine *Formgeschichte* is, to a great extent, referred to the Johannine texts themselves and, secondly, if the Gospel is rooted in a strong Jewish/Christian environment, to Jewish writings and the literary forms to be found there.«[26] Wir wissen ebenfalls, daß sich die formgeschichtlichen Studien von M. Dibelius auf die synoptischen Evangelien, die Apostelgeschichte und die Briefliteratur konzentrieren. Joh bleibt außer Betracht.

Aber auch in der Joh-Forschung gibt es formgeschichtliche Monographien und viele Beispiele dafür, daß sprachliche und literarische Klischees die Aufmerksamkeit der Forscher auf sich gezogen haben[27]. – Im großen Ganzen läßt sich sagen, daß Joh eine literarische Prägung aufweist, die vergleichende Studien ermöglicht. Der Abschluß des Evangeliums kann das bezeugen: πολλὰ μὲν οὖν καὶ ἄλλα σημεῖα ἐποίησεν ὁ Ἰησοῦς ἐνώπιον τῶν μαθητῶν, ἃ οὐκ ἔστιν γεγραμμένα ἐν τῷ βιβλίῳ τούτῳ· ταῦτα δὲ γέγραπται ἵνα πιστεύσητε ὅτι Ἰησοῦς ἐστιν ὁ χριστὸς ὁ υἱὸς τοῦ θεοῦ, καὶ ἵνα πιστεύοντες ζωὴν ἔχητε ἐν τῷ ὀνόματι αὐτοῦ (Joh 20.30–31).

R. Bultmann beschäftigt sich in seinem Kommentar ausführlich mit diesem Abschluß[28]. Er hält die Form für traditionell und führt eine Reihe ähnlicher Buch-Abschlüsse aus der jüdischen und griechischen Literatur an. Von mehreren der von Bultmann herangezogenen Beispiele läßt sich zwar sagen, daß sie in ihrer leicht schwülstigen Form eher an Joh 21.25 (. . . und wenn ich eins nach dem anderen aufschreiben würde, glaube

---

[25] SIEGFRIED SCHULZ, Untersuchungen zur Menschensohn-Christologie im Johannesevangelium, Göttingen 1957, S. 75.

[26] BIRGER OLSSON, Op. cit. 5.

[27] Zu der Art, wie Joh seinen Stoff kommentiert, äußert LÉON-DUFOUR, Towards a Symbolic Reading of the Fourth Gospel, NTS 27 (1980), 443: »He (Joh) presents himself as a ›coryphaeus‹. The coryphaeus is the one who, in Greek tragedies, is aware of the outcome of the plot and explains the meaning of the events in the course of the action. – By a few light touches, he educates his reader and teaches him how to consider the events of the past with the eyes of the paschal faith.« Vgl. auch RUDOLF SCHNACKENBURG, Entwicklung und Stand der johanneischen Forschung seit 1955, BETL 44 (1977), 19–44, besonders S. 38 ff.

[28] RUDOLF BULTMANN, Op. cit. 540–542.

ich, sogar die Welt könnte die Bücher nicht fassen, die geschrieben würden) erinnern als an Joh 20.30—31. Bultmanns Sammlung kann jedoch vermehrt werden. Das ergibt sich aus einer Durchsicht der Schriften des Josephus.

Wir beschäftigen uns nicht mit dem Buchabschluß, sondern mit den P-Sätzen. Wir haben auf ihre Eigenart hingewiesen und festgestellt, daß sie zu einer formkritischen Untersuchung auffordern. Wir setzen diesen Weg fort und wenden uns der außerneutestamentlichen zeitgenössischen Literatur, besonders den Schriften des Josephus, der samaritanischen Literatur und den Werken Philos zu.

Diese Untersuchungen dienen dem doppelten Zweck, festzustellen, ob sich hier kommentierende, redaktionelle Bemerkungen, die den P-Sätzen gleichen, nachweisen lassen, und um einen Eindruck zu gewinnen, in welchen Zusammenhängen derartige Rahmenbemerkungen eventuell auftreten. Zu einem gewissen Grad werden die Untersuchungen dazu beitragen, Joh aus der Isolation zu lösen und johanneische Fragen auf einem breiteren Hintergrund abzuhandeln, als es bisher möglich war.

II. Teil

Das außerneutestamentliche Vergleichsmaterial

1. Flavius Josephus

Wir wissen, daß Josephus seine Darstellung der Geschichte des jüdischen Volkes von der ältesten Zeit an bis hin zu seinen Tagen weitgehend auf überliefertem Stoff aufbaut. Dabei hat er sich als Verfasser keineswegs neutral zu diesem Stoff verhalten, sondern er hat ihn bearbeitet und bewußt geformt. Mit anderen Worten können wir erwarten, bei ihm auf kommentierende Bemerkungen zu stoßen, die sich zum Vergleich mit den P-Sätzen eignen.

In der Joh-Forschung hat man oft die Werke des Josephus zum Vergleich herangezogen. In unserem Fall liegt es nahe, einen kurzen Artikel von C. H. Dodd, The Prophecy of Caiaphas — John xi 47–53[1], zu erwähnen. Dodd beschäftigt sich dort eingehend mit Vergleichsmaterial aus den Werken des Josephus (vgl. den P-Satz in Joh 11.53). Außerdem sei erwähnt, daß die große Festschrift für O. Michel, Josephus-Studien, zwei Artikel enthält[2], die dem Verhältnis zwischen Joh und Josephus gewidmet sind: O. Betz, Das Problem des Wunders bei Flavius Josephus im Vergleich zum Wunderproblem bei den Rabbinen und im Johannes-

---

[1] C. H. DODD, The Prophecy of Caiphas, John 11.47–53, in: Neotestamentica et Patristica, Festschr. Oscar Cullmann, Suppl. NovTest 6 (1962), 134–143.

[2] OTTO BETZ, Das Problem des Wunders bei Flavius Josephus im Vergleich zum Wunderproblem bei den Rabbinen und im Johannesevangelium, in: Josephus-Studien. Untersuchungen zu Josephus, dem antiken Judentum und dem Neuen Testament, Festschr. Otto Michel, hrsg. Otto Betz, Klaus Haacker und Martin Hengel, 1974, S. 23–44. Werner Grimm, Die Preisgabe eines Menschen zur Rettung des Volkes, Priesterliche Tradition bei Johannes und Josephus, ibid. 133–146.

Vgl. MARTIN HENGEL, Zeloten und Sikarier, Zur Frage der Einheit und Vielfalt der jüdischen Befreiungsbewegung 6–74 n. Chr., ibid. 175–196, besonders S. 175: »Unsere Hauptquelle ist Josephus, unser Wissen würde in schwer vorstellbarer Weise zusammenschrumpfen, wenn sein Werk nicht erhalten geblieben wäre. Der geschichtliche Rahmen des Neuen Testamentes verlöre alle Konturen und verflüchtigte sich zu einem bloßen Schatten, der keine historische Einordnung des Urchristentums mehr ermöglichte. Josephus ist und bleibt der wichtigste antike ›Kommentar‹ zum Neuen Testament.«

evangelium, diskutiert das Problem Semeia-Quelle und Semeia-Kritik im Johannesevangelium. W. Grimm, Die Preisgabe eines Menschen zur Rettung des Volkes. Priesterliche Tradition bei Johannes und Josephus, setzt sich auch (wie Dodd) mit Joh 11.47—53 auseinander.

D. Daubes Artikel: Typologie im Werk des Flavius Josephus[3] ist in einem anderen Zusammenhang geschrieben, der uns näher interessiert. Daube will zeigen, wie Josephus in seiner Darstellung historischer, aus dem Alten Testament bekannter Episoden öfters dem Bericht eine andere Richtung gegeben hat, als die Quellen nahelegen. Josephus beabsichtigt damit eine typologische Auslegung des Geschehens zu erreichen. Als Geschichtsschreiber ist Josephus fest davon überzeugt, er selbst nehme eine zentrale Stellung in der Geschichte Israels ein und glaubt, Ereignisse seines eigenen Lebens seien typologisch in den historischen Schriften des AT und anderer entsprechender Literatur vorhergesagt und beschrieben. Mehr oder weniger deutlich treten diese eigentümlichen Betrachtungen in seinem Werk zutage. Indirekt geschieht dies durch eine tendenziöse Darstellung geschichtlicher Begebenheiten. Nach Daube hat Josephus mehrmals seinen alttestamentlichen Quellen eigene Texterweiterungen beigefügt, die weder in der Schrift noch in der rabbinischen Literatur eine Grundlage haben. Durch diese Änderungen bringt er biblische Texte dazu, bedeutungsvolle Ereignisse seines eigenen Lebens typologisch zu erläutern. In einzelnen Fällen jedoch kommt die typologische Auslegung bei Josephus deutlicher zum Ausdruck. Daube befaßt sich besonders mit einer bestimmten Randbemerkung in den Antiquitates, die im Mittelpunkt seiner Argumentation steht. Auch andere Josephus-Forscher vor Daube haben diese Bemerkung aufgegriffen. Uns interessiert sie aus formalen Gründen neben funktionellen und sachlichen.

Die Bemerkung steht im Bericht vom Tode des Josia in Ant X. 79.

In seiner Darstellung der Geschichte der Juden seit den Tagen Adams ist Josephus zu der Epoche gelangt, die ihr Gepräge nicht zuletzt durch Josia und Jeremia erhalten hat. Nach einer Aufzählung verschiedener Episoden aus dem Leben Josias, berichtet er in Ant X. 74—78 vom Tode des Königs während des Krieges gegen den ägyptischen Heerführer Necho. Josia wollte seinen Streitwagen von einem Heeresflügel zum anderen führen und wurde dabei vom Wurfgeschoß eines Ägypters tödlich getroffen. Sein Ende, so Josephus, rief tiefe Trauer hervor (vgl. die Darstellung in 2 Chr). Unter den Trauernden befand sich auch Jeremia, der ein Klagelied zum Begräbnis des Königs verfaßte. Der Bericht endet mit

---

[3] DAVID DAUBE, Typologie im Werk des Flavius Josephus, in: Freiburger Rundbrief 31 (117/120), 1979, S. 59—68. Nachdruck des Sitzungsberichts der Philosophisch-Historischen Klasse, 1977, Heft 6 der Bayerischen Akademie der Wissenschaften.

den Worten über die Klage des Propheten: »Der Prophet Jeremia verfaßte bei seinem Begräbnis ein Klagelied, das bis auf den heutigen Tag vorhanden ist.« — Unmittelbar danach folgt die Randbemerkung des Josephus. Formal ist sie mit den Worten Jeremias verbunden, ihre Voraussetzung ist jedoch die gesamte Erzählung vom Tode des Josia: οὗτος ὁ προφήτης καὶ τὰ μέλλοντα τῇ πόλει δεινὰ προεκήρυξεν ἐν γράμμασι καταλιπὼν καὶ τὴν νῦν ἐφ' ἡμῶν γενομένην ἅλωσιν τήν τε Βαβυλῶνος αἵρεσιν. οὐ μόνον δὲ οὗτος προεθέσπισε ταῦτα τοῖς ὄχλοις, ἀλλὰ καὶ ὁ προφήτης Ἰεζεκίηλος, ὃς πρῶτος περὶ τούτων δύο βίβλους γράψας κατέλιπεν.

Dieser Prophet war es auch, der der Hauptstadt das ihr bevorstehende Unglück vorhersagte und sogar über unser jetziges Schicksal sowie über Babylons Fall schriftliche Weissagungen hinterließ. Inzwischen war Jeremias nicht der einzige Bote des dem Volke bevorstehenden Schicksals, sondern auch Ezechiel, der zuerst zwei Bücher darüber niederschrieb[4].

D. Daube hat diese Bemerkung hervorgehoben, weil sie die Richtigkeit seiner These: Typologie im Werk des Flavius Josephus — unterstreicht.

Im vorliegenden Zusammenhang weckt die Bemerkung unser Interesse als ein erstes klares Zeugnis dafür, daß Josephus tatsächlich kurze Verfasserbemerkungen seinen Berichten folgen läßt, ebenso wie der Evangelist Johannes. Gehen wir näher auf die Bemerkung bei Josephus ein, stellen wir fest, daß sie beträchtliche Übereinstimmungen mit unseren johanneischen Sätzen aufweist. Wie in den P-Sätzen finden wir auch hier das vorgezogene Demonstrativpronomen, vgl. οὗτος ὁ προφήτης in Ant X.79 mit ταῦτα τὰ ῥήματα und ταύτην τὴν παροιμίαν Joh 8.20 und Joh 10.6, und auch mit ἐκεῖνος δὲ ἔλεγεν Joh 2.21.

An den folgenden Stellen ist die Strukturgleichheit zwischen Josephus und Johannes auffällig:

οὗτος ὁ προφήτης καὶ τὰ μέλλοντα . . . προεκήρυξεν . . .
. . .οὐ μόνον δὲ οὗτος προεθέσπισε
        ἀλλὰ καὶ . . .   (Ant X. 79).
τοῦτο, δὲ . . . ἀρχιερεὺς ὢν . . .
. . .ἐπροφήτευσεν ὅτι ἔμελλεν Ἰ. ἀποθνήσκειν ὑπὲρ
. . . καὶ οὐχ ὑπὲρ . . . μόνον
ἀλλ' ἵνα καὶ . . .   (Joh 11.51f.).

---

[4] Vgl. Flavius Josephus' Jüdische Alterthümer, übersetzt von Fr. Kaulen, Köln am Rhein 1892. Zitate aus dieser Übersetzung sind im folgenden in heutiger Orthographie wiedergegeben. Vgl. auch Flavius Josephus, Opera, with an English Translation by H. S. J. Thackaray, R. Marcus, A. Wikgren, L. H. Feldman, I—IX, The Loeb Classical Library, London 1966—1969.

Wir beschäftigen uns jedoch nicht nur mit dem formalen Aspekt der P-Sätze, sondern auch mit deren Funktion, deshalb ist es bemerkenswert, daß die Stelle hier nicht nur formal, sondern auch funktional im Verhältnis zu Joh interessant ist. Josephus kommentiert eine wichtige Pointe mit dieser Bemerkung. Er hat soeben berichtet, daß Jeremia ein Klagelied auf Niederlage und Tod des Josia gedichtet hat. Hier hält Josephus ein, unterbricht seinen chronologisch geordneten historischen Bericht und fügt diesem eine erweiterte, aktuelle Perspektive an.

Seine Leser sollen wissen, daß derselbe Prophet Jeremia, der das Klagelied beim Fall des Josia gedichtet hatte, auch den Untergang Jerusalems geweissagt hat, und zwar nicht nur den, welchen die Juden unter den Babyloniern erlebten, sondern auch den, welchen Josephus und seine Zeitgenossen unter römischer Herrschaft erfuhren.

Ohne die Vergleiche mit Johannes zu übertreiben, wollen wir hier daran erinnern, daß der Evangelist mehrmals seinen Bericht durch die P-Sätze unterbricht und auf den prophetischen Inhalt des eben Gesagten hinweist, auf Prophetien, die die Jünger erst später verstehen (vgl. 2.21f., 7.39 und 12.16).

D. Daube erwähnt, daß einzelne Literarkritiker die Authentizität dieser Bemerkung in Zweifel ziehen, aber er weist diesen Zweifel energisch zurück: »Man hat dies als intérpoliert abgetan: ein verzweifelter Ausweg«[5], so lautet sein Kommentar.

Nach Josephus besaß nicht nur Jeremia die Gabe der Prophetie, dasselbe galt in hohem Grad auch für andere, nicht zuletzt für Daniel. »Er entfaltet nämlich nicht bloß die Zukunft vor uns wie andere Propheten, sondern bestimmt auch genau die Zeit, wann seine Verkündigung eintreffen wird.«[6] In seinem Bericht über Daniel greift Josephus verschiedene Momente auf, u. a. referiert er frei nach dem Alten Testament Daniels bekannte Vision bei Susa und seine Auslegung des Gesichtes. Uns interessiert, wie Josephus diesen Stoff behandelt. Er kommentiert das rätselhafte, bildliche, apokalyptische Gesicht und auch die folgende Auslegung. Um einen Eindruck von Josephus' Arbeitsweise zu vermitteln, zitieren wir zuerst den letzten Teil der Vision Daniels:

Dann sah ich, wie aus der Stirn des Bocks ein gewaltiges Horn hervorwuchs; dieses zerbrach und spaltete sich in vier, deren jedes sich nach einer anderen Weltgegend hinneigte. Aus diesen erhob sich dann noch ein kleineres, das mit jedem Augenblicke wuchs, und Gott, der es mir zeigte, sagte mir, dieses werde mein Volk bekriegen, seine Hauptstadt

---

[5] David Daube, Op. cit. 63.
[6] Ant X. 267.

mit Gewalt nehmen, den Tempel zerstören und die Opfer für 1296 Tage einstellen (Ant X. 271).

Dann folgt Josephus' Kommentar in dieser Form:

ταῦτα μὲν ἰδεῖν ἐν τῷ πεδίῳ τῷ ἐν Σούσοις ὁ Δανίηλος ἔγραψε, κρῖναι δ' αὐτὸν τὴν ὄψιν τοῦ φαντάσματος ἐδήλου τὸν θεὸν οὕτως·

(Ant X. 272).

(Dies alles also sah Daniel in der Ebene von Susa, und Gott erklärte ihm das Gesicht in folgender Weise.)

Im ersten Teil dieser Bemerkung stellt Josephus fest, wo – geographisch – Daniel dieses Gesicht hatte, an sich eine überflüssige Information, denn der Ort wurde ja gerade erwähnt (Ant X. 269). Josephus nennt den Ort trotzdem noch einmal, vielleicht um das Geschehen noch fester mit der Geschichte zu verbinden.

Bei Joh können wir zum Vergleich an 2.1–11 denken, zweimal wird Kana in Galiläa genannt, der Ort, an dem Jesus sein erstes Zeichen tat. Noch interessanter dürfte es sein, die Bemerkung hier mit dem P-Satz in 10.6 zu vergleichen. Der Satz ist entsprechend angebracht, d. h. zwischen dem Gleichnis und dem, das so oft als dessen Auslegung aufgefaßt wird (vgl. 10.7 ff.). Die Stellung entspricht der bei Josephus, aber die Funktionen der beiden vergleichbaren Sätze stimmen nicht völlig überein, denn bei Josephus bildet die Bemerkung die Brücke zur folgenden Auslegung, was nicht, jedenfalls nicht explizit, für den Satz in 10.6 gilt.

Kehren wir zurück zu Josephus. Nachdem sowohl die Vision und deren Auslegung berichtet wurden, folgen neue, uns interessierende Bemerkungen. Zuerst führt Josephus Daniels eigene Deutung an, die folgendem Abschluß entgegengeführt wird: »Unter dem großen Horn auf der Stirn des Bocks ist der erste König zu verstehen; der Bruch und die Spaltung desselben in vier nach den vier Himmelsgegenden sich neigende Hörner bezeichnet den Tod des ersten Königs und die Teilung seines Reiches unter seine Nachfolger, die weder Kinder noch Verwandte von ihm sind und viele Jahre lang die Welt beherrschen werden. Aus ihrer Mitte wird sich ein König erheben, der dein Volk vernichtet und seine Gesetze zerstört, ihre Selbständigkeit aufhebt, den Tempel plündert und die Darbietung der Opfer drei Jahre lang verhindert.« (Ant X. 274–275).

Unmittelbar darauf folgt diese Bemerkung:

καὶ δὴ ταῦτα ἡμῶν συνέβη παεῖν τῷ ἔθνει ὑπὸ Ἀντιόχου τοῦ

[Ἐπιφανοῦς,

καθὼς εἶδεν ὁ Δανίηλος

καὶ πολλοῖς ἔτεσιν ἔμπροσθεν ἀνέγραψε τὰ γενησόμενα.

τὸν αὐτὸν δὲ τρόπον Δ. καὶ περὶ τῆς Ῥωμαίων ἡγεμονίας ἀνέγραψε
καὶ ὅτι ὑπ' αὐτῶν αἱρεθήσεται
τὰ Ἱεροσόλυμα καὶ ὁ ναὸς ἐρημωθήσεται.
ταῦτα πάντα ἐκεῖνος θεοῦ δείξαντος αὐτῷ
    συγγράψας κατέλειψεν·
    ὥστε τοὺς ἀναγινώσκοντας κ.τ.λ.   (Ant X. 276).

(Dies alles ist wirklich unter Antiochus Epiphanes über unser Volk gekommen, wie Daniel vorhersah und so viele Jahre früher schon niederschrieb. Auf gleiche Weise findet sich in seinen Schriften auch die Unter-
jochung und Vernichtung unseres Volkes durch die Römer angezeigt.
Alle diese Weissagungen hinterließ Daniel uns auf Gottes Anordnung,
um dem Leser usw.)

Josephus scheibt hier eigentlich eine zusammengesetzte Bemerkung
ein. In seiner alttestamentlichen Vorlage findet sich nichts Entsprechen-
des.

D. Daube befaßt sich hauptsächlich mit den Worten Josephus über die
Römer und deren Zerstörung: τὸν αὐτὸν δὲ τρόπον Δ. καὶ περὶ τῆς
Ῥωμαίων κ.τ.λ. Wir finden sie (vgl. oben) zwischen seiner ersten Bemerkung über Antiochus Epiphanes und den letzten zusammenfassenden Sätzen, eingeleitet mit ταῦτα παντα. Die Aussagen über die Römer
stützen seine Typologie-Hypothese.

Wir behandeln den Einschub als Ganzes. Dabei fällt das vorgezogene
Demonstrativpronomen ταῦτα auf, sowohl am Anfang wie auch am
Ende, und die formale Übereinstimmung mit den P-Sätzen springt sofort ins Auge. Josephus überschreitet hier den Rahmen seines Berichts
und sieht die Daniel-Episode und die Traumdeutung in einer weiteren
geschichtlichen Perspektive, die er seinen Lesern erklären will. Er verfährt wieder in einer Weise, die der johanneischen vergleichbar ist.

Detaillierte Vergleiche wollen wir hier nicht durchführen, doch einzelne auf den Kontext bezogene Momente sind zu erwähnen. Zweifellos
sind die johanneischen P-Sätze schärfer von den sie umgebenden Berichten getrennt als bei Josephus. Das zeigt sich besonders deutlich beim
Übergang zum nächsten Bericht. Der ὥστε-Satz leitet eine weitrei-
chende Gedankenreihe ein, die eine klare Grenzziehung zwischen »footnote« und »part of the narrative« sehr erschwert.

Wie bereits erwähnt, ist Josephus kein Verfasser, der mechanisch tradierten Stoff wiederholt. Er bringt Erklärungen über das Geschehene
und denkt über die tieferliegenden Ursachen und Wirkungen historischer Abläufe nach, was sich in den Randbemerkungen ausdrückt. Wir
haben bisher zwei Beispiele angeführt. Sie sind keineswegs die einzigen.

In allen Berichten zur Geschichte des jüdischen Volkes steht die Erzählung von König Kyros und seinem Beschluß, die babylonische Gefangenschaft aufzuheben und den Tempel in Jerusalem wieder aufzubauen, im Mittelpunkt. Es ist daher berechtigt, einen Augenblick bei der Wiedererrichtung des Tempels zu verweilen. Der Tempel spielte ja nicht nur im Leben der Priesterschaft und des Tempelpersonals eine wesentliche Rolle, sondern auch im Dasein der gesamten jüdischen Nation. In diesem Zusammenhang ist der Bericht vom Rundschreiben des Kyros an die Länder in Asien besonders bekannt, in dem Kyros seine Pläne erläutert. Josephus bringt eine Randbemerkung in direktem Anschluß an den Brief, der übersetzt lautet: »So spricht der König Cyrus: Seitdem der höchste Gott mich zum Könige des Weltalls eingesetzt hat, habe ich mich überzeugt, daß es der ist, den das Volk der Israeliten anbetet. Er hat durch die Propheten meinen Namen vorhersagen und verkündigen lassen, daß ich seinen Tempel zu Jerusalem in Judäa aufbauen werde.« (Ant XI. 3–4) Die Bemerkung des Josephus:

ταῦτα δ' ἔγνω Κῦρος ἀναγινώσκων τὸ βιβλίον
  ὃ τῆς αὐτοῦ προφητείας ὁ Ἡσαΐας κατέλιπεν
  πρὸ ἐτῶν διακοσίων καὶ δέκα·
  οὗτος γὰρ ἐν ἀπορρήτῳ εἶπε ταῦτα λέγειν τὸν θεόν,
  ὅτι βούλομαι Κῦρον ἐγὼ πολλῶν ἐθνῶν καὶ μεγάλων
  ἀποδείξας βασιλέα πέμψαι μου τὸν λαὸν
  εἰς τὴν ἰδίαν γῆν καὶ οἰκοδομῆσαί μου τὸν ναόν
ταῦτα Ἡσαΐας προεφήτευσεν ἔμπροσθεν ἢ κατασκαφῆναι
  τὸν ναὸν ἔτεσιν ἑκατὸν καὶ τεσσαράκοντα.   (Ant XI. 5–6)

(Das Letztere hatte Cyrus bei Lesung des Buches erfahren, worin Isaias zweihundertundzehn Jahre früher seine Weissagungen niedergelegt hatte. Dieser führt nämlich das Wort des Herrn an: »Ich habe Cyrus, den ich zum Könige über viele große Völker eingesetzt, auserwählt, damit er mein Volk in dessen Vaterland entsende und meinen Tempel wieder baue«. So weissagte Isaias hundertundvierzig Jahre früher, als der Tempel niedergebrannt wurde.)

Offenbar war Josephus der Meinung, die Angelegenheit des Briefes bedürfe einer näheren Erläuterung.

Im Blick auf Joh können wir feststellen, daß das vorliegende Verhältnis mit einer Situation aus dem vierten Evangelium, wo über Kaiaphas berichtet wird, verglichen werden kann. In Joh 11.47 ff. lesen wir, daß, als der Hohe Rat versammelt war, um zu entscheiden, was weiter mit Jesus geschehen solle, Kaiaphas das entscheidende Wort sprach: es ist für euch besser, wenn ein Mensch für das Volk stirbt und nicht das ganze Volk umkommt. Daß gerade Kaiaphas diese Worte aussprach und dadurch das auslöste, was nach Gottes Willen zu geschehen hatte, mußte erklärt werden. Wie konnte ein »Außenstehender« wie Kaiaphas so etwas aussprechen? Der Evangelist bemerkt: »Dies sagte er aber nicht von sich aus, sondern weil er Hoherpriester jenes Jahres war, weissagte er« usw. (vgl. P-Satz 11.51).

Ähnlich bei Josephus über Kyros: Wie konnte der Perserkönig wissen, daß er es war, der den Tempel in Jerusalem wieder errichten sollte? Hierfür, meint Josephus, benötigen seine Leser eine Erklärung, und diese fügt er in seiner Randbemerkung hinzu: Dies wußte er, weil er die Prophetie des Jesaia gelesen hatte. (Die Bücher der Chronik enthalten keine entsprechende Bemerkung.)

Der Hintergrund der beiden Bemerkungen, sowohl bei Joh wie bei Josephus, ist also ziemlich gleich. Um so interessanter ist es, daß auch die formale Übereinstimmung der beiden Bemerkungen recht groß ist. Josephus formuliert: ταῦτα δ᾽ ἔγνω . . . ἀναγινώσκων, Joh: τοῦτο δέ . . . εἶπεν . . . ἀρχιερεὺς ὤν.

Beide Stellen beginnen mit dem Demonstrativpronomen, dann folgen die Partikel δέ und darauf Verb und Partizip.

Die vollständige, eben angeführte Bemerkung enthält im Griechischen zwei Demonstrativpronomina. Das erste ταῦτα weist, wie wir gerade gesehen haben, zurück auf den Abschnitt über König Kyros, dagegen hat das zweite ταῦτα eine enger begrenzte Adresse, das Pronomen verweist auf das Schriftwort aus Jes 44.28, das Josephus hier weitgehend der Version der LXX entsprechend zitiert. Er bemerkt zur Weissagung des Jesaia: »So weissagte Jesaias 140 Jahre früher als der Tempel niedergebrannt wurde.«

Dies ist die einzige Stelle bei Josephus, wo das ταῦτα einer Randbemerkung auf eine bestimmte Schriftstelle verweist. Aus diesem Grund ist sie beachtenswert, und ein Vergleich mit Joh 12.41 liegt nahe, wo der Evangelist nach seinem Jesaia-Zitat ausspricht: »Dies hat Jesaia gesagt, weil er seine (Jesu) Herrlichkeit sah, und von ihm hat er geredet«.

In Ant I.244 steht eine Bemerkung, deren Hintergrund kein Schriftwort bildet, sondern ein knapper, bekannter alttestamentlicher Text, Jakobs Traum von der Himmelsleiter, Gen 28.13–15. Bei Josephus ist dieser Bericht etwas ausführlicher, aber die Momente, die Josephus aufzählt, sind dieselben wie im AT. Er erzählt, daß Jakob Gott oben auf der Leiter stehen sah. Gott rief ihn beim Namen und sprach zu ihm. Gottes offenbarende Rede an Jakob endet wie folgt: »Die Heirat, welche du vorhast, wird glücklich vonstatten gehen; es werden dir gute Kinder beschert werden, und die Zahl deiner Nachkommen wird unzählbar sein . . . Laß dich daher nur durch keine Gefahr abschrecken, und scheue keine Mühseligkeiten, so viele ihrer auch sein mögen; denn in allen deinen Angelegenheiten werde ich für dich Sorge tragen, sowohl gegenwärtig, als noch mehr in der Zukunft.«

In Gen 28.16 wird die Rede weitergeführt: »Als Jakob von seinem Schlaf erwachte, sprach er . . .« In charakteristischer Weise erscheint bei Josephus eine Randbemerkung zu dieser Rede, nämlich der kurze Kommentar: ταῦτα μὲν οὖν ὁ θεὸς Ἰακώβῳ προαγορεύει (Ant I. 284) »Solches verkündigte Gott Jakob«. Der Bericht wird wieder aufgegriffen: »Dieser aber war vor Freude über das, was er gesehen, und was ihm verheißen worden, ganz außer sich und goß Öl auf die Steine, auf denen ihm die Verheißung eines so großen Glückes zuteil geworden.«

Wie wir sehen, hat die Bemerkung dieselbe Form wie die anderen untersuchten Fußnoten. Hier weist ταῦτα auf die Offenbarungsrede zurück, die Josephus gerade wiedergegeben hat, und auf die er auf diese Weise aufmerksam macht, ehe er mit der Jakobsgeschichte fortfährt.

Diese kurze Bemerkung ist gerade als Parallele zu Joh 11.11 besonders interessant. Wir haben die Stelle bereits oben als möglichen P-Satz diskutiert. Auch in Joh 11 erscheint zuerst eine Offenbarungsrede: Hat nicht der Tag zwölf Stunden? Wenn jemand bei Tage umhergeht, stößt er nicht an; denn er sieht das Licht dieser Welt. Wenn aber jemand bei Nacht umhergeht, stößt er an; denn das Licht ist nicht in ihm. Nach diesen Offenbarungsworten folgt ταῦτα εἶπεν (V 11). Dann nimmt Joh den Bericht über Jesus auf dem Weg zu Lazarus wieder auf.

An beiden Stellen, bei Josephus und bei Joh überrascht die Kürze der Bemerkungen. Keine scheint eine weitere Funktion zu haben als die, das eben Berichtete zu unterstreichen. Sie bringen weder erklärende Momente noch Orts- oder Zeitangaben. Außerdem fügen sich beide so gut in den Kontext ein, daß die Grenze zwischen »footnote« und »part of the narrative« diskutabel ist.

Zwei weitere Stellen aus Antiquitates:

In Ant XIV. 143 ff. gelangt Josephus in seinen historischen Aufzeichnungen zu einer wichtigen Begebenheit im Leben des Hyrkanus. Der römische Kaiser erkennt ihn als Hohenpriester und Ethnarchen an und gestattet ihm, die Mauern Jerusalems wieder aufzubauen. Ein Dekret wird ausgefertigt, das die Freundschaft mit den Römern bestätigt. Josephus berichtet ausführlich und zitiert auch das Dekret. An diesen Ausdruck des guten Willens und der Freundschaft knüpft Josephus diese Bemerkung an: ταῦτα ἐγένετο ἐπὶ Ὑρκανοῦ ἀρχιερέως καὶ ἐθνάρχου, ἔτους ἐνάτου μηνὸς Πανέμου (Ant XIV. 148). (Dies geschah im neunten Jahr von Hyrkanus' geistlicher und weltlicher Regierung, im Monat Panemos.)

Auch diese Bemerkung erinnert an die P-Sätze, vielleicht besonders stark an Joh 1.28, wo uns wieder die Form ταῦτα ἐγένετο begegnet. Als

Historiker will Josephus so genau wie möglich den Zeitpunkt dieses wichtigen Ereignisses feststellen. Erst danach kann er weitere Begebenheiten aus dem Leben des Hohepriesters Hyrkanus darstellen.

In der Regel sind es bestimmte, wichtige Episoden, die mit Hilfe dieser Randbemerkung in Ant unterstrichen werden. Die Bemerkungen können aber auch die Disposition der Gesamtdarstellung beeinflussen. Das wird besonders an der folgenden Stelle deutlich: Ant XI. 183: ταῦτα μὲν οὖν ἐπὶ Ξέρξου βασιλέως ἐγένετο.

Wieder ist die Form ταῦτα ἐγένετο zu beachten. Das Demonstrativpronomen ταῦτα deutet zurück auf alles, was dem jüdischen Volk unter Xerxes widerfuhr und was Josephus in den vorhergehenden Kapiteln erzählt hat. Nach dieser zusammenfassenden Bemerkung beginnt ein neues Kapitel. Josephus berichtet nun, was den Juden nach dem Tode des Xerxes geschah. Das sich daran anschließende Kapitel beginnt mit diesen Worten: »Nach Xerxes' Tod ging das Reich an seinen Sohn Cyrus, den die Griechen Artaxerxes nennen, über.« (Ant XI. 184) Ein neuer Abschnitt der historischen Darstellung ist eingeleitet.

Wenden wir uns einem anderen Werk des Josephus zu, der Schrift Contra Apionem: Wir begegnen dort mehreren namentlich genannten Geschichtsschreibern, auf deren Werke Josephus seine Darstellung basiert. Hier läßt sich erkennen und verfolgen, wie er den Stoff seiner Quellen in seinen Bericht einarbeitet. An mehreren Stellen wird deutlich, daß Josephus Wert darauf legt, klar erkennen zu lassen, wo seine eigene Erzählung abbricht und der übernommene Stoff beginnt – und umgekehrt, wo das Zitat endet und Josephus seinen Bericht wieder aufnimmt. Letzteres ist ein paarmal so ausgeführt, daß wir diese Fälle in unsere Untersuchung einbeziehen.

In Contra Apionem I. 133–142 will Josephus unmißverständlich darstellen, daß Nebukadnezar nach seiner Akklamation als Thronfolger – nach dem Tod seines Vaters Nabopolassar – sofort daran ging, seine Macht im ganzen babylonischen Reich zu stärken. Josephus erreicht dies, indem er auf die Aufzeichnungen des Historikers Berosus hinweist. Er nimmt den Bericht des Berosus so in seinen eigenen hinein, daß der Leser weiß, hier wird Berosus zitiert: »But I will quote Berosus' own words, which are as follows« (I. 134). Dann fährt Josephus fort: ταῦτα μὲν οὕτως ἱστόρηκεν περὶ τοῦ προειρημένου βασιλέως καὶ πολλὰ πρὸς τούτοις ἐν τῇ τρίτῃ βίβλῳ τῶν Χαλδαϊκῶν κ.τ.λ. (I. 142). (Such is the account given by Berosus of this king, besides much more in the third book of *History of Chaldea* . . .)

In Contra Apionem I. 177–181 fand Josephus Platz für eine Anekdote, die von einem hervorragenden jüdischen Gelehrten handelt, bekannt bei den Philosophen in der ganzen Welt, von einem Mann, dessen Weisheit

sogar Aristoteles von Nutzen sein konnte. Josephus macht wieder darauf
aufmerksam, wo er die Anekdote fand: Bei Clearchus, einem Schüler des
Aristoteles. Mit den Worten »Ich zitiere den Text«, führt er die Anekdote ein (vgl. oben). Die Weiterführung seines Berichts erinnert an Contra Apionem I. 142. Diesmal drückt er sich so aus: ταῦτ᾽ εἴρηκεν ὁ Ἀρι-
στοτέλης παρὰ τῷ Κλεάρχῳ καὶ προσέτι . . . διεξιών κ.τ.λ. (I. 182).
(These are the words of Aristotle as reported by Clearchus, and he went
on to speak . . .)

In der Einleitung haben wir erwähnt, daß Joh 20.30−31 wahrscheinlich die in der Kommentarliteratur am meisten besprochene Randbemerkung ist. Sie wird so häufig angeführt, weil sie den Abschluß des Evangeliums bildet und die Absicht des Verfassers mitteilt.

R. Bultmann hat sich mit diesen Versen auseinandergesetzt, und in seinem Kommentar finden sich Beispiele zeitgenössischer Buchabschlüsse,
die wir zum Vergleich heranziehen können[7].

Ant XIV. 265 bietet sich ebenfalls zum Vergleich mit Joh 20.30−31 an.
Josephus schildert hier, wie sich das Verhältnis zwischen Juden und
Römern zur Zeit des Hyrkanus entwickelte. Er beschreibt die mit dem
Tode Julius Caesars verbundenen Umstände und hebt hervor, daß die
Römer auch danach an Caesars positiver Judenpolitik festhielten. Zum
Beweis referiert er *in extenso* mehrere Dekrete, darunter eins des römi-
schen Senates und eins der Bürger von Ephesus. Beide bestätigen das
gute Verhältnis zwischen Juden und Römern.

Abschließend bringt Josephus folgende Zusammenfassung:

πολλὰ μὲν οὖν ἐστιν καὶ ἄλλα τοιαῦτα τῇ συγκλήτῳ καὶ τοῖς αὐτο-
κράτορσι τοῖς Ῥωμαίων δόγματα πρὸς Ὑρκανὸν καὶ τὸ ἔθνος ἡμῶν
γεγενημένα κ.τ.λ.
περὶ ὧν ἁπάντων ἐξ ὧν παρατεθείμεθα πιστεύειν τοῖς ἀναγνωσο-
μένοις οὐ βασκάνως ἡμῶν τὴν συγγραφὴν πάρεστιν.   (Ant XIV. 265)

(Es gibt viele ähnliche Beschlüsse des Senates und einzelner Imperato-
ren, die zu Gunsten Hyrkans und unseres Volkes erlassen . . . auf deren
Inhalt der aufmerksame Leser nach denen, welche wir vorgebracht haben, einen Schluß machen kann.)

Wie man sieht, dient dieser Kommentar des Josephus dazu, seine eben
gegebene Darstellung zu verdeutlichen. Seine Leser sollen den Bericht
als wirklich geschehen auffassen. Es herrschte ein gutes Verhältnis zwischen Römern und Juden. Weiterhin erklärt Josephus, warum er nicht
das gesamte Material, mit dem er dieses Verhältnis bestätigen kann, vorlegt, sondern sich auf einige Dekrete beschränkt. Seiner Meinung nach

---

[7] Siehe oben S. 20.

reicht das, was er vorlegt, aus, um seinen Lesern eine glaubhafte Grundlage seiner Darstellung zu vermitteln.

Seine kommentierende Bemerkung bezieht sich demnach nicht nur auf die beiden Dekrete, sondern auf seinen Gesamtbericht. Dadurch erhält die Bemerkung »buchabschließenden« Charakter und entspricht nach Form und Funktion der Aussage Joh 20.30–31.

Joh: πολλὰ μὲν οὖν καὶ ἄλλα σημεῖα ...
            ἃ οὐκ ἔστιν γεγραμμένα . . .
            ταῦτα δὲ γέγραπται ἵνα
            πιστεύ[σ]ητε . . .
Josephus: πολλὰ μὲν οὖν ἐστιν καὶ ἄλλα . . . δόγματα
            περὶ ὧν ἁπάντων ἐξ ὧν παρατεθείμεθα
            πιστεύειν . . .

Im Verlauf unserer Untersuchung bei Josephus haben wir ständig Vergleiche mit Joh und P-Sätzen angestellt und auf mehr oder weniger starke Übereinstimmungen hingewiesen. Zum Abschluß dieses Kapitels wollen wir versuchen, den Eindruck zu schildern, den die Durchsicht der Schriften des Josephus hinterläßt.

Wir hatten gefragt, ob es außerhalb der neutestamentlichen Literatur Bemerkungen vom Typ der P-Sätze gibt. Für Josephus fällt die Antwort positiv aus, wie aus dem vorgelegten Material hervorgeht. Form und Inhalt variieren. Bei den Kommentaren handelt es sich nicht um Klischees, wir haben es nicht mit erstarrten, schablonenhaften Wortgebilden zu tun. Die Hinweise auf Vorhergehendes, eingeleitet mit vorangestelltem ταῦτα sind eine an sich natürlich anbietende Ausdrucksform eines Verfassers, der den geschilderten Verhältnissen eine bestimmte Deutung verleihen will und sie daher rückblickend kommentiert. Als Historiker schildert Josephus Ereignisse, *die zeitlich weit zurückliegen*, die jedoch seine und seiner Leser Zeit und Situation beeinflussen.

Josephus ist nicht an allem, was er berichtet, in gleichem Maße interessiert. Einige Episoden faszinieren ihn mehr als andere. Mehrmals will er den genauen Zeitpunkt eines Geschehens angeben, dessen Verlauf schildern und erklären, wie es dazu kam. Als Verfasser steht Josephus seinem Stoff viel freier gegenüber als Joh. Josephus legt seine Darstellungen breit an und flicht oft seine eigenen Ansichten mit ein. Das spiegelt sich auch in den ταῦτα-Sätzen wieder, diese Sätze treten bei ihm nicht so deutlich aus dem Kontext hervor wie die P-Sätze bei Joh. Zwischen »footnote« und »narrative« bei Josephus zu unterscheiden, fällt nicht leicht. Das einleitende ταῦτα trennt zwar deutlich den Kommentar vom eigentlichen Bericht, aber die Wiederaufnahme des Berichts ist oft undeutlich markiert.

Unser Vergleich mit den Schriften des Josephus stärkt trotz allem unsere Auffassung, daß es sich bei dem Evangelium des Joh um ein literarisch geprägtes Werk handelt. Joh schreibt aus einer gewissen Distanz zu den Ereignissen, die er schildert, was seinem Werk diesen Charakter verleiht. Dabei hat er einen klaren Blick für den tiefen, inneren Zusammenhang seines Evangeliums. Besser als die Jünger, die es aus nächster Nähe miterlebt haben, kann er, der nach der Erfüllung schreibt, seinen Lesern berichten, was sich hier wirklich zugetragen hat. Was Joh selbst klar sieht, will er seinen Lesern vermitteln. Wie andere Verfasser (vgl. Josephus) kommentiert er seinen Stoff, hebt wichtige Begebenheiten hervor und zieht zukunftsweisende Linien aus. Bei Joh geschieht dies anders als bei den Synoptikern. Hier stehen die P-Sätze im Mittelpunkt.

2. Die samaritanische Literatur

»There are SEVEN BEST THINGS in the world which the True One chose and set apart as divine: the light, the Sabbath, Mount Gerizim, Adam, the two stone tablets, the great prophet Moses, and Israel«, hebt Marqah in einem der heiligen samaritanischen Bücher hervor[1].

In seiner Arbeit zur Theologie der Samaritaner unterstreicht MacDonald besonders die zentrale Stellung des Berges Garizim im Glauben der Samaritaner. »Mount Gerizim, Bethel, is the chosen place. From Adam to Joshua, the chief biblical personages visited the scene and left their testimony to its being God's chosen place in the world. At creation when the dry land was uncovered Adam was created from the pure dust of the mount. According to Marqah (Memar II.10) Adam prostrated before it, Abel built the first alter there, Enosh proclaimed in the name of the Lord upon it, Enosh hastened to it, Noah built an altar before it; likewise did Abraham. In the time of Noah, at the end of the flood, Mount Gerizim was the dry land from which the dove brought back the olive leaf. Noah built his altar there after descending from the ark. Thus the ›goodly mount‹ was the first after the birth of humanity and after the rebirth of humanity to be dedicated by man before God.«[2]

---

[1] Memar II. 10. Vgl. JOHN MACDONALD, Memar Marqah, Aramaic text and English translation, Memar Marqah — The Teaching of Marqah, Vol. I: The Text, Vol. II: The Translation, BZAW 84 (1963). MacDonald gibt eine Übersicht über die samaritanische Literatur, S. 40—49.

MARTIN HENGEL, Judentum und Hellenismus, Studien zu ihrer Begegnung unter besonderer Berücksichtigung Palästinas bis zur Mitte des 2. Jh.s v. Chr., WUNT 10 (1973) zeichnet ein deutliches Bild der Samaritaner, ihrer Stellung und Bedeutung in der Geschichte.

[2] JOHN MACDONALD, The Theology of the Samaritans, Philadelphia 1964, siehe S. 329.

Diese wichtige Rolle des Berges Garizim im Denken der Samaritaner kommt bei Joh in Jesu Gespräch mit der samaritanischen Frau zum Ausdruck: Wo soll man anbeten, in Jerusalem oder auf dem Garizim?[3]

In neuester Zeit hat man oft samaritanische Schriften in die Diskussion um Joh einbezogen[4]. Die Beschäftigung mit diesen Schriften zeigt, daß alle Gedankenstränge auf den Garizim und das dortige Heiligtum hinführen, und nicht wie im AT auf den Tempel in Jerusalem. Dies ist um so beachtenswerter, da die Samaritaner alttestamentliche Berichte in ihren eigenen Schriften bewahrt und in ihrem gottesdienstlichen Leben weiter ausgestaltet haben. Ihrer Auffassung nach sind sie es, die Samaritaner, die das wahre Israel vertreten, nicht die Juden. »The Samaritans maintain that their movement has existed from the very beginning of Hebrew history, and that they did not separate themselves from Judaism. Rather than regarding themselves as Jewish schismatics, they claim that Judaism came into existence as the result of a schism that occurred in their ranks in the time of Eli. It was Eli, they say, who withdrew from Shechem to establish a rival cultus at Shiloh. Judaism is an extension of Eli's heresy, through Samuel, Saul, David, and the Judaean monarchy, with the rival cultus shifting from Shiloh to Jerusalem; Samaritanism is a perpetuation of the true old Israelite faith.«[5]

---

[3] Behandelt die johanneische Forschung die samaritanische Frage, dann steht dieses Kapitel im Mittelpunkt. In neuester Zeit wurde es besonders in Verbindung mit der Debatte um »die johanneische Gemeinde« diskutiert, vgl. JOUETTE M. BASSLER, The Galileans: A Neglected Factor in Johannine Community Research, CBQ 43 (1981) 247: »The unique Samaritan interlude has attracted a great deal of attention. The episode seems clearly significant, but scholars are divided on whether it represents the desire of the Johannine community to convert Samaritans (J. BOWMAN, Samaritan Studies I: The Fourth Gospel and the Samaritans, BJRL 40 [1958] 298–308; E. D. FREED, Samaritan Influence in the Gospel of John, CBQ 30 [1968] 580–87; Did John Write His Gospel Partly to Win Samaritan Converts? NovTest 12 [1970] 241–56) or reflects Samaritan influence on the development of the Johannine community (G. W. BUCHANAN, The Samaritan Origin of the Gospel of John, Religions in Antiquity [ed. J. Neusner; Leiden: Brill, 1968] 149–75; C. H. SCOBIE, The Development of Samaritan Christianity, NTS 19 [1972–73] 390–414, esp. pp. 401–8; J. D. PURVIS, The Fourth Gospel and the Samaritans, NovTest 17 [1975] 161–98, esp. pp. 170–73; W. A. MEEKS, Galilee and Judea in the Fourth Gospel, JBL 85 [1966]; and O. CULLMANN, The Johannine Circle, London: SCM, 1976).« Vgl. auch MARGARET PAMMENT, Is there Convincing Evidence of Samaritan Influence on the Fourth Gospel? ZNW 73 (1982) 221–230.

[4] Das Interesse an diesem Forschungsgebiet nimmt ständig zu. Bereits OSCAR CULLMANN, Der johanneische Kreis. Sein Platz im Spätjudentum, in der Jüngerschaft Jesu und im Urchristentum, Tübingen 1975, bringt reichliche Literaturhinweise zu diesem Thema. Vgl. auch RAYMOND E. BROWN, The Community of the Beloved Disciple. The Life, Loves, and Hates of an Individual Church in New Testament Times, New York/Ramsey/Toronto 1979, S. 34–45.

[5] JAMES D. PURVIS, The Samaritan Pentateuch and the Origin of the Samaritan Sect, Cambr. Mass. 1968, S. 88–89.

Ihre Schriften bringen dieses Verständnis in verschiedener Weise zum Ausdruck, teils indem sie die biblischen Berichte anfüllen, teils durch Auslassungen oder Änderungen, teils durch Anmerkungen und Kommentare zu den Texten, was dem samaritanischen Corpus ein gewisses apologetisches Gepräge verleiht.

Wie bereits erwähnt, kann auch die Geschichtsschreibung des Josephus apologetische Züge tragen; trotzdem verhält sich vieles bei Josephus einfacher als in der samaritanischen Literatur. Wir kennen Josephus und in etwa auch die Enstehungsdaten seiner Schriften. Von der samaritanischen Literatur wissen wir nur, daß sie sehr spät aufgezeichnet wurde, und das bedeutet text- und traditionskritische Probleme. Viele Neutestamentler haben deshalb in ihrer Forschung nur zögernd von diesem Material Gebrauch gemacht, obwohl es unbestreitbar sehr alte Traditionen enthält[6]. Dies gilt besonders von der Überlieferung vom heiligen Garizim.

Wir interessieren uns aus mehreren Gründen für die samaritanischen Schriften. Das Verhältnis des Joh zu diesem Schrifttum ist ein interessantes biblisch-theologisches Problem, das eifrig diskutiert wird.

Bei diesen sehr vielschichtigen Schriften, in denen alte und neuere Traditionen miteinander verwoben sind, muß man selbstverständlich berücksichtigen, daß Kommentare und Randbemerkungen neueren Datums sein können, eingeflochten von einem Schreiber oder Schriftgelehrten, entweder um gewisse Verhältnisse hervorzuheben, oder um wichtige Ereignisse zeitlich festzulegen.

Wir wissen allerdings auch, daß es sich hier um Schriften handelt, die in einem besonderen Milieu gepflegt und weitergegeben wurden. Seit den Tagen des AT haben die Samaritaner ihre Eigenart behauptet und in ständiger Abgrenzung ihre Traditionen gegenüber einer jüdischen Umwelt verteidigt. Das Verhältnis der Samaritaner zur jüdischen Religion läßt sich mit dem Verhältnis der Urkirche zur jüdischen Religion vergleichen[7].

Das Corpus der samaritanischen Schriften enthält bekanntlich geschichtliche Stoffe, u. a. aus dem Pentateuch, Josua, Richter, den Bü-

---

[6] Id. 90: »It is difficult to assess the antiquity of Samaritan traditions because they are perserved in the literature of a living sect. While major theological and historical writings may be ascribed to certain individuals, and can be dated, the Samaritan authors frequently make use of older traditions and materials. This is especially true of chronological texts. It is evident that the later chronicles make use of the earlier chronicles. Often a historical work will be brought up to a date by a later writer, and the period treated by a particular chronicle will vary from manuscript to manuscript.«

[7] RAYMOND E. BROWN, Op. cit. 40–41: »It is fascinating to speculate whether the hostile Johannine style of speaking of ›the Jews‹ may not have been borrowed from the Samaritans on whose lips (as non-Jews) it would have been quite natural.«

chern Samuels und der Könige. Damit sind Vergleichsmöglichkeiten
hinsichtlich Darstellung und Erläuterung des Stoffes gegeben. Die Erklärungen sind für uns von besonderem Interesse.

Bei Josephus fanden wir P-Satz-artige, kommentierende Bemerkungen. Wie verhält es sich in dieser Hinsicht mit der samaritanischen Literatur? Gibt es dort solche Bemerkungen? Wenn ja, in welcher Form?
Was für eine Rolle spielen sie? Unterstreichen sie Geschehnisse, die die
Samaritaner als bedeutungsvoll ansahen, oder wirken sie eher zufällig?
Wie beeinflussen sie den Gedankengang und die Disposition der ausführlichen samaritanischen Darstellung der Geschichte Gottes und Israels?
Mit diesen Fragen wollen wir uns nun eingehender beschäftigen. Die samaritanische Geschichtsliteratur bietet uns dabei die Grundlage für kom-
parative Studien.

Viele der Randbemerkungen in The Samaritan Chronicle No II[8] gelten
der Chronologie geschichtlicher Vorgänge. Der Kommentator (die
Kommentatoren) war offenbar daran interessiert, den Stoff chronologisch so gut wie möglich zu gliedern. MacDonald setzt sich in Appendix
V[9] mit der Zuverlässigkeit der Zeitangaben auseinander – er sieht sie
häufig als »inaccurate«, trotzdem bilden sie oft ein wertvolles Korrektiv,
das keineswegs ohne weiteres außer Betracht gelassen werden sollte.
Nach MacDonald besaßen die Samaritaner »an unparalleled knowledge
of events in the chronological sense«. »This confirms the view that they
did once possess truly ancient documents, which were destroyed by persecution after persecution«, schreibt er.

In vielen Fällen scheinen die zeit- und ortsbezogenen Bemerkungen
recht schematisch und routinemäßig angebracht zu sein. So schließen die
Berichte vom Amtsantritt oder Tod der Hohepriester oder Fürsten mit
solchen Bemerkungen ab. Das folgende Beispiel ist keineswegs außerge-
wöhnlich:

»They maide *Jair* the son of *Gilead* to rule over them in place of Tola
the son of Puah. He was a prince of the tribe Manasseh the son of Joseph.
He *judged Israel twenty-two years. And he died* and was gathered to his
people. *And he had thirty sons who rode on thirty asses; and they had thirty
cities* which they *call Havvoth-jair to this day. And Jair died,* and they *buried*
him *in Kamon* – this was in the twenty-seventh year of the priestly reign
of Shishai the son of Abisha.«[10]

Ab und zu sind Zeitangaben wie die eben erwähnte nachweisbar späte-

---

[8] JOHN MACDONALD, The Samaritan Chronicle No II (or: Sepher Ha-Yamin). From Joshua
to Nebuchadnezzar, BZAW 107 (1969).
[9] Id. Apendix V.
[10] Id. 107.

ren Datums und »inaccurate«. Das gilt auch für die folgende Stelle, wo es zunächst heißt:

»In the thirty-ninth year of the priestly reign of High Priest Halel, Manasseh the son of Hizekiah began to reign.«

Auf diese Bemerkung folgt:

»This was during the time of Axeriah the son of Amazia king of Judah. Two sons were born him: the first was called Shear-Yashub, and the second Maher-shalalhir-baz.«

MacDonald weist darauf hin, daß »the verses are anachronostic and may have been due to a careless editor or scribe, the lateness of whose advent here is indicated by the Arabic Heb«[11].

Unser Interesse gilt jedoch nicht vorrangig diesen angeführten Präzisierungen in der samaritanischen Chronik, die vielen anderen Notizen zu Alter und Lebenszeit z. B. im Alten Testament ähneln. Weitaus interessanter im Hinblick auf die P-Sätze sind einige Randbemerkungen, die besonders wichtigen Abschnitten des Werkes folgen und dadurch die Ereignisse unterstreichen, die die Samaritaner als wesentliche Daten ihrer Geschichte verstanden haben.

Chronicle No II beginnt mit einer Schilderung der ältesten Geschichte Israels, einer segensreichen Zeit. Mose hat das Volk aus der Sklaverei in Ägypten befreit und in das Land Kanaan, zu Heil und Freiheit geführt. Jahve war ihnen vorangeschritten – tagsüber als Wolke, nachts als Feuersäule. Mose selbst hatte das Heilige Land nicht erreicht. Er war an der Grenze gestorben.

Nach Moses' Tod wurde Josua Hohepriester und Führer des Volkes. Nachdem Josua den Übergang über den Jordan vorbereitet hatte, war die Wolke wieder da. Alle wußten, daß Gott weiterhin mit Israel sein würde. Das Wasser des Flusses stand wie eine Wand. Alle gelangten sicher hinüber. Aus 12 Steinen vom Flußbett bauten die Priester einen Altar. Sie hatten Kanaan erreicht. »*And* Josua *called the name of that place Gilgal*«, heißt es am Schluß dieses Berichts in der Chronik der Samaritaner[12]. Dann folgt:

The cloud was taken up from the Israelites in the first month, at the beginning of the years of the numbering of the Israelites for the years of release and the jubilee – (which) was the year 2.794 from the creation of the world.

---

[11] Id. 182.
[12] Id. 82.

MacDonald schreibt in seiner Introduction to the Content of Chronicle No II: »The removal of the cloud, in Sam. eyes, meant that God had fulfilled his promise to lead Israel to the Promised Land.« Die Zeitangabe schreibt er the Prietly cast of the Chronicle zu[13].

Angesichts des Kontextes erscheint die Bemerkung ziemlich unvermittelt. Das Wegnehmen der Wolke steht nicht im vorhergehenden Bericht, sondern wird erst in der Zeitangabe mitgeteilt. Damit wird die Hinzufügung des Datums besonders interessant, sie kann nicht auf Zufall beruhen, sondern nur auf Abwägung. Stammt die Bemerkung, so MacDonald, aus priesterlichen Kreisen (vgl. das Interesse an religiösen Festtagen), müssen diese Kreise einen scharfen Blick für die langen Linien göttlicher Geschichtsleitung besessen haben. Die Priester haben weniger Wert auf die Hervorhebung der äußeren Siege Israels gelegt als auf die geistigen Erfahrungen. Dies geht deutlich aus der Markierung des Übergangs Israels über den Jordan hervor.

Neue Aufgaben stehen Israel in Kanaan bevor. Jericho mußte eingenommen, das Volk in Ai besiegt werden — weder Jerichos Fall noch der Sieg über Ai werden in diesen Kreisen besonders unterstrichen, das Gewicht liegt auf der letzten Etappe dieses langen Marsches in das Land Kanaan, dessen Gelingen Jahwe garantiert hatte. Dies wird durch die genaue Zeitangabe deutlich gemacht.

ונעלה הענן מעל בני ישראל בחדש הראישון ראש שני מספר בני ישראל לשני
השמטה והיוביל [אשר] היא שנת אלפים ושבע מאות וארבע ותשעים שנה לבריאת
העולם

Chronicle No. 2. Josh. § G.

Formal unterscheidet sich diese Bemerkung allerdings in gewisser Weise von den P-Sätzen. Wenden wir uns einer anderen, entsprechenden Stelle zu. Chronicle No II berichtet, was nach Josuas Tod geschah. Während der Zeit der Richter bis zu Simson (Simson selbst ist nicht mitgerechnet) stand Gott auf der Seite des Volkes. Dann traf ein schicksalschweres Ereignis mit weitreichenden Folgen für die Existenz des Volkes ein. Der Hohepriester Eli verließ den Garizim und dessen Heiligtum, er zog es vor, sich in Silo niederzulassen[14]. Andere folgten ihm. Wie Mac-

---

[13] Id. 17—18.

[14] JAMES D. PURVIS, The Samaritan Pentateuch and the Origin of the Samaritan Sect, 1968, S. 88: »This is the only schism the Samaritans know! Eli desired to be high priest of the cultus at Shechem. He was, however, of the wrong family (Ithamar rather than Eliazar). The legitimate successor to this office was Uzzi. When Eli withdrew to establish a rival and illegitimate cultus at Shiloh, God's displeasure was so great that he hid the tabernacle and its furnishings in a cave on Mt. Gerizim. This initiated the age of divine wrath — the *Pānâtâ*. The former age of grace — the *Rāḥutâ* — will be restored with the coming of the Samaritan eschatological Prophet — Tāheb.«

Donald bemerkt: »The first division on religious grounds in Israel was created.«[15] In der Chronik selbst steht: »Thereafter there was a bitter dispute between the (eight) tribes of Israel, on the one hand, and the remaining tribes of Ephraim and Manasseh sons of Joseph, along with a few of Levites and of the remainder of the tribes who sought the holy place Gerizim Bethel. The high priest Uzzi the son of Bahqi reigned over them.«[16] »The Lord's wrath waxed against Israel and the angels of the Lord departed from them.«[17]

Die Chronik No II setzt sich besonders mit dieser tiefen Kränkung des Garizim-Heiligtums auseinander. Wir hören davon in einem Bericht, der in sich eine Einheit bildet, jedoch seine Voraussetzungen im Verhalte Elis hat:

»In those days came the (High) Priest Uzzi to minister (one day) before the Lord in the tent of meeting. Lo, a voice called him, ›Uzzi‹. He turned and looked, and behold, there was beside the tent of meeting a large cave.« So beginnt die Erzählung, und wir erfahren, wie Uzzi seine levitischen Brüder versammelt und ihnen das Geschehene mitteilt: »and they were much afraid«. Dann nimmt Uzzi die Schätze des Heiligtums, heilige Gefäße und Leuchter »and he placed them in that cave, and no sooner had the High Priest left the cave than the entrance of the cave became sealed up by the power of the Lord«. »The High Priest Uzzi inscribed a mark on the entrance to the cave, and Uzzi rose early next morning to go to the cave. He looked, and lo, there was no cave in that place!« Uzzi weinte und erhob Klage für sich und das Volk, und die levitischen Priester fielen in seinen Klagegesang ein. Dann folgt die Wiedergabe des Gesangs, und der Bericht schließt: »So their lament was lengthly, and they wept and cried out aloud, and they knew that they were stripped of strength, wearing the garment of the wearied and poverty-stricken.«

Unmittelbar darauf erscheint folgende Bemerkung:

וזה הדבר פגעם בשנת שלשה אלפים וחמשה וחמשים לבריאת העולם ביום השני
אשר הוא מחר מועד חג השבעות

Chronicle No. 2 I Samuel § C.

In der Übersetzung MacDonalds: This event befell them in the year 3.055 after the creation of the world, on the second day, which was the morrow of the festival of the Pilgrimage of Weeks[18].

---

[15] JOHN MACDONALD, The Theology of the Samaritans, 1964, S. 17.
[16] JOHN MACDONALD, The Samaritan Chronicle No II, BZAW 107 (1969) 115.
[17] Ibid. 114.
[18] Ibid. 118.

Das einleitende וזה הדבר weist deutlich auf die angedeutete Erzählung zurück. Die Form erinnert an die P-Sätze (vgl. z. B. Joh 1.28). Der Ausdruck dient nicht nur der Zeitangabe, er soll das Gesagte unterstreichen und hervorheben, was bereits daraus hervorgeht, daß die Datierung auf die Schöpfung der Welt bezogen ist. Außerdem war es den Samaritanern vom Garizim, die den »Ithamar branch of the priesthood« ablehnten, und an der Linie des Pinchas, der Uzzi angehörte, als der wirklich israelitischen festhielten, darum zu tun, Uzzis Auffassung der Frage ›Garizim oder nicht Garizim?‹ zu betonen.

Hier dient eine Bemerkung, die an und für sich nur das Datum einer Begebenheit angibt, darüber hinaus dazu, die Aufmerksamkeit des Lesers auf eben diese Begebenheit zu lenken.

Die samaritanische Literatur weist auch andere Beispiele dafür auf.

Chronicle No II setzt ihren Bericht fort und gelangt zu einem neuen wichtigen Abschnitt in der Geschichte der Samaritaner:

»In the days of Hoshea the son of Ela king of the eight tribes of Israel and in the days of the High Priest Akbiah, and in the days of Hezekiah king of Judah, the king of Assyria came to the city of Samaria and besieged it for three years. He removed all that was in it and its cities to the cities of Babylonia. Later he came to the city of Shechem and assembled all the elders of the community of the Samaritan Israelites — that is, the descendants of Pinehas the son of Eleazar the priest, and the descendants of Joseph who believed in the chosen place Mount Gerizim Bethel — and he said to them, ›Arise, go off to Haran‹.«[19]

So beginnt der Bericht von der babylonischen Gefangenschaft. Wir erfahren des weiteren wie Hohepriester und Volk gezwungen wurden, den Garizim zu verlassen. Der Tempel, den sie nach König Sauls Plünderung wieder aufgebaut hatten, stand mit offenen Portalen da als sie fortzogen, und sie schauten unter Tränen auf ihn zurück. Die Namen der Führer des Volks, die mit dem Hohepriester Akbiah weggeführt wurden, werden aufgezählt, und nach dieser Schilderung folgt die Fußnote:

הגלה הזאת היתה באחר ימי כהנת הכהן הגדול עקביה ותהי כל השנים מן בריאת העולם עד היום הזה שלשה אלפים וחמש מאות ושמנה וארבעים שנה. ומאז מעבר בני ישראל ארץ כנען שבע מאות וארבע וחמשים שנה ומאז הסתיר יי המשכן הקדוש ארבע מאות וארבע ותשעים שנה

II Kings § L.

---

[19] Ibid. 182–183.

MacDonald übersetzt: This exile took place at the end of the days of the High Priest Akbiah's priestly reign. The whole period from the creation of the world to this day is three thousand, five hundred and forty-eight years, from the Israelites' crossing into the land of Canaan seven hundred and fifty-four years, from the hiding away of the holy sanctuary by the Lord four hundred and ninety-four years[20].

Man beachte auch hier die Form, הגלה הזאת היתה, die die Fußnote einleitet und die Rückverbindung zum Exilsbericht herstellt. Hier fällt jedoch besonders auf, daß die Bemerkung nicht nur die Begebenheit in Relation zur Schöpfung datiert, sondern auch das Ereignis mit anderen historischen »Merkstellen« verbindet.

Die eben zitierte Bemerkung ist nicht nur mit dem Exilsbericht verbunden, ihr folgt ein prophetischer Schrifthinweis auf das Schicksal Israels:

וזה הדבר היה על כל ישראל על עדת בני ישראל השמרים ועל עדת שמנת
שבטי ישראל ועל עדת היהודים כאשר אמר יי בתורותו הקדושה בדברי האלות
והפיצך יי אלהיך בכל העמים מקצה הארץ ועד קצה הארץ

II Kings § L.

MacDonald übersetzt: This happened to all Israel, to the community of the Samaritan Israelites, to the community of the eight tribes of Israel, and to the community of the Judeans, just as the Lord had said in his holy laws in the words of the curses: »And the Lord will scatter you among all peoples, from one end of the earth to the other.«[21] (Vgl. Dtr 28.64).

Diese Form (This happened . . . just as the Lord has said in his holy laws) kommt bei Joh nicht vor. Am nächsten liegen die hinweisenden Formen in Joh 7.38 und 12.14. Es gibt jedoch mehrere Beispiele dafür, daß P-Perikopen Schrifthinweise enthalten, vgl. z. B. Joh 2.13−22; 12.12−16; 12.37−41. Außerdem stehen wie hier in Chronicle No II und wie bei den früher angeführten Stellen die tieferliegenden religiösen Motive im Vordergrund. Die harten politischen Forderungen kommen deutlich genug zum Ausdruck, wie Israel müssen sich auch die Samaritaner widerspruchslos dem assyrischen König beugen und sofort das Land verlassen. Eines wird in dieser kritischen Situation jedoch besonders hervorgehoben: die Gedanken der Samaritaner kreisen um den Berg Garizim, weil sie begriffen haben, daß der Herr dieses Geschehen zuließ als eine Strafe, die sie verdient hatten. »We are indeed guilty. Therefore all this distress has come upon us, and the Lord has removed us so that we do not dwell in your midst, O house of God, O Mount Gerizim Be-

---

[20] Ibid. 184.
[21] Ibid. 184.

thel.«[22] Der Abschied vom Garizim wird datiert: 3548 Jahre »from the creation of the world«.

Das Gesicht des Uzzia und der Exodus der Samaritaner gehören zur Sondertradition des Chronicle No II. Der folgende Hinweis auf das Alte Testament soll zeigen, daß sich alles in Übereinstimmung mit dem Willen Gottes vollzieht.

Chronicle No II enthält mehrere solcher Hinweise auf das Alte Testament. I Kings § J mag als charakteristisches Beispiel dienen. Chronicle bringt hier einen kritischen Bericht über König Salomo und seine zahlreichen ausländischen Frauen aus Ägypten, Moab, Edom, Sidon und von den Hethitern. Es wird erzählt, daß der König den Wein liebte und Höhen und Täler um Jerusalem mit Wein bepflanzte. Von seinem Volk heißt es, es »behaved in his time just as he did: They intermarried with all peoples and gave their daughters to them and took the daughters of the Gentiles for themselves and their sons. They worshiped alien gods and bowed down to them«[23].

Dann weist Chronicle darauf hin, daß alles, was über König Salomo und seine Zeit berichtet wurde, mit biblischen Aussagen übereinstimmte, die entsprechend ausgelegt werden:

Thus applies the statement of our ancestor Jacob concerning the tribe of Judah to the times of King Solomon the son of David. This is what he said: »Judah, your brothers shall praise you; your hands shall be on the neck of your enemies; your father's sons shall bow down before you. Judah is a lion's whelp; from the prey, my son, you have gone up. He stooped down, he couched as a lion, and as a lioness; who dares rouse him up?«[24] (Vgl. Gen. 49.9).

Danach folgt die Bemerkung:

וזה הדבר היה לשבט יהודה בימי מלכות דוד
בן ישי ושלמה בנו

I Kings § J

This statement referred to the tribe of Judah in the days of the reign of David the son of Jesse and Solomon his son.

Der Abschluß der Geschichte Salomos folgt unmittelbar: »To him all the peoples rendered obedience and he grew exalted and magnified over the rest of the tribes; and it is also said concerning the end of the days of King Solomon the son of David, ›The sceptre shall not depart from Ju-

---

[22] Ibid. 183.
[23] Ibid. 151.
[24] Ibid. 151.

dah, nor the ruler's staff from between his feet, until he comes to whom it belongs; and to him shall be the obedience of the peoples. Binding his foal to the vine and his ass's colt to the choice vine, he washes his garments in vine and his vesture in the blood of the grapes; his eyes shall be red with wine, and his teeth white with milk«.[25] (Vgl. Gen 49.10–11).

Dann folgt die Bemerkung:

וזאת הדברים כלם דמות מעשה שלמה בן דוד המלך
כי כמו זה הדבר היה ממנו.

I Kings § J.

All these words apply in the same way to the deeds of King Solomon the son of David, for he behaved exactly as this statement said.

Der Text unterstreicht, daß alles, was Salomo und seinem Volk widerfuhr, in vollster Übereinstimmung mit Gen 49.8–12 geschah. Nach samaritanischer Auslegung beziehen sich die dortigen Aussagen konkret auf die Epoche Salomos in der Geschichte Israels.

In diesem Zusammenhang weisen wir zum Vergleich auf die Schrifthinweise bei Joh hin und besonders auf die schriftkommentierende Bemerkung Joh 7.39, die Jesu Wort am letzten Tag des Laubhüttenfests deutet: »Das sagte er aber mit Bezug auf den Geist, den die empfangen sollten, welche an ihn glaubten; denn den (heiligen) Geist gab es noch nicht, weil Jesus noch nicht verherrlicht war.«

Außerdem finden sich in der samaritanischen Chronik biblische Abschnitte, die ohne verbindende Phraseologie mit der Darstellung der Chronik verbunden und dann sofort durch sachlich informierende Bemerkungen kommentiert oder erklärt werden. So der Bericht von der Grablegung Josephs. Der Bibeltext (Jos 24.34) wird angeführt: »(After these things) all the people went off to their tents, and Joshua gave orders, (XXIV 32) *and they buried the bones of Joseph in the portion of ground which* our father *Jacob bought from the sons of Hamor the father of Shechem for a hundred pieces of money.*«[26]

Hier kam es den Samaritanern darauf an, festzustellen, daß Sichem für Garizim steht, denn sie waren davon überzeugt, daß Joseph auf dem Garizim begraben war. Aus diesem Grund schließt sich an das Zitat aus Jos 24.32 eine Notiz an, die das Sichem dieser Stelle mit dem Garizim identifiziert:

והיא עם שכם באלון מורא במקום המזבח אשר בנאו יעקב ישראל

Joshua § M.

---

[25] Ibid. 151–152.
[26] Ibid. 87.

This is at Shechem, at Elon Moreh, at the place of the altar which Jacob Israel had built.

Die Notiz enthält Elon Moreh (nicht Garizim), aber es kann kein Zweifel daran bestehen, daß mit Elon Moreh hier der Berg Garizim gemeint ist[27].

Zur Form der Notiz führt MacDonald an: »standard-n[otice] from the non Priestly editor clarifying the B[iblical] T[ext].«[28]

Im letzten Buch der samaritanischen Literatur, dem wir uns nun zuwenden, haben wir den Abschnitt der samaritanischen Geschichte erreicht, in dem die christliche Religion deutlich erkennbar wird.

MacDonald behauptet, das Christentum habe nachweislich großen Einfluß auf samaritanische Kultur und samaritanisches Denken ausgeübt: »It was that religion that was to have the most direct bearing on the way the Samaritan religion was to evolve out of the Pentateuch.« Die Beurteilung der »neuen« Religion durch die Samaritaner ist in jedem geschichtlichen Zusammenhang interessant.

Das Buch (vgl. Samaritans and Beginnings of Christianity, herausgegeben von John MacDonald und A. J. B. Higgins) enthält keine negativen Aussagen der Samaritaner über Jesu Person. Die Kritik richtet sich in erster Linie gegen die Juden: »Now Jesus the Nazarene did not consult the community of the Samaritan Israelites at any time in his life. He did not stand in their way, nor did they stand in his. They did not impose upon him, nor he on them in any way. He was, however, the subject of vengeance on the part of his own people, his own community, from whom he rose, that is, the Judaist community.«[29]

Es basiert auf Stoff aus den Evangelien und anderen christlichen Schriften, und enthält erläuternde und kommentierende Bemerkungen zu diesem Stoff. Es bringt eine knappe Schilderung des Lebens Jesu mit seinen Jüngern, berichtet von seinem Leiden und Sterben, bietet Listen christlicher Schriften usw. Ein Gefühl für die umfassenden geschichtlichen Perspektiven äußert sich darin, daß Jesu Geburt sofort zeitlich eingeordnet wird: »The number of years from the creation of the world up

---

[27] Ibid. 37. MacDonald hat den samaritanischen Text mit LXX verglichen und schreibt dazu: »It is evident that it is in the Jos part of our text that LXX influences arise, since only in Joshua are ST oms., which are matched in LXX, found in any quantity. The most signal and perhaps significant agreement of ST and LXX against the BT is Jos § L viii 30, where both read ›Gerizim‹ against BT ›Ebal‹. – «

[28] Ibid. 86.

[29] John MacDonald and A. J. B. Higgins, The Beginnings of Christianity According to the Samaritans, NTS 18 (1971–72), 54–80, vgl. S. 65.

to the advent of Jesus the son of Joseph the Nazarene, . . . was four thousand (two hundred) and ninety.«[30]

In dem Abschnitt über Jesus beschäftigt sich das Werk besonders mit
der Leidensgeschichte, dem Verhör Jesu und seiner Kreuzigung. Das
Verhör durch Pilatus und die Kreuzigung werden mit knappen Angaben
aus den Evangelien beschrieben. Eine abschließende Notiz lautet: »That
is what we have heard about Jesus from the Judaists by word of mouth,
that this is what happened to him when he was crucified. It is said that
two criminals were crucified with him, one on his right and one on his
left.«

Die datierende Bemerkung ist charakteristisch:

ויהי הדבר הזה לישו הנוצרי בעיר יביס אשר קראו את שמה ירושלם על פליטה
נשיא עדת הפרושים והם עדת היהודהים

That event took place in connection with Jesus the Nazarene in the city
of Jebis, which they called Jerusalem, at the command of Pilate the go-
vernor of the Pharisaic comunity, that is, the community of the Judaists[31].

Die Form erinnert an Sätze aus Chronicle No II. Trotzdem fällt der
Satz, was den Kontext betrifft, nicht aus dem Rahmen. Ein deutlicher
Stilunterschied im Vergleich zum vorangehenden Text besteht nicht.
Der Verfasser ist immer darauf bedacht, seine Leser über das Jesus-Ge-
schehen zu informieren, vgl. »that is what we have heard about Jesus
etc.«.

Während der Beschäftigung mit Chronicle No II haben wir erwähnt,
daß weite Partien des Buches sich praktisch mit ganzen Abschnitten aus
dem Pentateuch, Josua, Richter und den Büchern der Könige decken und
daß der Gesamtbericht parallel zu dem alttestamentlichen verläuft.

Trotz der vielen Berührungspunkte, unterscheiden sich die beiden parallelen Berichte dem Typus nach voneinander. Der Unterschied beruht
auf ihrem ungleichen Sitz im Leben.

Sowohl die Juden wie auch die Samaritaner sahen die tradierte Geschichte als je ihre eigene an.

Den Juden war das selbstverständlich. Große und kleine alttestamentliche Ereignisse handelten von Gott und seinem auserwählten Volk. Im
Lauf der Zeit gewannen bestimmte Ereignisse und historische Personen
eine hervorragendere Stellung als andere. Das gilt z. B. für die Berichte
über Abraham, Moses und David. Es handelt sich hier um eine natürli-

[30] Ibid. 59.
[31] Ibid. 64—65.

che Entwicklung ohne bewußtes Eingreifen eines Redaktors oder Kommentators. Wenn es abschließend im 2. Buch der Könige unmittelbar nach den letzten Worten Davids heißt: καὶ οὗτοι οἱ λόγοι Δαυὶδ οἱ ἔσχατοι (22.51 LXX), haben wir es mit üblicher Abschlußphraseologie und nicht mit einer bewußten Hervorhebung Davids zu tun, vgl. 2. Kon 23.8 LXX.

Die besondere Situation der Samaritaner verursachte von Anfang an ein eklektisches Verhältnis zu Jahwes Geschichte mit Israel. Wie bereits erwähnt, bringt Chronicle No II dies auf unterschiedliche Weise zu Ausdruck, überlieferter Stoff wird weggelassen, kommentierende Bemerkungen werden eingeflochten usw. Priester und Schriftgelehrte arbeiten bewußt so, denn sie sehen den Willen Gottes und das Ziel, das er mit der Geschichte verfolgt, und machen es sich zur Aufgabe, Gottes eindeutige Absichten auch anderen zu offenbaren. − Es ist durchaus nicht ihr Wunsch, historische Ereignisse wegzuerklären oder sie allegorisch umzudeuten. Im Gegenteil, ihrer Meinung nach sorgen sie dafür, daß die bedeutendsten historischen Ereignisse richtig aufgezeichnet und datiert werden, denn gerade in diesen Geschehnissen hat Gott seinen Willen offenbart.

Man hat oft das vierte Evangelium als das geistlichste Evangelium des Neuen Testaments bezeichnet, und zu einem gewissen Grad trifft diese Charakteristik zu. In unseren P-Sätzen haben wir gesehen, daß die Zeichen Jesu als Offenbarung seiner Herrlichkeit ausgelegt werden. Jesu Rede vom lebendigen Wasser wird als Ankündigung des zu erwartenden Geistes verstanden. In diesen Sätzen können wir aber dazuhin erkennen, wie der Evangelist sich bemüht, die Begebenheiten konkret geschichtlich zu verankern, sie so genau wie möglich zu lokalisieren und sie miteinander in Verbindung zu setzen.

In der samaritanischen Literatur stoßen wir auf entsprechende Züge. Auch werden Geschehnisse in einem übergreifenden Zusammenhang angebracht und genau datiert. Gleichzeitig wird unterstrichen, was sich auf der inneren, geistlichen Ebene abspielt. Diese Beobachtungen unterstützen die Theorie von der Verbindung zwischen Joh und Samaria. Samaritanische Geschichtstradition weist gemeinsame Züge mit der des Joh auf.

3. Philo von Alexandrien

Sowohl Josephus wie die Samaritaner interessierten sich für die historischen Berichte des Alten Testaments, und wir haben einige Beispiele für deren Überlieferung und Stellungnahmen zu bestimmten Abschnitten angeführt.

Auch Philo gehört zu den Verfassern, die sich für den historischen Stoff im Pentateuch interessieren. Er hat seinen Lesern diesen Stoff dargelegt und erläutert. Seine allegorischen Auslegungen sind bekannt, doch hat Philo den Pentateuch auch ohne zu allegorisieren behandelt. Goodenough schreibt: »Beside Philo's *Allegorical Interpretation of the Jewish Law*, and the *Questions and Answers on Genesis and Exodus*, stands the third great series of commentaries on the Pentateuch, usually referred to as the *Exposition of the Jewish Law*.«[1] Charakteristisch für Philo's Auslegung ist, so Goodenough, daß er da »had to tell the scriptual narrative in a form which those who had never heard it would comprehend«[2]. Wir interessieren uns besonders für diesen Teil der Werke Philo's, die Auslegung des jüdischen Gesetzes.

Die Schriften, die zu dieser Gruppe gehören, bilden die »geschichtlichsten« seines Gesamtwerks. Trotzdem kann Philo nicht als antiker Historiker bezeichnet werden. Auch in seinen Auslegungen arbeitet er mit systematischen und thematischen Fragen und benutzt die Texte, um Folgerungen zu formulieren und die Richtigkeit seiner Ansichten zu dokumentieren. Anders als Josephus verwendet er die Überlieferung zur Illustration seiner Aussagen. Selbstverständlich legt er auch ›facts‹ aus dem Leben Abrahams, Moses' und Josephs vor, und zeitliche Angaben zu wichtigen Momenten in ihren Biographien finden sich ebenfalls, so in Jos. XXI 12I, wo es heißt: ταῦτ᾽ ἐγένετο περὶ ἔτη γεγονότος ἤδη τριάκοντα (these events happened when he was about thirty years old).

Philo schreibt jedoch nicht nur über Abraham, um ein korrektes Bild von ihm zu vermitteln. Er verfolgt mit seiner Darstellung ein anderes Ziel — und wie Goodenough hervorhebt, gilt dies sowohl für das *Leben Abrahams* wie auch für das *Leben Moses*. Philo's Darstellung in diesen Büchern ist so, »that the higher aspirations of Judaism as a Mystery were indicated«, und im *Leben Josephs* will er »tell his ideals of rulership«. Philo legt überhaupt großen Wert darauf, wenn er über die berühmtesten Persönlichkeiten des Alten Bundes schreibt, ihre guten Charaktereigenschaften hervorzuheben und Beispiele ihrer Ausgeglichenheit und Frömmigkeit zu bringen. Deshalb sind kurze Randbemerkungen zum überlieferten Stoff untypisch für Philo, dagegen aber die bewußte Hinführung

---

[1] PHILO, Opera, with an English Translation by H. S. J. Thackeray and H. H. Whitaker, I—XII. The Loeb Classical Library, London 1929—1964.

[2] E. R. GOODENOUGH and H. I. GOODHART, The Politics of Philo Judaeus, 1938. Siehe S. 42 f.

PEDER BORGEN, Philo of Alexandria, A Critical and Synthetical Survey of Research since World War II, in: Aufstieg und Niedergang der römischen Welt, Geschichte und Kultur Roms im Spiegel der neueren Forschung II, Bd. 21/2, hrsg. Hildegard Temporini und Wolfgang Haase, 1984, S. 98—153, dort weitere Literaturhinweise.

des Stoffes zu den abschließenden Zusammenfassungen am Ende der Abschnitte.
Die Beispiele der Frömmigkeit Abrahams schließt er so ab:

τοσαῦτα μὲν περὶ τῆς τοῦ ἀνδρὸς εὐσεβείας, εἰ καὶ πολλῶν ἄλλων
ἐστὶν ἀφθονία, λελέχθω   Abr. XXXVII 208

Die der Sarah so:

τοσαῦτα μὲν ἀπόχρη δείγματα περὶ τῆς γυναικὸς εἰρῆσθαι
                      Abr. XLIV 255

Nicht nur Philo benutzt diese Form, sie kommt auch mehrmals bei Josephus vor, wenn er meint, er habe sich genügend zu einer Sache geäußert und ein zufriedenstellendes Bild von ihr gegeben.

Diese Form von Bemerkungen, die auch andere zeitgenössische Schriftsteller benutzen, steht nicht im Zentrum unseres Interesses. Dennoch mag es vorteilhaft sein, unsere Perspektive zu erweitern und Vergleiche auf breiter Basis anzustellen. Deshalb wollen wir uns näher mit einem Abschnitt über die Zeichen Moses und die Plagen Ägyptens vor dem Auszug der Israeliten in Philos Buch *Leben Moses* beschäftigen, zumal die zugrundeliegenden alttestamentlichen Texte gelegentlich in die Diskussion um die johanneischen Zeichen einbezogen wurden. Besonders interessieren uns Philo's Kommentare zu diesem Stoff.

Wie im Alten Testament, so erteilt auch bei Philo Jahwe Moses den Auftrag, vor Pharao zu treten und diesen unmißverständlich wissen zu lassen, daß er nach Jahwes Willen das Volk freigeben soll. »First tell them that I am he who is«, spricht Jahwe zu Moses. »And if they still disbelieve, three signs which no man has ever before seen or heard of will be sufficient lesson to convert them.« Nach dieser Einleitung folgt Philos Exkurs zu den Zeichen:

»The signs were such as these. He bade him (Moses) cast on the ground ther rod which he carried, and this at once took life and began to creep, and became the high chief of the reptile kingdom, a huge serpent grown to full strength. Moses quickly leaped away from the creature, and, in his fright, was starting to fly, when he was recalled by God, and, at His bidding and inspired by Him with courage, grasped its tail. It was still wriggling, but stopped at his touch, and, stretching itself to its full length, was metamorphosed at once into the rod which it had been before, so that Moses marvelled at the double change, unable to decide which was the more astonishing, so evenly balanced was the profound impression which each made upon his soul. *This was the first miracle, and a second followed soon.* God bade him conceal one of his hands in his bosom, and, after a little while, draw it out. And when he did as he was bid, the hand suddenly appeared whiter than snow. He did the same again, put it in his bosom and then brought it out, when it turned to its original colour and recovered its proper appearance. *These lessons he received when he and God were alone together, like pupil and master, and while the instruments of the miracles, the hand and the staff, with which he was equipped for his mission were both in his own possession. But the third had its birthplace in Egypt. It was one which he could not carry with him or rehearse beforehand, yet the amazement which it was sure to cause was quite as great. It was this . . .«.*

Vit. Mos. XIV 75—81

Einerseits kann man feststellen, daß Philo hier den Bericht von den Zeichen Moses' so wiedergibt, wie wir ihn aus dem Alten Testament kennen. Er hat, wie wir sahen, von dem Stab berichtet, der sich in eine Schlange verwandelte, von der verdorrten Hand, die wieder gesund und lebendig wurde — und er beschreibt im folgenden auch das dritte Zeichen, wie wir es aus dem Alten Testament kennen. Andererseits hatte er nicht die Absicht, die Überlieferung der drei Zeichen durch seine Darstellung so richtig wie möglich weiterzuführen, ohne irgendwelche Abstriche oder Erweiterungen. Philo tritt nicht als ein zurückhaltender Redaktor auf, der nur den Wunsch hat, die überlieferten Erzählungen mit kurzen Randbemerkungen anzufüllen und zu numerieren. Die Darstellung hinterläßt einen völlig anderen Eindruck.

Sie enthält Vergleich und Beurteilung der Zeichen. Zunächst stellt er zwischen den ersten beiden Zeichen eine enge Verbindung her, indem er einen kurzen Überleitungssatz einschiebt, der im griechischen diese Form aufweist: τοῦτο μὲν δὴ πρῶτον, ἕτερον δ᾽ οὐκ εἰς μακρὰν ἐθαυματουργεῖτο.

Vit. Mos. XIV 79

Die Zeichen werden dann als sachlich verschieden beschrieben vom letzten, das Mose ausführen sollte, dem Zeichen der Verwandlung von Wasser in Blut. Der Unterschied kommt deutlicher in Philos eigener Formulierung als in der oben angeführten Übersetzung zum Ausdruck, er führt das dritte Zeichen folgendermaßen ein: ταῦτα μὲν οὖν ὑπὸ μόνου μόνος ἐπαιδεύετο, ὡς παρὰ διδασκάλῳ γνώριμος, ἔχων παρ᾽ ἑαυτῷ τὰ τῶν τεράτων ὄργανα, τήν τε χεῖρα καὶ τὴν βακτηρίαν, οἷς προεφωδιάσθη. τρίτον δ᾽ ἐπιφέρεσθαι μὲν οὐκ ἦν οὐδὲ προδιδάσκεσθαι, ἔμελλε δ᾽ ἐκπλήττειν οὐκ ἔλαττον τὴν ἀρχὴν τοῦ γίνεσθαι λαβὸν ἐν Αἰγύπτῳ. Vit. Mos. XIV 80

Nach dem Bericht über die Anordnung und das Eintreffen auch des dritten Zeichens geht Philo zu seinem nächsten Thema über, den ägyptischen Plagen.

Die beiden Traditionen, die der Zeichen und die der Plagen, sind miteinander verknüpft, und Philo behandelt seinen Stoff in beiden Abschnitten auf entsprechende Weise.

Die Plagen-Tradition besteht aus einem vielschichtigen Material und läßt Philos systematisierende Fähigkeiten deutlich zutage treten: »The punishments inflicted on the land were ten«, beginnt er und gruppiert sie wie folgt: »Three belonging to the denser elements, earth and water, which have gone to make our bodily qualities what they are, He (God) committed to the brother of Moses; another set of three, belonging to the air and fire, the two most productive of life, He gave to Moses alone; one, the seventh, He committed to both in common; and the other three which go to complete the ten He reserved to Himself.«

Wie bereits erwähnt, teilt er die Plagen in Gruppen ein. Nach dem Bericht der mit Aaron zusammenhängenden Plagen folgt er seiner Disposition bei der weiteren Behandlung der Plagen. Wir gehen hier nicht näher auf seine Beschreibung ein, sondern beschäftigen uns mit seiner Reaktion des Stoffes und damit, wie er die Erzählungen miteinander verbindet.

»Such, then, were the punishments in which the brother of Moses was the agent. We have now, in due course, to examine those which were administered by Moses himself . . .«.

τοιαῦται μὲν αἱ διὰ τοῦ Μωυσέως ἀδελφοῦ τιμωρίαι· ἃς δὲ αὐτὸς
Μωυσῆς κ.τ.λ.   Vit. Mos. XX 113.

Ähnlich heißt es von den Plagen, die von Mose selbst verursacht wurden: »Such, we are told, were the plagues inflicted through the agency of Moses alone, namely the plague of hail and lightning, the plague of . . .

τοιαύτας φασί γενέσθαι καὶ τὰς διὰ μόνου Μωυσέως ἐπιπλήξεις,
τὴν διὰ χαλάζης καὶ κεραυνῶν, τὴν διὰ κ.τ.λ.   Vit. Mos. XXII 126.

In Philos abschließenden Worten, nach dem Bericht der von Mose und Aaron gemeinsam ausgelösten Plage, kommt seine eigene Beurteilung deutlich zum Ausdruck: »Rightly indeed was this chastisement committed to the two in common: to the brother because the dust which came down upon the people was from the earth, and what was of earth was under his charge; to Moses because the air was changed to afflict them, and plagues of heaven and air belonged to his ministration.«

κοινῇ μέντοι τὴν νουθεσίαν ταύτην ἐπετράπησαν δεόντως, ὁ μὲν
ἀδελφὸς διὰ κ.τ.λ.   Vit. Mos. XXIII 129.

Schließlich folgt der Bericht der letzten, entscheidenden Plage, von Gott selbst verursacht, der zehnten »transcending all its predecessors« (XXIV 134).

Wir haben den Abschnitt über die Zeichen und Plagen gewählt, um einen Eindruck von Philos tradierender und kommentierender Arbeit zu vermitteln. Von seinen Büchern hat man gesagt, sie seien »carefully structured compositions that progress from topic to topic by a sequence of thought that is utterly logical, though often subtile«. Wir konnten öfters feststellen, daß es ihm wichtiger ist, seinen Stoff zu ordnen und seine Ansichten zu pointieren, als seinen Bericht durch knappe Bemerkungen über Ort und Datum eines Ereignisses zu präzisieren.

In Philos allegorischen Auslegungen liegt dagegen der Schwerpunkt seines Interesses weniger bei der historischen Überlieferung als bei der Allegorie. In der Schrift *Über die Einzelgesetze* beschäftigt sich Philo durchaus mit Fakten, z. B. in dem Abschnitt über die jüdischen Feiertage. So beschreibt er das Passahfest: »After the New Moon comes the fourth feast, called the Crossingfeast, which the Hebrews in their native tongue call Pascha. In this festival many myriads of victims from noon till eventide are offered by the whole people, old and young alike, raised for that particular day to the dignity of the priesthood.« Danach erklärt Philo, warum jeder, »jung oder alt«, an den Tag die Opfer leiten und als Priester auftreten kann. Dies müsse im Zusammenhang mit dem Auszug der Juden aus Ägypten gesehen werden: »that great migration from Egypt which was made by more than two millions of men and women in obedience to the oracles vouchsafed to them«. Damals hatte man keine Zeit, Priester herbeizurufen, das Volk mußte selbst die Opfer ausführen. »These are the facts as discovered by the study of ancient history«, sagt Philo abschließend, doch fügt er sofort hinzu: »But to those who are accustomed to turn literal facts into allegory, the Crossingfestival suggests the purification of the soul.« (Spec. Leg. II.147)

Wenden wir uns schließlich dem alttestamentlichen Exodusbericht zu, von dem Philo ausgeht, und vergessen dabei nicht, daß dieser auch aus verschiedenen mündlichen und schriftlichen Traditionen zusammengesetzt und redigiert ist, dann wird deutlich, daß das Alte Testament bei diesem Prozeß anders verfährt als Philo. Der alttestamentliche Redaktor sah seine Aufgabe darin, alle Traditionen über das Geschehene zu bewahren. Nichts durfte in Vergessenheit geraten, sondern alles mußte den kommenden Generationen weitergegeben werden. Kommentierende Bemerkungen oder persönliche Urteile finden sich daher nur in bescheidenem Ausmaß. Verglichen mit Philos Darstellung der Plagen ist die Zurückhaltung des alttestamentlichen Redaktors besonders auffallend. Er scheint nur durch ein paar Zusammenfassungen hervorzutreten:

Μωυσῆς δὲ καὶ Ἀαρὼν ἐποίησαν πάντα τὰ σημεῖα καὶ τὰ τέρατα ταῦτα ἐν γῇ Αἰγύπτῳ ἐναντίον Φαραώ. ἐσκλήρυνε δὲ Κύριος τὴν καρδίαν Φαραώ, καὶ οὐκ εἰσήκουσεν ἐξαποστεῖλαι τοὺς υἱοὺς Ἰσραὴλ ἐκ γῆς Αἰγύπτου.   (Ex 11.10 LXX).

Wenn wir nun noch Joh zu diesen Vergleichen hinzunehmen, wird deutlich, daß das vierte Evangelium auf der Ebene des alttestamentlichen Geschichtesschreibers steht. Joh gilt zwar als das »am meisten kommentierende« unserer vier Evangelien, das ändert jedoch nichts an der Zielsetzung des Evangelisten: zu berichten, was sich tatsächlich in Jesu Leben zugetragen hatte, angefangen mit seinem ersten öffentlichen Auftreten, als er seine Jünger wählte, bis zu der Stunde, da er sie verließ. Joh folgt seinem eigenen Darstellungsplan und kommentiert die tradierten Berichte des Geschehens. Die Kommentare beschränken sich im allgemeinen darauf, die verschiedenen Auftritte zu lokalisieren oder anzugeben, wann die Jünger wirklich ein Ereignis verstanden hatten.

Übrigens bringt auch Joh Zusammenfassungen, die an die eben zitierten alttestamentlichen erinnern: τοσαῦτα δὲ αὐτοῦ σημεῖα πεποιηκότος ἔμπροσθεν αὐτῶν οὐκ ἐπίστευον εἰς αὐτόν, ἵνα κ.τ.λ. διὰ τοῦτο οὐκ ἠδύναντο πιστεύειν ὅτι πάλιν εἶπεν Ἡσαΐας τετύφλωκεν αὐτῶν τοὺς ὀφθαλμοὺς καὶ ἐπώρωσεν αὐτῶν τὴν καρδίαν κ.τ.λ.   (Joh 12.37 ff.).

_____

Für die Untersuchung des Johannesevangeliums haben wir das ergiebigste und interessanteste Vergleichsmaterial nicht bei Philo, sondern bei Josephus und in der samaritanischen Literatur gefunden. Natürlich ist auch das Alte Testament in diesem Zusammenhang von Interesse, doch kommentiert es seinen Traditionsstoff nur sehr selten.

III. Teil

Die Präzisierungssätze als Problem im Johannesevangelium

Wir haben die Bücher des Josephus, Teile der samaritanischen Literatur und die Werke Philos durchgemustert und Vergleichsmaterial für das
Verständnis der P-Sätze herangezogen. Das vorgelegte Material hat unseren Eindruck, daß gewisse Präzisierungen wie bei Joh tatsächlich außerhalb der neutestamentlichen Literatur vorkommen, bestärkt. Es wird
dazu beigetragen, uns ein besseres Verständnis der P-Sätze, ihrer Funktion und ihrer Bedeutung zu vermitteln, und uns bei der Beschäftigung
mit dem Joh zugute kommen. Wir meinen, daß bestimmte umstrittene
Gebiete der Johannesforschung nicht genügend bearbeitet werden können, solange sie nicht mit den P-Sätzen in Verbindung gebracht werden.

Die allgemeine Lage der Johannes-Forschung läßt sich auf verschiedene Weise beschreiben. Johannes-Forschung wird in mehreren Rich-
tungen betrieben und ist in ihrem Gesamtumfang nahezu unüberschau-
bar[1].

Auf dem Gebiet der Literarkritik sind sowohl Resignation wie auch
Zuversicht zu verzeichnen.

Jahrelang haben sich die Literarkritiker nun mit dem Joh beschäftigt
und mehrere Thesen vorgelegt. Die Resultate divergieren, ja widersprechen einander und hinterlassen einen eher enttäuschenden Eindruck.
Wayne A. Meeks schreibt: »The major literary problem of John is its
combination of remarkable stylistic unity and thematic coherence with
glaringly bad transitions between episodes at many points. The countless
displacement, source and redaction theories that litter the graveyards of
Johannine research are voluble testimony of this difficulty.«[2] Viele Forscher sind es leid, Teilungshypothesen zu diskutieren und folgen

---

[1] Vgl. die Literaturhinweise oben S. 5.
 Vgl. auch Marinus de Jonge (ed.), L'Évangile de Jean. Sources, rédaction, théologie, BETL
44 (1977).
[2] WAYNE A. MEEKS, The Man from Heaven in Johannine Sectarianism, JBL 91 (1972),
44−72, siehe S. 48.

E. Ruckstuhl, der bereits 1951 in seiner programmatischen Arbeit von der literarischen Einheit des Johannesevangeliums sprach[3].

Diese Reaktion auf die sezierende Arbeit der Literarkritiker und Religionsgeschichtler ist verständlich. Sie machen zum Teil von kritikwürdigen Methoden in ihrer Arbeit am Text Gebrauch.

Trotzdem läßt sich nicht übersehen, daß diese Forschung Probleme aufgezeigt hat, die gelöst werden müssen, und die sich an verschiedenen zentralen Punkten aufdrängen. In unserem Zusammenhang ist wesentlich, daß die Mehrzahl der P-Sätze gerade mit solchen Texten verbunden ist, mit denen sich die Literarkritiker beschäftigt haben und die umstritten sind. Dies berührt selbstverständlich unsere Auffassung der Funktion der P-Sätze im Evangelium.

Bekanntlich löste Rudolf Bultmann die literarkritischen Debatten und damit auch die Diskussionen um die Quellen des Johannes-Evangeliums aus[4]. In seinen scharfen Textanalysen interessierten ihn auch einige der P-Sätze. Er fand, daß die Zählung der Zeichen in 2.11 und 4.54 nicht mit den Mitteilungen des Evangeliums zu den Zeichen übereinstimme (vgl. z. B. 2.23), und benutzte diese Beobachtung als Argument für die Zeichen-Quellen-These. In der Zeichen-Quelle müsse der Bericht von Jesu Heilung des Sohnes des königlichen Beamten als »das zweite Zeichen« gestanden haben. Aller Wahrscheinlichkeit nach stamme die »falsche« Zählung des Evangeliums aus der Zählung dieser Quelle[5].

---

[3] EUGEN RUCKSTUHL, Die literarische Einheit des Johannesevangeliums, Der gegenwärtige Stand der einschlägigen Forschung, Studia Friburgensia NF 3 (1951). Die These von der literarischen Einheit des Johannesevangeliums wurde von Ruckstuhl schon 5 Jahre früher aufgestellt. Erst 1951 lag sie schriftlich vor. Eduard Schweizer bestärkte bereits 1939 die Forscher in ihrem Eindruck, daß das Evangelium eine sprachliche und stilistische Einheit bildet, indem er 33 Charakteristika johanneischen Stils nachwies. Vgl. E. SCHWEIZER, Ego Eimi, Die religionsgeschichtliche Herkunft und theologische Bedeutung der johanneischen Bildreden, zugleich ein Beitrag zur Quellenfrage des vierten Evangeliums, FRLANT NF 38 (1939), Teil III, S. 82 ff. In einem späteren Artikel greift E. RUCKSTUHL, Johannine Language and Style, The question of their unity, BETL 44 (1977), 125–147, die Diskussion der Quellen- und Stilfragen bei Joh mit Fortna und Nicol auf und hält an seiner Auffassung der Einheit des Evangeliums fest. Vgl. auch R. T. FORTNA, The Gospel of Signs, in: Soc. NT Stud. Monogr. Ser. 11, 1970. Siehe auch W. NICOL, The Semeia in the Fourth Gospel, Tradition and Redaction, Suppl. NovTest 32 (1972).

[4] Siehe RUDOLF SCHNACKENBURG, Das Johannesevangelium I, 1967, S. 38 f.

[5] RUDOLF BULTMANN, Das Evangelium des Johannes, KEKNT 2 (1964), 78. Vgl. S. 154: »Deutlich weist V. 54 auf 2.11 zurück, und die Zählung stammt aus der Quelle, da 2.23 dabei ignoriert ist.« Anders H. CONZELMANN, Grundriß der Theologie des Neuen Testaments, in: Einführung in die evangelische Theologie 2, München 1967, S. 377. Vgl. auch H. CONZELMANN und A. LINDEMANN, Arbeitsbuch zum Neuen Testament, Tübingen 1975, S. 238: »Es handelt sich auch im jetzigen Text um das zweite Wunder das *erzählt* wird (auf die anderen wird lediglich hingewiesen). Die Zählung kann also von Joh selber stammen und braucht nicht auf die Quelle zurückzugehen.«

Unter den von Bultmann vorgelegten Quellen-Hypothesen hat die Zeichen-Quellen-Hypothese die größte Zustimmung gefunden. Seiner These einer Offenbarungsreden-Quelle ist dagegen kaum Beachtung geschenkt worden. Bultmann selbst hat diese These weder weitergeführt noch begründet, später wurde dies von H. Becker nachgeholt. Bultmann behauptete, gewisse Einschübe (Aporien) im Evangelium ließen sich als Fragmente einer solchen Rede erklären. Sowohl in seinem Kommentar wie auch in seinem Artikel zu diesem Evangelium in RGG (3. Aufl.) geht er hierauf ein und gibt an, welche Verse seiner Auffassung nach ursprünglich der sogenannten »Lichtrede« angehört haben müssen: ». . . es scheint, daß er (Joh) eine in der Quelle gegebene Lichtrede in einzelne Stücke zerlegt hat, die er in verschiedenen Zusammenhängen verwertet hat (8.12; 9.4f.; 12.35f.44−50).«[6] Schlägt man die von Bultmann angeführten Stellen nach, fällt eine gewisse Nähe zu den P-Sätzen (oder den Sätzen, die wir als mögliche P-Sätze diskutiert haben) auf.

Eine dritte Eigentümlichkeit, die mit Bultmanns Forschung zusammenhängt, muß erwähnt werden. Wie man weiß, fand Bultmann den Übergang von Vers 51b zu 51c in Kap. 6 unerträglich und behauptete, die ganze Perikope 6.51c−6.59 müsse als Einschub in den ursprünglichen Text verstanden werden. Er war der Meinung, ein kirchlicher Redaktor habe die »Abendmahlsperikope« eingefügt, weil er in dem 4. Evangelium die traditionellen Sakramentstexte vermißte. Auch diese Behauptung, die ja die Forschung nachhaltig beschäftigt hat[7], hängt mit einem unserer P-Sätze zusammen und muß bei der Behandlung von 6.59, der Bedeutungsbestimmung dieses Verses innerhalb des Evangeliums berücksichtigt werden.

Bultmann beschäftigte sich nicht besonders mit der Frage, inwieweit die synoptischen Evangelien als Quellen zum Johannesevangelium in Betracht kommen. Andere Forscher haben diese Möglichkeit diskutiert[8].

---

[6] R. BULTMANN, Op. cit. 304, schreibt in einer kommentierenden Anmerkung: »Das Wort stammt ohne Zweifel aus der *Lichtrede* der Offenbarungsreden, deren Stücke der Evangelist auf verschiedene Abschnitte verteilt hat: 9.4f.39; 8.12; 12.44−50; 35f. Vermutlich gehörte 11.9f. mit 9.5f. in der Quelle eng zusammen, und vielleicht darf man als ursprünglichen Zshg rekonstruieren: 9:5.4; 11.9−10; 12.35−36. Dies wäre der zweite Teil der Lichtrede gewesen; der erste umfaßte 8.12; 12.44−50.« Vgl. RGG³ Bd. III (1959), Sp. 843. H. BECKER, Die Reden des Johannesevangeliums und der Stil in der gnostischen Offenbarungsrede, FRLANT NF 50 (1956), 114f., diskutiert mit Bultmann, wie die ursprüngliche Lichtrede ausgesehen haben kann.

[7] Siehe H. THYEN, Aus der Literatur zum Johannesevangelium, ThR NF (1979), 97ff.

[8] R. T. FORTNA, The Gospel of Signs, Soc. NT Stud. Monogr. Ser. 11 (1970), 9 − bringt ein langes Literaturverzeichnis, das einen überwältigenden Eindruck vom Engagement der Forscher in diesem Punkt hinterläßt.
Neuerdings läßt sich in der Forschung eine Abkehr von den Synoptikern als Quelle feststel-

In unserem Zusammenhang ist zu erwähnen, daß zu den Perikopen, die im Brennpunkt dieser Diskussion stehen, neben der bereits erwähnten Joh 4.46−54, auch die Perikopen von der Tempelreinigung (2.13−19) und dem Einzug in Jerusalem (12.1−8.12−15) gehören. E. Ruckstuhl bezeichnet sie als »Synoptic-type narratives in Jn« und nimmt eine mündliche oder schriftliche Tradition an:

»With reference to the Synoptic-type narratives in Jn (2.13−19, 4.46−54, 12.1−8.12−15), I suggested that the evangelist either drew from oral tradition or cited written traditions merely from memory.«[9] Auch diese Perikopen enden mit P-Sätzen.

Wir meinen, es kann nicht bezweifelt werden, daß der Evangelist seine Darstellung des Evangeliums auf gewisse Quellen stützt und daß dies die Gestaltung der Perikopen, mit denen wir uns in der vorliegenden Untersuchung befassen, beeinflußt hat[10]. Wir können daher nicht ohne weiteres annehmen, daß der Evangelist selbst die P-Sätze verfaßt hat. Sie können aus dem benutzten Quellenmaterial stammen. Dieses Verhältnis ist zu untersuchen, und wir fragen: Sind die P-Sätze, entweder in ihrer jetzigen Form, oder in einer ähnlichen, zusammen mit anderem vom Evangelisten bearbeiteten Traditionsstoff in das Evangelium aufgenommen worden, oder sind sie als persönliche Randbemerkungen des Evangelisten zu verstehen?

Wie bereits erwähnt, hat die These einer Zeichen-Quelle breiteste Zustimmung gefunden. Zwei unserer P-Sätze und deren Hintergrund (2.11 und 4.54) ziehen durch die Diskussion um diese These unsere Aufmerksamkeit auf sich[11]. Wir beschäftigen uns daher noch weiter mit der eben formulierten Frage.

R. T. Fortna schrieb sein Buch The Gospel of Signs (1970) aus der Überzeugung, die Zeichenquelle lasse sich rekonstruieren. Nach der Meinung dieses Verfassers hat die Forschung ausreichend wahrscheinlich gemacht, daß der Evangelist die Quelle vor sich hatte, als er sein Evangelium niederschrieb. Man mußte nur noch nachweisen, welche Zeichen die Quelle enthalten und welche konkrete Form sie gehabt hatte. Insbe-

---

len, vgl. F. Neirynck, John and the Synoptics, BETL 44 (1977), 73−106. Siehe auch id., John and the Synoptics, The empty tomb stories, NTS 30 (1984), 161−187. Siehe auch D. Moody Smith, John and the Synoptics, Bibl 63 (1982), 102−113.

[9] E. Ruckstuhl, Johannine Language and Style, BETL 44 (1977), 129.

[10] Schon Joachim Jeremias, Johanneische Literarkritik, ThBl 20 (1941), 33−46, besonders S. 39, sah die Unterscheidung zwischen Grundschrift und Redaktion als fundamental in der johanneischen Forschung.

[11] Vgl. R. E. Brown, The Gospel according to John, 1975, S. XXXI: »These two signs (2.1−11 and 4.46−54) remain the best argument for the existence of some sort of Sign Source.«

sondere zog R. Bultmann Fortnas Aufmerksamkeit auf sich. Fortna will in erster Linie Bultmanns Gedanken weiterführen: »We shall find reason to argue with some of Bultmann's results, but the consistency of his *Semeia-Quelle* suggests that he has partially uncovered a real source used by John. We can proceed, therefore by looking in turn at each of the miracle stories in the gospel, distinguishing them from their context and analysing them internally, primarily on the basis of contextual evidence but also with the help of synoptic comparison where that is possible.«[12]

Bultmann hatte bereits eine Art Entwurf einer Zeichenquelle vorgelegt, die nicht nur aus den beiden Kana-Zeichen, sondern auch noch aus anderen bestand. Alles in allem enthielt sie vielleicht 7 Zeichen, vielleicht auch nur 6. In diesem Punkt herrschte Unsicherheit[13]. Er fand »von der Bedeutung der Siebenzahl für Joh nichts zu bemerken« und daher argumentierte er auch nicht dafür, daß die Zeichenquelle gerade aus 7 Zeichen bestanden habe[14]. Bultmann war jedoch davon überzeugt, daß die Zeichen chronologisch geordnet und numeriert waren. Dasselbe behauptet Fortna. Nur im Hinblick auf die Zahl der Zeichen distanziert er sich von Bultmann und hält an der Auffassung fest, 7 sei die ›magische‹ Zahl.

Fortna hält also die ursprüngliche Reihenfolge und Zählung der Zeichen für wichtig. Er beschäftigt sich daher mit der Zählung der Zeichen im Joh, d. h. zunächst mit den Versen 2.11 und 4.54 und dann auch mit 21.14. Wie andere Forscher behauptet auch Fortna, daß 21.1−14, wenn auch in einer etwas von der überlieferten Form abweichenden Gestalt, ursprünglich zu den anderen Zeichen Jesu »der galiläischen Periode« gehört habe. Wenn die drei erwähnten Zeichen in der Quelle hintereinan-

---

[12] R. T. Fortna, op. cit. 25.

[13] Nach der Meinung Bultmanns gehören zur Semeia-Quelle außer den Wundern (Weinwunder, Fernheilung, Speisungswunder und Seewandel, Heilung des Lahmen, Heilung des Blindgeborenen, Erweckung des Lazarus) und 20.30f. mit mehr oder weniger Wahrscheinlichkeit auch 1.35−50 (Jüngerberufung), der Kern von 4.5−42 und von 7.1−13, ferner 10.40−42 und 12.37f. Vgl. Georg Richter, Zur sogenannten Semeia-Quelle des Johannesevangeliums, in: Studien zum Johannesevangelium, hrsg. Josef Hainz, Regensburg 1977, S. 281−287. Siehe auch R. Kysar, The Fourth Evangelist and his Gospel, 1975, S. 9ff. Er bringt eine Übersicht über bekannte Forscher und deren Stellungnahmen zur Zeichen-Quelle, und welche Zeichen diese Quelle ihrer Auffassung nach umfaßt. Siehe auch G. van Belle, De Sèmeia-bron in het vierde evangelie, Ontstaan en groei van een hypothese, Stud. NT Aux. 10 (1975), 136ff. Auch dort eine Übersicht der Forschung.

[14] Vgl. R. Bultmann, op. cit. 78: »Von der Bedeutung der Siebenzahl für Joh kann ich nichts bemerken. Zwar kann man sieben Wunder zählen, aber nur, wenn man das für den Zshg des Evgs bedeutungslose und zur Speisungsgeschichte gehörige 6.16−21 mitrechnet, und wenn man davon absieht, daß die einzelnen Wunder ganz verschiedenes Gewicht für den Aufbau haben; nur die Wunder in Kapp. 5.6.9.11 stehen etwa parallel. Im übrigen widersprechen so offenbare Doppelungen wie Kapp. 3/4, Kapp. 6/5 dem Prinzip der Siebenzahl.«

der und numeriert standen, ist anzunehmen, daß die übrigen Zeichen ebenfalls mit entsprechender Numerierung abschlossen. Ein Indiz dafür, daß die Zeichen in der Zeichenquelle wirklich numeriert waren, sieht Fortna in der unsicheren Textüberlieferung in 2.11. Fortnas text- und literarkritisches Verständnis dieser Stelle ist ausschlaggebend für seine Überlegungen.

Fortna befaßt sich hauptsächlich mit V 11a. Er hält es keineswegs für selbstverständlich (vgl. Bultmann), daß die Zeichenquelle 11a in der Form der Nestle-Ausgabe enthalten hat: »Indeed the confusion of MS readings in connection with the word ἀρχήν suggests that John's redaction of the source has given rise to the various scribal emendations.« »John's redaction« (d. h. der Text des Evangeliums) hatte ursprünglich die in p⁶⁶⁺ bezeugte Form: ταύτην πρώτην ἀρχήν ἐποίησεν τῶν σημείων κ.τ.λ.

Nestles Text ist zwar die am besten bezeugte der vorliegenden Varianten, dennoch ist p⁶⁶⁺ als ursprünglich anzusehen, weil dieser grammatikalisch und sprachlich ungeschickte Text es ermöglicht, dessen verschiedene Varianten als Verbesserungsvorschläge der Abschreiber zu verstehen. Doch wie ist die eigentümliche Ausdrucksweise des Verfassers hier zu erklären? Nur die Formulierung der Zeichenquelle kann diese Frage beantworten, so behauptet Fortna.

»But if ταύτην πρώτην ἀρχήν is the correct reading, how are we to explain this all but intolerable Greek? By supposing that John, in attempting to reinterpret the source, has created the difficulty. Assuming that the *source* read τοῦτο πρῶτον ἐποίησεν σημεῖον ὁ Ἰησοῦς, then *John*, wishing to emphasize the first sign as the chief one of all, added an appositive ἀρχήν, changing σημεῖον to a genetive plural with the noun, and the gender of the pronoun and adjective to feminine by attraction. This is only conjectural, to be sure, but it is supported by two facts – first, the parallels with 4.54 and 21.14, and secondly, the fact, apparent in other ways, that John gives the Cana pericope unique symbolic importance.«[15]

Fortnas textkritische Überlegung ist höchst diskutabel. Birger Olsson, der an Nestles Text als dem ursprünglichen in 2.11a festhält, weist darauf hin, daß man auch, wenn man von ἀρχήν ausgeht, Textvarianten erklären kann, die sowohl πρῶτος wie ἀρχή enthalten. »If ἀρχήν alone was original, which is likely, an addition of πρώτην shows that there was a need to specify the meaning of the word (or perhaps bring it into agreement with 4.54).«[16]

---

[15] R. T. FORTNA, op. cit. 36.

[16] B. OLSSON, Structure and Meaning in the Fourth Gospel, 1974, S. 62. Vgl. GORDON

Fortna bleibt jedoch dabei, daß πρῶτον in der Zeichenquelle vorkam und daß die Numerierung die eigentliche Pointe der Randbemerkungen in der Zeichenquelle ausmachte. Das Weinwunder erschien dort als erstes Zeichen. Die dazugehörige Randbemerkung hatte folgende Form: [τοῦτο πρῶτον ἐποίησεν σημεῖον] ὁ Ἰησοῦς |. . .| καὶ ἐπίστευσαν εἰς αὐτὸν οἱ μαθηταὶ αὐτοῦ.

Die Heilung des Sohnes des königlichen Beamten (4.54) war dementsprechend als zweites Zeichen eingeordnet: τοῦτο (πάλιν) δεύτερον [ἐποίησεν σημεῖον] ὁ Ἰησοῦς.

Das Tiberiaszeichen stand als drittes (vgl. Joh 21.14): τοῦτο (ἤδη) τρίτον [ἐποίησεν σεμεῖον] Ἰησοῦς. Die folgenden vier Zeichen waren in entsprechender Weise in der Reihe angebracht[17].

Fortna lehnt daher Wellhausens negative Einstellung gegenüber einer Zählung ab. »Wellhausen held that such an enumeration of the signs would have been pointless in the source, where they followed one another without intervening narrative; but it would not be pointless if the source sought to schematize the signs (cf. Gen. 1) and to call attention to their number«[18], hebt er hervor und verweist auf Bultmanns Beispiele: Rabbinen, die alttestamentliche Zeichen numerierten.

In unserem Zusammenhang ist die Feststellung interessant, daß die P-Sätze in 2.11 und 4.54 neben der Bemerkung in 21.14 nach Fortna[19] ihren Hintergrund in der Zeichenquelle haben und dort dazu dienten »to schematize the signs and to call attention to their number«.

Marie-Émile Boismard widmete seine Forschungen den traditionsgeschichtlichen Problemen im Joh. Frans Neirynck, der eine tiefgreifende kritische Analyse von Boismards umfassender exegetischer Arbeit vorgelegt hat, hebt bestimmte Züge als besonders charakteristisch für dessen Johannes-Auslegung hervor: »une insistance sur l'évolution dans la tradition johannique, les différentes couches littéraires et l'activité d'un rédacteur final, et une mise en valeur des accords entre les traditions johannique et lucanienne.«[20]

D. FEE, Papyrus Bodmer II (P66), Its textual relationship and scribal characteristics, StD 34 (1968).

[17] R. T. FORTNA, op. cit. 38, 48, 97.

[18] Id. 44.

[19] V 14 ist umstritten. R. SCHNACKENBURG, Das Johannesevangelium III, 1975, S. 412: »Abwegig ist auch die Meinung Fortnas, daß in V 14 noch ein Rest der Quelle (›drittes‹ Zeichen) erhalten sei; der Vers blickt deutlich auf V 1 zurück und ist ganz redaktionell.« Vgl. H. THYEN, Entwicklungen innerhalb der johanneischen Theologie und Kirche im Spiegel von Joh 21 und der Lieblingsjüngertexte des Evangeliums, BETL 44 (1977), 264: »Es erscheint mir töricht, in dieser Notiz ein inkonsistentes Quellenrudiment erblicken und dem Autor anlasten zu wollen, er habe noch nicht bis drei zählen können.«

[20] F. NEIRYNCK, Jean et les Synoptiques, Examen critique de l'exégèse de M.-É. Boismard, BETL 49 (1979), 5.

Nach Boismard[21] gehören das Weinwunder, die Heilung des Sohnes des königlichen Beamten und das Offenbarungswunder am See Tiberias zur ältesten Traditionsschicht des Evangeliums, dem sogenannten Document C. In diesem Document C standen die drei Zeichen nebeneinander und stellten eine Art Beginn der öffentlichen Wirksamkeit Jesu dar.

Weitere Zeichen enthielt die Quelle nicht. Boismard kann sich Fortnas Schlußfolgerungen von 3 numerierten im Joh zu 7 numerierten Zeichen in der Quelle nicht anschließen. Im Gegensatz zu Fortna und der Zahl 7, hält er besonders stark an der Zahl 3 fest, indem auch er auf das Alte Testament hinweist, auf Mose, der sich durch 3 Zeichen als Gesandter Gottes legitimierte (Ex 4.1−9).

Interessant ist die Feststellung, daß nach Boismard die Sätze 2.11, 4.46 und 21.14 in einer einfachen Grundform den Zeichen in der Zeichenquelle folgten. Neirynck hat das gesamte Material bei Boismard kritisch gesichtet und u. a. Vergleiche zwischen ihm und Fortna angestellt[22]. Hier soll nur erwähnt werden, daß im Vergleich zu Fortna der größte Unterschied im Hinblick auf die Rekonstruktion der Form hinter 21.14 besteht. Hinsichtlich 2.11 und 4.54 sind die Unterschiede geringer.

Ändert man die Wortstellung in 2.11 a: τοῦτο πρῶτον σημεῖον ἐποίησεν (vgl. Papyrus Bodmer II), tritt, so Boismard, die Parallelität mit 4.54 (ce deuxième signe fit Jesus) noch deutlicher hervor. πρῶτον und δεύτερον versteht er an diesen beiden Stellen als Adjektive (vgl. Fortna) und übersetzt »ce premier signe« (vgl. 2.11 a) und »ce deuxième signe« (4.54 a). Unmittelbar darauf folgt das dritte und letzte Zeichen. »Au niveau du Document C . . . la pêche miraculeuse constituait le troisième des miracles accomplis pas Jésus en Galilée.« Hier hat Boismard − wie Fortna − Schwierigkeiten, den Satz aufzuweisen, der das Zeichen in die Reihe einfügte. Fortna erreicht die Parallelität zwischen 4.54 und 21.14 a in der Zeichenquelle, indem er ἐφανερώθη in unserem Text durch ἐποίησεν σημείον, der Form der Zeichenquelle ersetzt. Er behauptet, ἐφανερώθη sei erst durch die Redaktion des Evangelisten eingedrungen (»the use of φανεροῦν here is typical of John«). Dagegen behauptet

---

[21] P. Benoit & M.-É. Boismard, Synopse des quatre évangiles en français avec parallèles des apocryphes et des pères, Tome I Textes, Paris 1965, [2]1973.

P. Benoit & M.-É. Boismard, Synopse des quatre évangiles en français, Tome II, Commentaire par M.-É. Boismard avec la collaboration de A. Lamouille et P. Sandevoir, Paris 1972. L'évangile de Jean, Commentaire par M.-É. Boismard et A. Lamouille, avec la collaboration de G. Rochais, Synopse de quatre évangiles en français, Tome III, Paris 1977. Vgl. auch M.-É. Boismard, Saint Luc et la rédaction du Quatrième Évangile (Jn 4.46−54), RB 69 (1962), 185−211, besonders S. 204.

[22] F. Neirynck, Jean et les Synoptiques, BETL (1979).

Boismard, die Form φανεϱοῦν ἑαυτον sei präjohanneisch. Er bleibt bei dieser Form und findet bei Joh die Textgrundlage für diese Übersetzung, die die Grundform verdeutlicht: »Ceci (fut) déjà la troisième (fois) que Jésus fut manifesté.«

Neirynck weist auf dessen etwas merkwürdige Begründung dieser Übersetzung des griechischen Textes in 21.14 hin: »Le texte est dificile à traduire et il est nécessaire de sous-entendre le mot ›fois‹.« Zur Hervorhebung der formalen Parallelität zwischen den »Registrierungssätzen« der drei Zeichen, unterstreicht Boismard die einleitenden Neutrumformen: »ce première, ce deuxième, ce troisième.«[23]

Die Numerierung spielt für beide, Boismard und Fortna, eine wichtige Rolle im Hinblick auf die Funktion der drei Sätze in der Grundschrift. Was Boismard betrifft, muß hervorgehoben werden, daß er noch einen weiteren, einen theologischen Gesichtspunkt einführt. Die Numerierung ist zwar an und für sich wichtig, aber ebenso wichtig ist die Tatsache, daß es sich um *drei* Zeichen handelt.

So wird deutlich, daß Jesus hier als der neue Mose vorgestellt wird. So wie Mose sein Werk mit drei Zeichen begann (Ex 4.1–9), so leitet Jesus das seine mit den drei galiläischen Zeichen ein, die eben zeigen, daß er der neue Mose ist, der das Volk und die Welt retten wird. Neirynck unterstreicht diesen Gesichtspunkt Boismards:

»Boismard insiste beaucoup sur l'intention à laquelle ce chiffre de ›trois‹ miracles doit répondre: établir un parallèle entre Jésus et Moïse«, schreibt er und fügt unter Hinweis auf Boismards Johannes-Kommentar hinzu: »Notons tout d'abord que le thème de Jésus nouveau Moïse et la valeur apologétique des miracles ne sont pas, dans l'optique du Commentaire, caractéristiques de seul Document C, car c'est surtout chez Jn II–A que ›le thème prend une grande importance‹ (p. 49 a; cf. 3,2; 6.2.14; 9.2–3.30.33).«[24]

Die These von den drei galiläischen Zeichen bildet also eine der grundlegenden Voraussetzungen Boismards. Die These ist nicht neu. Es ist jedoch fraglich, ob ihre Textgrundlage ausreicht. Vielen Forschern ist es unmöglich, sich Boismard anzuschließen, wenn er den Bericht von Jesu Offenbarung vor den Jüngern am See Tiberias (21.11) mit dem Bericht von Petri Fischfang (Luk 5.1–11) kombiniert und einen Bericht von Jesu drittem numerierten Zeichen konstruiert. Einleuchtender und weniger kompliziert ist es, an der Überlieferung zweier Zeichen in Kana in Galiläa festzuhalten. »The best evidence for a pre-Johannine *collection* of traditions is the sequential numbering of two Cana miracles (Jn 2.11,

---

[23] Ibid. 121 ff.
[24] Ibid. 172.

4.54)«, behauptet Raymond E. Brown[25]. Selbst Neirynck, der Boismards Auslegungsversuche sehr positiv darstellt, kann ihm hier nicht folgen und weist nach, daß Boismards Vergleiche mit der Zeichennumerierung der Exodusberichte nicht ganz treffend sind. »Ici il fait appel au parallèle de Ex 4,1−9 où Dieu donne à Moïse le pouvoir d'accomplir des miracles, appelés des σημεῖα, pour authentifier sa mission: ›Moïse accomplira trois miracles, et ces miracles sont numérotés‹. On notera toutefois que le chiffre ›trois‹ n'apparait pas dans ce passage: après les deux premiers miracles (cf. v. 8 τοῦ σημείου τοῦ πρώτου, τοῦ σημείου τοῦ ἐσχάτου, 9 τοῖς δυσὶ σημείοις τούτοις), un miracle d'un autre ordre est proposé, celui de l'eau qui se changera en sang (v. 9).«[26]

Diese Fragen werden noch lange diskutiert werden. Wir sind so ausführlich auf Fortna und Boismard eingegangen, weil sie Forscher repräsentieren, die energisch behauptet haben, daß 2.11 und 4.54, unsere P-Sätze, Voraussetzungen und Hintergrund in dem Traditionsstoff haben, den der Evangelist in sein Werk aufgenommen und dort zum Teil neu geformt hat. Die beiden Forscher haben keine Mühe gescheut, um zur ursprünglichen Form und Funktion dieser Verse vorzudringen und dem Verlauf der Überlieferung zu folgen. Sowohl in der Kommentar- wie auch in der übrigen Fachliteratur erscheinen diese Sätze in der Diskussion um die Traditionsschichte im Joh und darum, was als genuin johanneische Phraseologie aufgefaßt werden muß und was nicht.

In diesem Zusammenhang weisen wir auf die Arbeiten Schweizers und Ruckstuhls hin, die die Einheit des Evangeliums verteidigen. Hier ist nicht der Ort, näher auf diese Debatte einzugehen. Wir meinen aber, daß in der Diskussion um johanneische Worte und Begriffe zu wenig Gewicht auf die Funktion der Worte und deren Ort im Evangelium gelegt worden ist.

Die Frage nach Funktion und Sinn stellt sich auf jeden Fall als eine grundsätzliche bei den Sätzen 2.11 und 4.54. Wenn Fortna eine zutreffende Charakteristik der Funktion der »Numerierungssätze« in der Zeichenquelle bringt: »to schematize the signs and to call attention to their number«, wie ist dann die Tatsache zu erklären, daß die beiden Sätze im Evangelium, wo sie ihren Ort im Verhältnis zu den dazugehörigen Zeichen behalten haben, eine Änderung erfahren haben, die sie ihrer ursprünglichen Pointe beraubt?

---

[25] R. E. Brown, The ›Mother of Jesus‹ in the Fourth Gospel, BETL 44 (1977), 307−310, siehe besonders S. 308 f.

Vgl. Marinus de Jonge, Jesus, Stranger from Heaven and Son of God, Jesus Christ and the Christians in Johannine Perspective, in: Society of Biblical Literature − Sources for Biblical Study 11, 1977, S. 117−140, besonders S. 122.

[26] F. Neirynck, Jean et les Synoptiques, BETL (1979), 172−173.

Vergleichen wir: Philo berichtet in seinem Werk über das Leben Moses von den Zeichen, die Moses tat, wie sie im Alte Testament geschildert sind. Wie bereits erwähnt, sind die alttestamentlichen Zeichenberichte zueinander ins Verhältnis gebracht und numeriert. So sind die auch in Philos Darstellung gelangt. Philo hat mit den Berichten auch die mit ihnen verbundenen Bemerkungen aufgenommen. Bei ihm kann man deutlich erkennen, daß die Bemerkungen, trotz gewisser Veränderungen, dennoch ihre primäre Funktion behalten haben, nämlich »to call attention to their number«.

Mit dem Evangelisten und der Zeichenquelle — so wie Fortna sie sich vorstellt und zurechtlegt, verhält es sich anders. Kaum jemand würde behaupten wollen, es ginge dem Evangelisten in 2.11 darum, to call attention to their number. Selbst in 4.54 ist dies äußerst fraglich. Wir sind der Auffassung, es handelt sich im 4.54 eher um einen Rückverweis des Verfassers auf dieses Zeichen, das er bereits als *das* Offenbarungszeichen eingeführt hatte. Ein Verhältnis, das z. B. mit dem in 10.40 verglichen werden kann, wo der Evangelist deutlich auf 1.28 zurückweist (vgl. Dodd)[27], die Stelle, an der Johannes der Täufer und sein Zeugnis zum erstenmal und grundsätzlich vorgestellt werden.

Es ist überhaupt zweifelhaft, ob der traditionsgeschichtliche Weg für die Auslegung von 2.11 der nächstliegende ist und ob der Vers so auszulegen ist, als handele es sich um die Weiterführung einer Grundform, die er einmal in einer Quellenschrift gehabt haben soll. Selbstverständlich läßt sich denken, daß die Erzählung vom Weinwunder in Joh 2.1—10 aus einer Zeichenquelle stammt, wie mehrere Forscher behaupten. An und für sich haben wir nichts gegen einen solchen Gedanken einzuwenden. Handelt es sich aber um die mit dieser Erzählung verbundene Bemerkung, so meinen wir, daß sie zuerst mit anderen Bemerkungen, die im Evangelium eine ähnliche Funktion haben, verglichen werden muß. Wie fällt so ein Vergleich aus? Wie bereits gezeigt, weist die Bemerkung so deutliche Übereinstimmungen mit einer Reihe anderer kommentierender Bemerkungen auf, daß sie denselben Ursprung wie diese zu haben scheint.

Wir wollen unsere Untersuchung von 2.11 und 4.54 auf eine breitere Grundlage stellen als Fortna und Boismard es von ihrem Ausgangspunkt her konnten.

Daß wir diese umstrittenen Verse der Gruppe der Fußnoten beiordnen, schließt nicht ein, daß wir *eo ipso* deren Bedeutung verringern. Soweit wir sehen, sind die Fußnoten bisher stiefmütterlich von der Forschung behandelt worden, und in vielen Fällen wurden sie als relativ

---

[27] C. H. Dodd, Historical Tradition in the Fourth Gospel, Cambridge 1963, S. 248 ff.

uninteressant beiseite geschoben. Teils wurden sie außer acht gelassen,
weil sie Gedankengänge des Evangeliums zu unterbrechen scheinen, teils
wurden sie als sekundäre Zusätze aufgefaßt eingefügt von zufälligen Ab-
schreibern und Kommentatoren, teils wurden sie von einer Stelle zur anderen versetzt, entweder allein oder zusammen mit der dazugehörigen
Perikope. Auch scheint das Interessengebiet des einzelnen Forschers und
seine bevorzugte Forschungsmethode sein Verständnis der Fußnoten zu
beeinflussen. Exegeten, die es sich zur Aufgabe gemacht haben, grundlegende religiöse Motive und Ideen im Joh herauszuarbeiten oder tragende Gedankengänge bestimmter Kapitel und Abschnitte darzustellen,
haben sich aus leicht verständlichen Gründen kaum mit den Fußnoten
beschäftigt. In dieser Perspektive ist leicht einzusehen, daß die Fußnoten
eine untergeordnete Rolle spielen – aber das kommt auch bei anderen
Vorgehensweisen vor.

1.28 und 6.59 mögen dies erläutern.

1.28 ist in dem Zusammenhang angebracht, in dem Johannes der Täufer zum erstenmal auf Jesus hinweist. Viele Forscher sind jedoch der Ansicht, der Vers sei ungeschickt eingefügt, er unterbreche das Zeugnis des
Täufers, bevor es zu Ende gebracht ist[28]. Wie 1.28 an seine heutige Stelle
gelangt ist, läßt sich nicht leicht erklären. Nach Georg Richter[29] muß die
Erklärung durch traditionsgeschichtliche Überlegungen gefunden werden. Er zeigt wie 1.19–34 sowohl aus formalen wie auch aus sachlichen
Gründen als eine Einheit zu begreifen ist. Ohne die unebene Textform zu
übersehen, behauptet er, »daß das Täuferzeugnis in 1.19–34 – trotz der
Vielfalt der Motive und Traditionen, trotz der formalen Parallelen und /
oder Dubletten, trotz der literarischen Nähte und kompositionellen
Unebenheiten – eine durchweg einheitliche Tendenz und ein einheitli-
ches theologisches bzw. christologisches Konzept hat«. Diese Tendenz
muß sich bereits, so Richter, in der Grundschrift gefunden haben. »Und
zwar sind Tendenz und Christologie nicht die des Evangelisten und auch
nicht die des sekundären Redaktors, sondern ausschließlich die der
Grundschrift. Denn es geht ja im ganzen Abschnitt immer nur und im-

---

[28] Siehe auch R. T. FORTNA, Op. cit. 174: »The afterthought which constitutes v. 28 is, like
24, intrusive and pointless in its present place, so much so that several critics (Bultmann, Wil-
kens, van Iersel) transpose it to a place later in the passage. Dodd argues that the place-name
here is traditional; this may be the case (cf. Aenon in 3.23), but even so its present use remains
puzzling, except as a purely Johannine note: it artificially divides in two the account of the
Baptist's witness and in a typical way rounds off the episode thereby defined (cf. 6.59, 8.20).
It can hardly stem from the source.«
[29] G. RICHTER, Zur Frage von Tradition und Redaktion in Joh 1.19–34, in: Studien zum Johannesevangelium, 1977, S. 288–314.

mer wieder um das eine: Der Täufer ist nicht der Messias und seine Taufe ist nicht die messianische Taufe« usw.[30]

Für Richter bildet die Fußnote in 1.28 ein Problem. Um sie erklären zu können, geht er traditionsgeschichtlich noch hinter die Grundschrift zurück.

»V 28 ist nicht erst eine Schöpfung des Autors der Grundschrift, sondern gehört zur vorgrundschriftlichen Tradition. Ob er dort unmittelbar auf V 27 folgte, kann man nicht mit Sicherheit behaupten, aber auch nicht mit Sicherheit bestreiten. Da zur vorgrundschriftlichen Täuferdarstellung auch die VV 32—33 gehören werden, möchte man auf den ersten Blick meinen, daß der bessere oder ursprüngliche Platz von V 28 erst nach V 33 sei und daß erst der Autor der Grundschrift im Zuge der weiteren Systematisierung des Täuferzeugnisses den Vers an den jetzigen Platz gesetzt habe. Andererseits aber ist nicht einzusehen, warum der Autor der Grundschrift den V 28 nicht nach V 34 bringt. Denn in der Komposition der Grundschrift bildet 1.19—34 offensichtlich ein zusammengehörendes Ganzes, zusammengehalten durch die als Klammer fungierende Zeugnisterminologie in V 19 und 34, so daß im jetzigen Text die Ortsangabe nach V 34 mindestens ebenso gut passen würde wie nach V 27 (die in 1.29—34 gegenüber 1.19—27 veränderte Situation ist durch τῇ ἐπαύριον in V 29 genügend angedeutet). Darüber hinaus erscheint in der vorgrundschriftlichen Darstellung die Ortsangabe nach V 27 durchaus als begründet: sie wirkt nicht nur als Zäsur gegenüber der anderen Situation in 1.32f. (nach der Taufe Jesu), sondern sie verleiht auch der Täuferaussage in 1.23.25—27, die für die christliche Gemeinde in der Auseinandersetzung mit der Täufergemeinde von Wichtigkeit ist, einen historischen und zusammen mit V 19 einen gleichsam urkundlichen Charakter. Ob die vorgrundschriftliche Tradition die Ortsangabe aus der christlichen Täufertradition übernommen hat oder direkt aus der Tradition der Täufergemeinde, muß wohl ungewiß bleiben.«

Zu Klammern und anderen formalen Elementen behauptet G. Richter prinzipiell: »Sie können nicht nur unbeabsichtigt, sondern auch — bewußt oder unbewußt — durch sekundäre Einschübe zustande gekommen sein und beweisen für sich allein noch nicht die literarische Einheit eines Stückes. Erst in Verbindung mit der gleichen Tendenz und Theologie bekommen auch sie Gewicht.«[31]

Richters besondere Aufmerksamkeit gilt dem »formalen Element« der Perikope, die er in seinem Artikel analysiert, der Fußnote (1.28), die dem ersten Teil des Täuferzeugnisses folgt. Er suchte eine Erklärung für de-

---

[30] Ibid. 293—294.
[31] Ibid. 303.

ren merkwürdige Stellung und er fand sie, indem er die Traditionsgeschichte rückwärts abschreitet. Insofern kann man sagen, er hat denselben Weg wie Fortna und Boismard eingeschlagen, die ebenfalls, um 2.11
zu erklären, hinter diesem Vers liegende Quellen rekonstruierten. So wie
sie zur Zeichenquelle gelangten und ihre Erklärungen auf dieser Grundlage aufbauten, fand Richter die Lösung seines Problems »in der vorgrundschriftlichen Darstellung«[32]. Soviel zu 1.28.

6.59 ist auch eine Fußnote, die nach Meinung vieler den gedanklichen
Zusammenhang des Textabschnittes unterbricht. Der Vers erscheint an
einer Stelle, die durchaus als grosse crux der Johannesauslegung bezeichnet werden kann, er folgt unmittelbar auf die Abendmahlsperikope in
6.51 c–6.58. Trotzdem hat 6.59 nicht die Aufmerksamkeit gefunden, die
man unter diesen Umständen hätte erwarten können. Der Vers wurde
mehr oder weniger zu einem gleichgültigen, den theologischen Gesichts-
punkten untergeordneten Spielball. Forscher, die Bultmanns These[33] einer später eingeschobenen Abendmahlsperikope (6.51 c–58) stützen,
sind in der Regel der Ansicht, 6.59 habe ursprünglich entweder gleich
hinter 6.51 b gestanden, oder sei erst zusammen mit der Abendmahlsperikope ins Evangelium und an seinen jetzigen Platz gelangt. Dies
reicht allerdings nicht aus, um zu behaupten, die Frage sei erschöpfend
behandelt worden.

G. Bornkamm z. B. hat zwei interessante Artikel zur zweiten Hälfte
von Kapitel 6 vorgelegt[34]. Er stützt Bultmann, insofern er 6.51 c–58 als
später eingearbeitete Perikopen ansieht, Bultmanns Umstellungen des
Schlußteils von Kapitel 6 kann er jedoch nicht folgen: »Ist dieser Zusammenhang von 6.:60 ff. mit der Brotrede 6.27–51 b richtig gekennzeichnet, so wird man gegen die von Bultmann vorgeschlagene Ablösung
dieses Schlußabschnittes von dem Kap. 6 überhaupt und seine Einordnung unmittelbar vor den Abschiedsreden Einspruch erheben, aber mit
Bultmann die Beziehung von 6.60 ff. auf die eucharistische Rede bestrei-

---

[32] Id. 296. Vgl. A. J. Simonis, Die Hirtenrede im Johannes-Evangelium, Versuch einer
Analyse von Johannes 10.1–18 nach Entstehung, Hintergrund und Inhalt, in: Analecta Biblica 29, Rom 1967, S. 12: »Man kann sich aber fragen, ob sich überhaupt rein auf Grund der
literarischen Form, ohne schon tiefer auf den Inhalt des Textes einzugehen, ein Urteil über
den Aufbau eines literarischen Stückes fällen läßt.« Doch ist seiner Meinung nach »ein Versuch, die Form an sich zu befragen, nicht von vornherein aussichtslos«.

[33] R. Bultmann, Op. cit. 161 ff.

[34] Günther Bornkamm, Geschichte und Glaube I, Gesammelte Aufsätze III, BEvTh 48
(1968), darin S. 60–67: Die eucharistische Rede im Johannes-Evangelium, ZNW 47 (1956),
161–169. Geschichte und Glaube II, Gesammelte Aufsätze IV, BEvTh 53 (1971), darin
S. 51–64: Vorjohanneische Tradition oder nachjohanneische Bearbeitung in der eucharistischen Rede Johannes 6?

ten müssen.«[35] – Ihm ist der Gedankengang des Kapitels klar, wenn man nur die »Abendmahlsperikope« wegläßt. Bornkamm suchte folgenden Gedankenzusammenhang nachzuweisen: »daß der letzte Teil der ganzen Rede (6.60–65) über das eucharistische Zwischenstück hinweg die unmittelbare Fortsetzung ihres ersten Teiles bildet und das ›Ärgernis‹, das bereits Jesu Worte über sich als den vom Himmel herabgekommenen Menschensohn erregt haben (6.33,38,50f.), durch die Ankündigung seines ›Aufstiegs‹ bis zum äußersten steigert. Übersieht man diesen schon durch die Korrelatbegriffe καταβαίνειν (6.33,38,50f.) und ἀναβαίνειν (6.62) gekennzeichneten . . . Zusammenhang und bezieht 6.60ff. unmittelbar auf V 53ff., so zerstört man die Klimax der Rede im ganzen.«[36]

An und für sich überrascht es nicht, daß hier auf die Randbemerkung in 6.59 nicht näher eingegangen wird, zielt doch alles darauf ab, die tragenden theologischen Gedanken des Textes herauszuarbeiten. Aber Bornkamm hat sich in seinen Aufsätzen auch dafür interessiert, wie 6.51c–58 später da in der Perikope angebracht worden ist, wo der Abschnitt jetzt steht. Man erwartet, nun werde 6.51 behandelt werden, aber dem ist nicht so. Bornkamm beschäftigt sich nur mit dem Kontext, der der Abendmahlsperikope vorausgeht.

»Doch lassen sich gegen die These eines vom Evangelisten selbst verarbeiteten Traditionsstückes noch andere exegetische Gründe anführen und dabei Einblicke in Arbeitsweise und Tendenz der späteren Bearbeitung des Evangeliums gewinnen. Dafür ist es wichtig, sich noch einmal Gedankengang und -gefälle der Rede bis zu dem sakramentalen Zwischenstück genauer zu vergegenwärtigen. Da die Deutung des Lebensbrotes auf Jesu Fleisch und Blut in der Eucharistie erst in den kommentierend einsetzenden Worten: ›und zwar ist das Brot, das ich geben werde, mein Fleisch (hingegeben) für das Leben der Welt‹ (6.59b) klar ausgesprochen ist, wird in der Regel dieser Satz als Einleitung des neuen Abschnittes verstanden. Doch wird er bereits von V 48, wenn nicht gar von V 47 ab dadurch vorbereitet, daß zwar noch einmal in Anlehnung an die Mannaspeisung, jedoch durch Hervorhebung eines in dem atl. Zitat (6.31) nicht expressis verbis enthaltenen Motives dem Gedankengang eine neue Wendung gegeben wird. Thema ist von hier ab: Eure Väter in der Wüste sind *gestorben* (V 49.58). Wer aber von dem wahren Himmelsbrot ißt, nämlich das in der Eucharistie als wirkliche Speise (V. 55) dargebotene Fleisch und Blut ißt und trinkt, entrinnt dem Tod und erlangt das ewige Leben.«[37] Die Einarbeitung der Perikope stellt für ihn mehr

---

[35] Id., Die eucharistische Rede, Geschichte und Glaube I, 1968, S. 64.
[36] Id., Vorjohanneische Tradition, Geschichte und Glaube II, 1971, S. 57.
[37] Ibid. 59.

dar als nur einen technischen Kunstgriff. Der Kontext ist so beschaffen, daß er bereits mit V 48 auf die Abendmahlsperikope ausgerichtet ist.

Wir würden nun brennend gern erfahren, wo 6.59 in diesem Rahmen stehen soll. Stammt auch dieser Vers aus der Feder eines späteren Bearbeiters? Wann, wie und warum wurde der Vers mitaufgenommen? Bornkamm interessiert sich für diese Fragen ebensowenig wie mehrere andere Forscher. Was er in seinen beiden Artikeln zu 6.59 zu sagen hat, ist wenig aufschlußreich: »Und doch ist die unmittelbare Beziehung des von dem vorangehenden Abschnitt schon durch die szenische Bemerkung 6.59, aber auch durch den Wechsel der Hörerschaft abgesetzten Gespräches (vgl. 6.60) auf die eucharistische Rede zu bestreiten.«[38]

H. Thyen gibt Bornkamms Gedanken wie folgt wieder: »Und der für Joh 6 konstitutive Dialog setzt sich — freilich durch die Verse 59 und 60 a merkwürdig gebrochen — in Joh 6.60—63 fort und kommt erst hier zu seiner Klimax. Das hat vor allem G. Bornkamm sehr schön aufgewiesen.«[39]

Hinsichtlich der Funktion von V 59 in Kapitel 6 herrscht offensichtlich Unsicherheit und wenig Interesse.

Man kann natürlich von den exegetischen Problemen dieses Kapitels und seiner theologischen Bedeutung sprechen. Beides ist so wesentlich, daß sich die Forschung in erster Linie auf die Klärung der im Mittelpunkt stehenden theologischen Fragen, die der Text aufwirft, zu konzentrieren hat.

Die Fußnote — kann warten.

Trotzdem meinen wir, daß man 6.59 nicht ohne weiteres beiseite schieben kann. Die Bemerkung ist kaum zufällig an ihren jetzigen Ort gelangt, außerdem handelt es sich hier nicht um irgendeine beliebige Fußnote, sondern um eine, die nach Form und Funktion charakteristisch für das 4. Evangelium ist — und dort mit anderen entsprechenden Fußnoten, die an wichtigen Textstellen erscheinen, zu vergleichen ist. Bultmann deutet das in seinem Kommentar zur Stelle an: »Auch sonst trägt der Evangelist die Ortsangabe manchmal nach. 1.28, 8.20.«[40]

Er verweist jedenfalls auf zwei der Sätze, für die wir uns interessieren.

Wir meinen also, es ist Zeit, diese Sätze gesammelt zu untersuchen. Ihre traditionsgeschichtliche Behandlung wirkt allzu zufällig, wenn der Ursprung des einen Satzes »in der vorgrundschriftlichen Darstellung« gesucht wird, während von einem anderen behauptet wird, er habe Eingang in das Evangelium »durch die spätere Behandlung des Evangeliums« gefunden.

---

[38] Id., Die eucharistische Rede, Geschichte und Glaube I, 1968, S. 64.
[39] H. THYEN, Aus der Literatur zum Johannesevangelium, ThR NF 43 (1978), 340.
[40] R. BULTMANN, Op. cit. 174.

Unsere Ausflüge in die außerneutestamentliche Literatur haben außerdem gezeigt, daß Bemerkungen dieser Art nicht üblich sind. Wenn sie vorkommen, dann bei Verfassern, die eine Gesamtdarstellung historischer Ereignisse bringen, zu denen sie sich nicht neutral verhalten, sonder die sie kommentieren.

Wir stellen hier die These auf, daß die P-Sätze bei Joh traditionsgeschichtlich aus derselben Schicht im Evangelium stammen. Wir versuchen aufzuweisen, daß alle mit deutlich abgegrenzten Perikopen verbunden sind. Die P-Sätze weisen auf sie zurück und bringen den Leser dazu, bei diesen Perikopen zu verweilen. Die Textabschnitte haben gemeinsame Züge, die sie von anderen unterscheiden und die Hervorhebung gerade dieser Perikopen erklären. Die Bemerkungen sind so im Evangelium angebracht, daß sie für die Gestalt dieser Schrift ausschlaggebend geworden sind.

Im folgenden untersuchen wir die P-Sätze nach ihrer Funktion. Die mit ihnen verbundenen Perikopen werden bestimmt und charakterisiert. Es wird gezeigt, daß sie nicht zufällig gewählt wurden, sondern in einen Gestaltungsplan für das Evangelium eingehen.

IV. Teil

Die Perikopen, auf die sich die Präzisierungssätze beziehen

Die Perikopen, auf die sich die P-Sätze beziehen, unterscheiden sich voneinander. Sie bilden keine formgeschichtlich einheitliche Gattung. In dieser Gruppe finden sich Repräsentanten der unterschiedlichsten literarischen Gattungen, historische Schilderungen, Zeichen, Dialoge, Reden und Gleichnisse. Sie haben trotzdem vieles gemeinsam.

Die Kommentare beziehen sich auf die langen Reden und Dialoge im Joh. Die Dialoge, so wird festgestellt, haben einen konkreten Ausgangspunkt, der allerdings mehr und mehr aus dem Gesichtskreis gerät, je weiter der Bericht voranschreitet und der Gedanke über das Situationsbedingte hinaus entwickelt wird.

Dies ist in vielen Fällen eine zutreffende Beschreibung (vgl. die Nikodemusrede), und viel Arbeit wurde darauf verwendet, den Gedankenablauf in diesem Evangelium herauszustellen.

Doch sind andere Momente für unsere Perikopen viel typischer! Sie sind Perikopen im eigentlichen Sinne des Wortes, eine Episode bildet ihren Gegenstand – der konkrete Ausgangspunkt wird weder verlassen noch vergessen.

C. H. Dodd[1] beschäftigt sich in seiner Auslegung des Joh mit den Perikopen, die er mit entsprechenden synoptischen vergleichen kann. Seine Forschung führte zu einem geschärften Blick für die Bedeutung der kleineren Einheiten in Aufbau und Struktur dieses Evangeliums. Die Erklärung der Funktion der P-Sätze führt uns zu einem »Perikopenverständnis« dieses Evangeliums. Gehen wir näher auf die Perikopen ein: Vom Standpunkt der P-Sätze aus – handelt es sich hier um »präzisierte« Perikopen.

1. Das Zeugnis Johannes des Täufers

Joh 1.19–28 ist die erste Perikope, mit der wir uns beschäftigen. In der hier geschilderten Szene steht eine Abordnung Priester und Leviten aus

---

[1] Vgl. z. B. C. H. DODD, The Interpretation of the Fourth Gospel, Cambridge 1968.

Jerusalem dem Täufer gegenüber. Die Begegnung trägt offizielles Gepräge und findet in Bethanien jenseits des Jordan statt, dort, wo der Täufer auftrat. Die Priester wollen erfahren, wer der Täufer ist, wie er sich und sein Tun versteht. Johannes gibt seinen Standpunkt mit einem Schriftverweis zu erkennen: Er ist nicht der Messias, sondern eine Stimme in der Wüste, der Wegbereiter, den Jesaja geweissagt hatte. Der Täufer zieht diese Linie weiter über sich selbst hinaus — hin zu dem, dessen Schuhriemen zu lösen er nicht würdig ist. Durch diese Selbstdarstellung erhält die Episode eine offenbarungsgeschichtliche Perspektive.

Traditionsgeschichtlich läßt sich denken, daß zwei parallele, selbständige Berichte in dieser Perikope zu einem verarbeitet worden sind. Dies ist mehrfach behauptet worden. Einige Unklarheiten im Text geben Anlaß zu solchen Überlegungen: »Es ist vor allem V 24, der — wie die uneinheitliche handschriftliche Überlieferung zeigt — schon sehr früh als unklar empfunden wurde und auch heute noch als problematisch gilt«, schreibt G. Richter[1]. Ein Blick auf die Kommentarliteratur läßt erkennen, daß V 24, der die Pharisäer einführt, zu vielen Änderungsversuchen und Annahmen möglicher Grundformen geführt hat[2].

Wir gehen hier nicht näher auf diese Überlegungen ein, sondern betrachten, wie der P-Satz das vorliegende Verhältnis zum Ausdruck bringt[3].

---

[1] G. RICHTER, Zur Frage von Tradition und Redaktion in Joh 1.19–34, in: Studien zum Johannesevangelium, 1977, S. 288–314, siehe S. 292 f., dort weitere Literaturhinweise.
Vgl. auch URBAN C. VON WAHLDE, The Terms for Religious Authorities in the Fourth Gospel: A Key to Literary-Strata? JBL 98 (1979), 231-253, besonders S. 243 f.

[2] Vgl. R. E. BROWN, The Gospel according to John, 1975, S. 51: »Those scholars who believe that there are two groups of emissaries involved in i 19 and 24 think that the second question is more theoretical and worthy of the theologically minded Pharisees. However, the further questioning by the emissaries *may* simply be the result of literary reduplication. The question in vs. 25 is not noticeably a progression over the question in vs. 19, since even the earlier question was undoubtedly provoked by John's baptizing.«

[3] Für M.-É. BOISMARD, Les Traditions Johannique concernant le Baptiste, RB 70 (1963), 6 f. stellt der P-Satz eine crux dar. Er beschäftigt sich mit dem Zeugnis, das in 1.19 angekündigt wird und seiner Auffassung nach erst in 1.32 und 1.34 abgelegt wird: »En quoi consiste ce témoinage? Nous l'apprenons aux vv. 32 et 34. De toute évidence, les deux verbes ἐμαϱτύϱησεν et μεμαϱτύϱηκα des vv. 32 et 34 répondent à l'introduction de v. 19: tel est le témoignage ἡ μαϱτυϱία de Jean«. — Das folgende bildet die Ursache der Schwierigkeiten: »Jean doit donner son témoignage devant des Juifs (1.19; cf. v. 33). Mais ce témoignage solennel n'est proclamé que le second jour. A ce moment, les envoyés des Juifs, ceux à qui ce témoinage est destiné, ont disparu de l'horizon. Pour écarter cette difficulté, il suffirait d'enlever du récit actuel les vv. 28 et 29: de la sorte, le témoignage donné par Jean aux vv. 32–34 ce rattacherait immédiatement aux vv. 25 ss, et atteindrait réellement les envoyés des Juifs, ceux pour qui il est donné.«
Zur Funktion der 1.28 äußert R. SCHNACKENBURG, Das Johannesevangelium I, 1967, S. 17: »Die Ortsangabe Bethanien 1.28 sieht eher wie eine Schlußnotiz aus, die dem Verhör des

Ohne Zweifel weist das Demonstrativpronomen V 28 auf die ganze Perikope (1.19–27) zurück, nicht nur auf den letzten Teil (1.24–27). Anders ausgedrückt, der P-Satz hat den Bericht der ersten 9 Verse als ein Geschehen aufgefaßt. V 24 deutet kein neues Ereignis an einem anderen Ort an. Der Vers hebt nur hervor, daß außer den Priestern und Leviten auch die Pharisäer beteiligt waren. R. T. Fortnas Übersetzung trifft den Sinn ausgezeichnet: »(Some) of the Pharisees were sent also«[4]. Der Täufer legt hier sein klares Zeugnis vor der leitenden, jüdisch-religiösen Schicht ab, alle Gruppen sind vertreten, hinter ihnen steht die Autorität Jerusalems.

Vers 28 schlägt die Verbindung zurück zu dem Vorhergehenden, Vers 19. πρὸς αὐτὸν (V 19) ist schwach bezeugt, aber ob wir es nun beibehalten oder auslassen, ändert nichts an der Realität des Erzählten. Die Jerusalemer Juden schicken eine Abordnung zu ihm (Johannes) und fragen ihn aus. Diese folgenreiche Begegnung fand in Bethanien statt, wo Johannes taufte (V 28).

Dieser Perikope geht der in Form und Charakter eigentümliche Prolog voraus. Ihn auf 1.1–18 abzugrenzen, bereitet keine Schwierigkeiten. Die Relation zum Prolog[5] erhellt nur die zentrale Rolle von 1.19–28 im Evangelium. Denn mit dieser Perikope beginnt der historische Bericht über Jesus. Die Verse abzugrenzen, die unserer Perikope folgen, ist schwieriger. Kommentare und andere exegetische Literatur bringen oft eine Perikopeneinteilung, die 1.19–34 als eine Einheit voraussetzt. Der veränderten Szenerie, angedeutet durch Vv 28 und 29, wird keine Bedeutung zugemessen. Die Randbemerkungen müssen hier theologischen Argumenten weichen, die sich mit dem Zeugnis des Täufers für Jesus beschäftigen. Gewisse formale Textcharakteristika wirken hier ebenfalls mit: es wird behauptet, die Parallelität im Aufbau von 1.19–27 und 1.29–34 erweise beide Teile als Einheit.

Die Szenenänderung ist jedoch im Text deutlich gekennzeichnet. Bereits die einleitenden Worte in V 29 bringen uns zum »folgenden Tag«. Es wird unmißverständlich vorausgesetzt, daß die Männer aus Jerusalem wieder zurückgekehrt sind. Von V 29 an besteht folgende Situation: Jo-

---

Täufers durch die Abgesandten aus Jerusalem den Charakter eines zuverlässigen Zeugnisses geben soll.«

[4] R. T. FORTNA, The Gospel of Signs, 1970, S. 172, meint, V 24 sei ein Einschub: »The verse is inserted at this point as part of the Johannine scheme which breaks the originally continuous account of the Baptist's testimony into two parts, of two scenes each (19–23, 24–8; 29–31, 32–4).«

[5] Der Prolog erwähnt Johannes den Täufer. In der Diskussion um das Vehältnis des Evangeliums zur Täuferbewegung wird gern auf diese Tatsache hingewiesen; das hat jedoch keinen Einfluß auf die Abgrenzung unserer Perikope. Siehe ETIENNE TROCMÉ, Jean-Baptiste dans le Quatrième Évangile, RHPhR 60 (1980), 129–151.

hannes sieht Jesus kommen und zeigt ihn seinen Jüngern. Man beachte
den mehrfachen Gebrauch von αὐτὸν. In dieser neuen Situation[6] legt der
Täufer ein weiteres Zeugnis für Jesus ab.
Die Änderung der Szene ist besonders wichtig im Hinblick auf den P-
Satz. Dieser trägt selbst zur Markierung bei. Hier handelt es sich nicht
darum, eine Gesamtdarstellung des Johannes-Zeugnisses zu bringen,
sondern von zwei getrennten Ereignissen und zwei mit diesen Ereignissen eng verbundenen Zeugnissen zu berichten.
Das erste der beiden Ereignisse wird mit diesen Worten hervorgehoben: »Dies geschah in Bethanien, jenseits des Jordan, wo Johannes
taufte.« An und für sich enthalten diese Worte nur eine geographische
Angabe. Trotzdem bringen sie den Leser dazu, einzuhalten, sich das Gelesene zu merken, und sie unterstreichen den urkundlichen Charakter
von 1.19−27 sowie die heilsgeschichtliche Rolle Johannes des Täufers
(vgl. die Schrifthinweise). Das öffentliche Zeugnis des Täufers war so
wichtig, daß es hervorgehoben werden mußte. Im weiteren Verlauf des
Evangeliums wird gerade auf diese Szene und diese Perikope hingewiesen[7].

2. Die Hochzeit zu Kana

In unserem Evangelium stellt 2.1−11 ebenfalls eine eindeutig abge-
grenzte Perikope dar. Die meisten Kommentare heben diese scharfe Einteilung als ein besonderes Charakteristikum der Kana-Zeichen hervor
(vgl. ebenfalls 4.46−54) − im Unterschied zu den anderen Zeichenberichten bei Johannes. Während diese den Auftakt zu den folgenden so
charakteristischen Streitgesprächen bilden, schließen die Kana-Zeichen
mit den P-Sätzen (2.11 und 4.54) scharf ab, und völlig neue Themen, die
nichts mit den Zeichen zu tun haben, werden eingeführt.
Der Bericht 2.1−11 handelt von Jesu Verwandlung von Wasser in

---

[6] Wem dieses Zeugnis gilt, ist unsicher. M.-É. Boismard, Op. cit. 7 legt Wert auf folgen-
des: »Ainsi, les auditeurs de la première journée sont indiqués avec précision: ce sont les envoyés des Juifs de Jérusalem; de même ceux de la troisième journée: deux disciples de Jean.
Mais on ne nous dit rien des auditeurs de la deuxième journée, la journée essentielle puisque
c'est à ce moment que Jean donne son témoignage solennel.« Vgl. M. J. Lagrange, L'evangile
selon Saint Jean, Paris 1925, S. 39: »On ne sait à qui s'adresse le Baptiste, mais son âme
s'épanche si librement que l'auditoire était sans doute sympathique, sinon restreint.«
[7] C. H. Dodd, Historical Tradition in the Fourth Gospel, 1963, S. 249 verweist von 1.28
auf 10.40: »1.28 ταῦτα, κτλ. This is taken up in 10.40, ἀπῆλθεν πάλιν πέραν τοῦ Ἰορδάνου
ὅπου ἦν ὁ Ἰωάννης τὸ πρῶτον βαπτίζων.« Mathias Rissi, Der Aufbau des vierten Evangeliums, NTS 29 (1983), 48−54, legt dem Rückgriff kompositorisches Gewicht bei: »Der
zweite Hauptteil des Buches beginnt demnach in 10.40 mit dem letzten Aufbruch Jesu, der bewußt an den Anfang seines Wirkens erinnert.«

Wein während einer Hochzeit in Kana. Jesus, seine Jünger und seine Mutter waren unter den Geladenen. Der Wein ging zu Ende, Maria machte Jesus darauf aufmerksam, und als »Jesu Stunde« gekommen war, wurde auf sein Geheiß Wasser aus den Krügen geschöpft und dem Speisemeister gebracht, er kostete und stellte fest, daß es Wein war, so gut, daß er dem Bräutigam vorhielt, er hätte diesen Wein seinen Gästen zuerst vorsetzen sollen.

Die Synoptiker erzählen diese Geschichte nicht, Joh muß sie aus einer anderen Quelle geschöpft haben (vgl. die Zeichen-Quellen-Hypothese). Diese Quelle kann eine einfachere Fassung des Weinwunders enthalten haben. U. a. hat Boismard versucht, eine wahrscheinliche Grundform zu finden, ohne Dialoge zwischen Mutter und Sohn, Jesu Mutter und den Dienern, dem Speisemeister und dem Bräutigam, eine Form, die wahrscheinlich nur den tatsächlichen Ablauf des Geschehens erhalten hat[1].

Doch wir beschäftigen uns auch bei dieser Perikope nicht näher mit den literarkritischen Lösungsversuchen.

Die Dialoge der Erzählung bilden kein selbständiges Element, sondern fungieren nur im Zusammenhang mit dem Geschehen. Sie unterstreichen Jesu souveräne Handlungsweise, als seine Stunde gekommen war. So wie der Bericht überliefert ist, ist er »to the point« bezogen.

Der Bericht fügt sich gut in das Evangelium ein, die Perikope beginnt mit einer Zeitangabe: καὶ τῇ ἡμέρᾳ τῇ τρίτῃ (2.1), die das Wunder zu Kana mit den bedeutungsvollen Ereignissen der vorhergehenden Tage verbindet. B. Olsson setzt sich ausführlich mit der Auslegung dieser Zeitangabe auseinander. Er kann sich eine Übersetzung wie die folgende denken: »and (as early as) the following day«[2]. Vorher wurde die Berufung der Jünger berichtet, sie bildet hier eine Voraussetzung für das erste öffentliche Auftreten Jesu und seiner Jünger.

In 2.11 wird das Weinwunder in den Gesamtzusammenhang des Evangeliums gesetzt: Dieses Ereignis offenbarte die Herrlichkeit Jesu, und seine Jünger glaubten an ihn.

B. Olsson sieht darin mit Recht ein »comment« zu 2.1–10, und sagt, es »stands on a level above the text, as do the many ›comments‹ in Jn«[3].

Seiner Auffassung nach erfüllt 2.11 jedoch eine doppelte Funktion: Der Vers ist nicht nur Kommentar, er weist auch »terminal character« auf. Die in 2.10 zu erwartenden abschließenden Momente fehlen hier, er-

---

[1] M.-É. BOISMARD et A. LAMOUILLE, L'évangile de Jean, 1977, S. 101: »Tout le dialogue entre Jesus et sa mère set un ajout et le récit primitif passait directement du v. 3a au v. 6. Selon nous, les vv. 3b–5 furent ajoutés par Jean II–B.«

[2] B. OLSSON, Structure and Meaning in the Fourth Gospel, 1974, S. 24.

[3] Id. 78.

scheinen aber in 2.11, meint er[4]. Der Vers weise daher »several links with the introduction« auf: »it focuses on Jesus as the central figure, reiterates the site of the event and again mentions Jesus' disciples.«

Der Ausdruck »terminal character« läßt sich allerdings diskutieren. Vergleicht man dieses Kana-Zeichen mit dem folgenden (4.46–54), wird deutlich, daß der Zeichenbericht in Kap 4 dem zu erwartenden Muster folgt und mit einer Beschreibung der Reaktionen der Beteiligten abschließt: Der königliche Beamte und sein Haus glauben.

In diesem Heilungsbericht steht jedoch der Glaube ganz und gar im Mittelpunkt – er macht die Erzählung zu dem, was sie ist. Völlig anders verhält es sich dagegen, wenn in 2.11 der Glaube der Jünger erwähnt wird. Das Glaubensmoment macht hier nicht einen Teil der Erzählung aus, es erscheint nur in der Randbemerkung zu dieser: Mit diesem Zeichen offenbarte Jesus seine Herrlichkeit, und seine Jünger glaubten an ihn[5].

Das Motiv, der Glaube der Jünger, erscheint hier auf genau dieselbe Weise wie in den P-Sätzen in 2.22 und 12.16.

Deshalb ist 2.10 als Abschluß des Berichts zu verstehen. Selbst wenn dieser nicht nach dem geläufigen Muster konstruiert ist, führt er trotzdem den Bericht erfolgreich zu Ende, indem das Wunder als wirkliches Ereignis durch zwei »außenstehende« Personen bestätigt wird, nämlich

---

[4] Id. 79: »Thus we find that the verse which concludes the actual account, v. 10, has slight terminal features, but may act as a kind of comment on what took place, while the verse which makes explicit comments on the event, v. 11, also has a terminal character.«

[5] Id. 78. Nach B. OLSSON fehlen in V 10 gewisse Momente, die zum abschließenden Muster einer Wundererzählung gehören: »If we are looking for terminal features in the usual sense we should therefore consider v. 10. The verse may act as a confirmation of the miracle – cf. 4.51–53; 6.12; 9.8f., 18–23 – but even if this is the case a continuation of some kind is expected, an explicit statement about the reaction of those present, about Jesus, Jesus' mother or Jesus' disciples who were introduced at the beginning.« Wir meinen, OLSSON arbeitet hier mit einem konstruierten Muster, das sich in diesem Fall nicht zugrundlegen läßt. Vgl. die Auffassung des Glaubensbegriffes in V 11 bei BULTMANN und FORTNA.

Nach BULTMANN, Das Evangelium des Johannes, 1964, S. 83, deutet die Bemerkung in V 11 an, daß der Evangelist die Erzählung als Symbol verstanden hat: »Für den Evglisten erschöpft sich der Sinn der Geschichte nicht in dem wunderbaren Ereignis; dieses, bzw. die Erzählung, ist für ihn Symbol dessen, was sich im ganzen Wirken Jesu ereignet, der Offenbarung der δόξα Jesu. So kann auch das ἐπίστευσαν εἰς αὐτὸν (οἱ μαθηταὶ αὐτοῦ) in seinem Sinne nur eine vorbildliche Darstellung des Glaubens sein, den der Offenbarer durch sein Wort weckt.«

Vgl. FORTNA, Source and Redaction in the Fourth Gospel's Portrayal of Jesus' Signs, JBL 89 (1970), 165: »After the source's matter-of-fact assertion that this was Jesus' first sign (11a), John has inserted the words ›and he manifested his glory‹ (11b). In this way he subtly transforms the subsequent faith of the disciples (11c). What had been belief merely in what the sign had shown *about* Jesus (a quite sufficient faith in the source's terms) becomes full commitment *to* him on the basis of his self-revelation.«

den Speisemeister und den Gastgeber: Beide bezeugen, daß das Wasser zu Wein wurde.

Wir haben uns in erster Linie auf den äußeren Ablauf des berichteten Geschehens konzentriert. Das Weinwunder ist jedoch im P-Satz in V 11 als Offenbarung der Herrlichkeit Jesu aufgefaßt, und es herrscht kein Zweifel daran, daß der Bericht Momente enthält, die den Rahmen einer Hochzeit in Kana in Galiläa sprengen.

Das Weinwunder ist Jesu öffentliches Antrittszeichen. Johannes der Täufer hatte schon vorher auf ihn hingewiesen (1.26 f., 29 ff.). Von der Wahl der Jünger haben wir gehört (1.35 ff.). Nun tritt er selbst hervor.

Wenn er nun zum erstenmal bei einer Hochzeit auf sich aufmerksam macht und größere Wassermengen in Wein verwandelt, ist es berechtigt, dieses erfreuliche Ereignis als Hervorhebung des Neuen und Freudebringenden, das sich Bahn bricht, zu verstehen. Im jüdischen Denken steht Hochzeit für das große Festmahl, sie kommt schon im AT vor und erscheint in der spätjüdischen Literatur und in der Apokalyptik als religiöses Motiv. »In the Jewish and Christian environments of the time the word *wedding* certainly had theological associations«, schreibt B. Olsson. »The covenant between the Lord and the maiden Israel was depicted as a marriage. Moreover allusions to wedding feasts are to be found in the accounts of the expected eschatological age (Is 54.4 ff.; 62.4 f.).«[6]

Jesu Zeichen im Verlauf der Hochzeit sind mit den steinernen Krügen und dem Wasser, das aus ihnen geschöpft wird, verbunden. Dadurch kommt das ganze, vielfältige Reinigungsritual, das so bezeichnend für die jüdische Volksfrömmigkeit ist, in den Vordergrund und verleiht dem Bericht Perspektive.

Die Angabe der »Stunde« Jesu läßt sich ähnlich auslegen. »Die Stunde« ist im vierten Evangelium ein Begriff, auf den der Verfasser mehrmals zurückkommt, und der dann mit Jesu Tod oder seiner Verherrlichung verbunden ist, als »the completion of Jesus' work of mission«. Wir schließen uns der Behauptung B. Olssons an, der Ausdruck trage hier offenbarungsgeschichtlichen Charakter: »The exclusion of 2.4 from this special usage of ἡ ὥρα τοῦ Ἰησοῦ, in a text as well constructed as is St John's Gospel in its composition, style, cross-references, phrases and concepts, must be justified by strong arguments.«[7]

Wie schon bemerkt wurde, enthält die Erzählung von der Hochzeit zu Kana mehrere Momente, die ihr auch in der offenbarungsgeschichtlichen

---

[6] B. OLSSON, Op. cit. 26.

[7] Id. 45. Vgl. auch R. BULTMANN, Op. cit. 85: »Besondere Bedeutung aber wird es für den Evangelisten haben, daß Jesus in der Erzählung die Aufforderung zum Wunder zunächst abweist, da sein Tun durch seine ›Stunde‹ bestimmt sei. Für den Evangelisten ist diese ›Stunde‹ die Stunde der Passion, d. h. aber des δοξασθῆναι Jesu.«

Perspektive eine zentrale Position verleihen. Durch diesen Bericht am
Anfang des Evangeliums wird der Gedanke vorwärts auf »the completion of Jesus' work of mission« gerichtet. Die offenbarungsgeschichtlichen Linien, die im Täuferbericht in 1.19–28 sowohl durch das Schriftzitat (1.23) als in den Worten (Ich taufe mit Wasser, er wird mit dem
Heiligen Geist taufen) hervortreten, kehren auch in diesem Weinwun-
der-Bericht wieder[8].

Nach unserer Perikope findet ein Szenenwechsel statt. Jesus, seine
Mutter und die Jünger reisen nach Kapernaum. Nach einem kurzen Aufenthalt dort kommt das Osterfest und Jesus tritt in Jerusalem auf.

3. Die Tempelreinigung

Der P-Satz in 2.11 gibt den Zeitpunkt und den Ort des Zeichens an,
das in 2.1–10 berichtet wird und legt es offenbarungsgeschichtlich aus.
Dasselbe gilt von dem P-Satz in 2.21,22[1], der die Perikope der Tempelreinigung kommentiert.

Alle vier Evangelien berichten von Jesu heftigem Auftreten am Tempel in Jerusalem. Sein Verhalten wird als historisches Ereignis geschildert, und während des Verfahrens gegen Jesus wird auf dieses Auftreten
hingewiesen. Die Synoptiker verbinden den Tempelauftritt mit der Passionsgeschichte. Nur bei Joh steht der Bericht am Anfang des Evangeliums und muß als programmatische Handlung zu Beginn der öffentlichen Tätigkeit Jesu verstanden werden – und weiter als »Prelude to the
Passion«[2].

Wir wollen zunächst den einheitlichen Charakter dieser Erzählung

---

[8] Der Bericht trägt offenbarungsgeschichtlichen Charakter. Dasselbe gilt für den Täuferbericht. Unserer Auffassung nach verhalten sich beide Berichte selbständiger zueinander als
OLSSON meint. Siehe hierzu seinen Abschnitt, The Sinai Screen in Jn 1.19–2.11, S. 22: »I consider that Jn, in his chronological pattern from the Sinai theophany in 1.19 ff., was trying to
show how the new dovenant and its people came into being trough Jesus and those belonging
to him, an occurence which is seen to culminate on the third day at the wedding at Cana,
where Jesus revealed his *doxa* and the disciples believed in him. The events narrated in 1.19 ff.
are seen trough a screen derived from the Sinai theophany.« B. OLSSON, Op. cit. 104.

[1] Vgl. die Funktion des P-Satzes 11.51–52. Zur sachlichen Übereinstimmung der beiden
Perikopen 2.13–22 und 11.49–52 siehe: SEVERINO PANCARO, The Law in the Fourth Gospel,
Moses and Jesus, Judaism and Christianity according to John, Suppl. NovTest 42 (1975),
122–125.

[2] Vgl. mit der synoptischen Tradition in: ERNST HAENCHEN, Das Johannesevangelium. Ein
Kommentar aus den nachgelassenen Manuskripten, hrsg. Ulrich Busse, Tübingen 1980,
S. 204 ff. Vgl. D. MOODY SMITH, John and the Synoptics, Some Dimensions of the Problem,
NTS 26 (1980) 425–444, besonders S. 434 ff. Vgl. auch C. H. DODD, Historical Tradition in
the Fourth Gospel, 1963, S. 152 ff. Siehe R. E. BROWN, The Gospel according to John, 1975,

hervorheben. Jesus kommt zum Passahfest nach Jerusalem und findet den Tempel profaniert. Er macht sich aus Stricken eine Geißel, verstreut die Münzen der Wechsler und stößt ihre Tische um. Sein heftiges Auftreten erinnert die Jünger an das Bibelwort: »Der Eifer für Dein Haus wird mich verzehren«. Die Juden verlangen, Jesus solle sich durch ein Zeichen legitimieren, worauf Jesus sie auffordert, den Tempel niederzureißen, er werde ihn in drei Tagen wieder aufbauen. Sie wenden dagegen ein, daß an diesem Tempel doch 40 Jahre lang gebaut worden sei.

Die Kommentare nehmen häufig eine Zweiteilung der Perikope vor. Der erste Teil schließt mit dem Schriftzitat (2.17) und schildert den dramatischen Ablauf. Der zweite Teil enthält die Gespräche Jesu mit den Juden[3]. − Dieser Teil ist jedoch eng mit dem vorhergehenden verbunden. In der vorliegenden überlieferten Form kann er nicht als selbständige Episode aufgefaßt werden. Die ganze Perikope handelt von Jesu Auftreten im Tempel.

So muß der P-Satz den Bericht verstanden haben, denn 2.21−22 weist eindeutig auf die Gesamtperikope der Tempelreinigung zurück. Zunächst scheint sich der P-Satz allerdings nur auf Jesu Worte am Schluß der Perikope zu beziehen: »Er aber (Jesus) sprach vom Tempel seines Leibes« (2.21). Aber aus 2.22 geht deutlich hervor, wie die ganze Perikope in die Betrachtung einbezogen ist, sowohl Jesu Auftritt auf dem Tempelplatz wie auch seine Worte von der Wiedererrichtung des Tempels. Es ist an beide Momente gedacht, wenn es in der Randbemerkung heißt, die Jünger hätten sich später, nach der Auferstehung, an die Worte Jesu erinnert und der Schrift geglaubt (vgl. 2.17[4] und Jesu Wort 2.19).

Auch der Kontext der Perikope unterstreicht den einheitlichen Charakter unseres Abschnitts und läßt die Tempelreinigung als den einen, großen Bericht über Jesu erstes Auftreten in Jerusalem erscheinen.

S. 120: »The general import of these observations is that the material in John 2.13−22 is not taken from the Synoptic Gospels, but represents an independent tradition running parallel to the Synoptic tradition.«

[3] R. E. BROWN, Op. cit. 122: »Historically there may have been no real juxtaposition of the theme of purifying the Temple and that of completely rebuilding it. Yet, even without this literary criticism, the Johannine scene is not self-contradictory.«

[4] R. BULTMANN, Das Evangelium des Johannes, 1964, S. 87, vergleicht V 17 mit V 22 und sagt: »Die Darstellung wird in V 17 durch eine Anmerkung des Evglisten unterbrochen: die Jünger erinnerten sich an das Wort Ps 69.10. Offenbar ist wie V 22 12.16 gemeint: es ging ihnen später auf, daß dieser Vorgang die Erfüllung des Psalmwortes war.« R. E. BROWN, Op. cit. 115 fragt sich: »V 17 *recalled*. At this moment, or after the resurrection as in vs. 22?« Vgl. C. H. DODD, Op. cit. 158: »The action is now complete, but a note is added, that the disciples were reminded of a passage from the Old Testament: ›My zeal for thy house will destroy me‹ (2.17). The disciples are not said to have remembered the saying of Jesus, or to have understood it for the first time, after his resurrection, as in 2.22. Dramatically (whether or not in actual fact) they here contemplate with foreboding the reckless action of their Master, in a si-

Es liegt nahe, 2.12 als Übergang zu unserer Perikope aufzufassen. Der Vers gibt kurz an, daß Jesus nach Kapernaum gekommen war und von Kapernaum weiterging nach Jerusalem. Auf unsere Perikope (2.13−22) folgen noch einige allgemeine Bemerkungen (2.23−25), die sich auf Jesu Aufenthalt in Jerusalem beziehen, auf den bedingten Zeichen-Glauben der Juden und auf Jesu Zurückhaltung, daß er sich niemandem anvertraut habe.

Diese Bemerkungen stehen nicht in Verbindung mit unserer Perikope. Wird die Tempelreinigung, so Jouette M. Bassler, als Zeichenbericht verstanden, kann 2.23 ff. nicht als Beschreibung der Reaktion auf dieses Zeichen aufgefaßt werden. Stellt man das Kanazeichen neben das jerusalemische, ist es unmöglich, 2.11 und 2.23 parallel zu setzen und den ersten Satz als Dokumentation der positiven Reaktionen auf das Galiläazeichen zu verwenden, den zweiten als Beweis für die negative Reaktion, die das Judäazeichen hervorrief[5]. Will man überhaupt Vergleiche anstellen, dann muß das auf der Grundlage von 2.11 und 2.21 f. geschehen, die als einander entsprechende ›Ruhepunkte‹ nach zentralen Perikopen zu verstehen sind.

Beide erwähnen den Glauben der Jünger. Aber an keiner dieser Stellen wird dieser Glaube als unmittelbare Reaktion der Jünger auf die Zeichen beschrieben. In 2.22, wo das Glaubensverständnis der Jünger nach Jesu Auferstehung dargestellt wird, kommt dies deutlich zum Ausdruck; offenbar verhält es sich ebenso in 2.11, vorausgesetzt, wir halten uns an

---

tuation of manifest tension, reflecting that it was written in scripture that the Servant of God would fall a victim to his zeal for the temple.« XAVIER LÉON-DUFOUR, Towards a Symbolic Reading of the Fourth Gospel, NTS 27 (1980−81), 439−456 versteht das Verhältnis symbolisch, vgl. S. 446−449.

Wir folgen DODD und sehen nicht 2.17 und 2.22 als parallele Bemerkungen. 2.17 fungiert als »part of the narrative«.

[5] JOUETTE M. BASSLER, The Galileans: A Neglected Factor in Johannine Community Research, CBQ 43 (1981), 243−257, siehe S. 246: »The initial impression is that Galilee is presented in an even more favorable light by the unique Johannine geographical outline. Instead of the linear itinerary of the Synoptic Gospels, which moves from Galilee to Judea to the cross, John presents in his first seven chapters alternating periods of Galilean and Judean activity. Galilee assumes a singularly positive role within the framework of this Gospel. There follows the first sign, the Cana miracle (2.1−11). The sign, though initiated somewhat ambivalently by Jesus, effects an unambiguously positive response, ›his disciples believed in him‹. These positive Galilean episodes are balanced by two corresponding judean ones, a sign (2.13−22) and an encounter (3.1−21), but in Judea the sign and the encounter have opposite, negative results. Thus the temple-cleansing evokes hostility (2.18) and, for his part, Jesus provides a negative assessment of the Jerusalem reaction to his signs: ›Now when he was in Jerusalem at the Passover feast, many believed in his name when they saw the signs which he did; but Jesus did not trust himself to them, because he knew them all and needed no one to bear witness about a person, for he himself knew what was in a person's heart‹ (2.23−25).« Die formalen und stilistischen Momente sind nicht in die Betrachtung einbezogen worden.

den überlieferten Text. Das hat übrigens auch Fortna in seiner literarkritischen Analyse von 2.11 gesehen und folgendermaßen ausgedrückt: »After the source's matter-of-fact assertion that this was Jesus' first sign (11 a), John (as we noted) has inserted the words ›and he manifested his glory‹ (11 b). In this way he subtly transforms the subsequent faith of the disciples (11 c). What had been belief merely in what the sign had shown *about* Jesus (a quite sufficient faith in the source's terms) becomes full commitment *to* him on the basis of his self-revelation.«[6]

Uns interessiert die Beobachtung, daß der P-Satz (2.21 f.) die ganze Perikope (2.13−20) in eine neue Perspektive versetzt, die weit über das Situationsbedingte hinausgeht. Die Perikope kann nur deshalb in dieser verlängerten Perspektive gesehen werden, weil sie am Anfang des Evangeliums steht. Dies ist als Hinweis dafür aufzufassen, daß der P-Satz die Komposition des Evangeliums beeinflußt hat (vgl. den Ort der Perikope bei den Synoptikern)[7].

4. Die Heilung des Sohnes des königlichen Beamten

In 4.54 wird der Bericht über Jesu Heilung des Sohnes des königlichen Beamten als Jesu zweites Zeichen registriert. Der Evangelist setzt die Zeichen in 2.1−11 und 4.46−54 in Beziehung zueinander. Sie weisen viele gemeinsame Züge auf, was auch von den Kommentaren hervorgehoben wird. Z. B. schreibt R. E. Brown: »The general pattern of the two miracles is the same: Jesus has just come back into Galilee; someone comes with a request; the questioner persists; Jesus grants the request; this leads another group of people (the disciples; the household) to believe in him. In neither story are we told exactly how the miracle was accomplished.«[1] Er weist auch auf kontextuelle Entsprechungen hin: »The two Cana miracles are the only two Johannine signs that do not lead immediately into a discourse.« Bekanntlich enden beide mit einem P-Satz.

---

[6] R. T. Fortna, Op. cit. 165.

[7] Das Verhältnis zwischen den einleitenden Perikopen, die wir nun behandelt haben, charakterisiert E. Trocmé, RHPhR 60 (1980), 137 wie folgt: »Le récit de l'Expulsion des marchands du Temple (2.13−22) présente Jésus à la fois comme le Réformateur du Temple et comme le remplaçant de celui-ci (Versets 18−22) comme lieu de la présence de Dieu. Par comparaison, Jean, qui a accepté de répondre aux questions dont l'accablaient les prêtres et Lévites venus de Jérusalem (1.19ss), apparait comme un bien modeste personnage, messager eschatologique de Dieu, certes, mais qui n'a pas l'ambition de fonder un culte nouveau. Il n'est pas question pour lui de mettre son baptême à la place du sacrifice du Temple, tandis que Jésus remplace par sa mort et sa résurrection tout la culte ancien, fondé sur la Loi de Moise.«

[1] Vgl. R. E. Brown, The Gospel according to John, 1975, S. 194. Siehe auch C. H. Giblin, NTS 26 (1980), 197−211.

Zwar ist der P-Satz in 4.54 bedeutend kürzer als der in 2.11, meistens wird jedoch diesem Unterschied kein Gewicht beigemessen. B. Noack behauptet in seinem Buch »Tegnene i Johannesevangeliet«, daß 4.54 durchaus diese vollständigere Form gehabt haben könnte: »Dieses zweite Zeichen tat Jesus . . . und er offenbarte seine Herrlichkeit, und der königliche Beamte glaubte an ihn.«[2] Denn auch hier handelt es sich um ein Zeichen mit derselben Funktion wie das erste, so Noack, nämlich die Herrlichkeit Jesu zu offenbaren.

Es fragt sich, ob die Ähnlichkeit der beiden Zeichen und ihrer Funktion im Evangelium wirklich so groß ist wie hier angedeutet[3]. Versteht der Evangelist den Bericht von der Heilung tatsächlich ebenso wie das erste Zeichen in Kana in Galiläa — nämlich als eine Offenbarung der Herrlichkeit Jesu?

Vergleichen wir die Zeichenberichte in 2.1–11 und 4.46–54 und setzen an beiden Stellen voraus, daß der letzte Vers nicht zum Bericht gehört, sondern »comment« zu ihm ist, dann schließt, wie bereits erwähnt, das erste Kanawunder damit ab, daß zwei »Außenstehende«, Gastgeber und Speisemeister, die Realität des Zeichens bestätigen, während das Zeichen in 4.46ff. mit der positiven Wirkung des Zeichens schließt: Der königliche Beamte und sein Haus glauben. Tatsächlich handelt dieser Bericht vom Glauben. In Vers 50 spricht Jesus: »Geh hin, Dein Sohn lebt.« Es heißt dann weiter, daß der Mann dem Wort Jesu glaubte und ging. Nachdem berichtet wird, daß die Diener ihm entgegenkamen und man feststellte, daß der Sohn auf Jesu Wort hin gesund geworden war, wird noch einmal wiederholt, daß der Mann glaubte, »samt seinem ganzen Hause« (V 53). Sowohl am Anfang wie auch am Ende dieses Berichts hören wir vom Glauben. Dieses Motiv verleiht dem Bericht eine besondere Prägung[4].

Im Unterschied zum ersten Kanazeichen kann man dieses mit entsprechenden Berichten bei Mt, Lk und Mk vergleichen. Man hat den Bericht mit der Erzählung von der Heilung der syrophönizischen Frau (Mk 7.24–30) oder der Heilung der kanaanäischen Frau (Mt 15.21–28) verglichen, in erster Linie jedoch mit der Perikope vom Hauptmann in Ka-

---

[2] BENT NOACK, Tegnene i Johannesevangeliet, Tydning og brug av Jesu under, København 1979, S. 51.

[3] M. DE JONGE, Signs and Works in the Fourth Gospel, Suppl. NovTest 48 (1978), arbeitet mit Vergleichen der beiden Zeichen. Weitere Literaturhinweise.

[4] C. H. GIBLIN, Op. cit. 205: »Thus, Jesus' *positive action* consists in his terse instruction, ›Go on your way‹, with the added declaration, ›Your son lives‹. The evangelist makes no mention of compassion on Jesus' part, nor does he imply in any other way that Jesus yielded to pressure or changed his mind. Rather, he abruptly notes the man's faith in Jesus' words, his going on his way (as told), his ›going down‹ (v. 51), and his inquiry en route from the servants — from whom he hears a message closely patterned after Jesus' own statement.«

pernaum (Mt 8.5−13; Lk 7.2−10)[5]. Hinsichtlich der Auslegung dieser Perikope bei den Synoptikern stimmen die Forscher darin überein, daß der einzigartige Glaube des Mannes den Angelpunkt der Erzählung bildet. Der Hauptmann war Heide. Trotzdem glaubte er so unerschütterlich, daß Jesus ausruft: »Selbst in Israel habe ich so großen Glauben nicht gefunden« (vgl. die Mt-Version dieser Erzählung).

Unserer Auffassung nach steht der Glaube des Hauptmanns auch bei Joh im Zentrum des Berichts, aber anders als bei den Synoptikern. Der vierte Evangelist erwähnt nirgends die heidnische Herkunft des Hauptmanns. Man kann für, aber auch gegen sie argumentieren, hier ist die Herkunft nicht so wesentlich. Entscheidender ist dagegen, daß der Verfasser vorführt, wie erfolgreich Jesu Tun ist und wie nicht nur eine allgemein bekannte Person, sondern er und »sein ganzes Haus« dieses Tun annehmen. Letztere Formulierung findet sich nur noch in einer weiteren neutestamentlichen Schrift, in Acta, in den Berichten über die Missionserfolge der Apostel, Acta 10.2, 11.14, 16.15.31.34, 18.8[6].

Nicht nur der Bericht, auch die Form des P-Satzes in 4.54 unterstreichen, daß es dem Evangelisten um den Erfolg zu tun ist.

4.54 gehört zu der Gruppe P-Sätze, die Ortsangaben enthalten. Daher hat der Satz in Kapitel 4 (und andere desselben Typus) von Zeit zu Zeit in der Diskussion um die Funktion geographischer Namen im Joh eine Rolle gespielt. Einige Forscher haben neuerlich die Auffassung vertreten,

---

[5] Vgl. C. H. Dodd, Historical Tradition in the Fourth Gospel, 1965, S. 193: »We have found a series of indications that the narrative of the Nobleman's Son was drawn from a tradition cast in the same mould as traditions behind the Synoptic Gospels, with the usual degree of variation to be observed among the Synoptics themselves.« Siehe auch R. Schnackenburg, Zur Traditionsgeschichte von Joh 4.46−54, BZ NF 8 (1964), S. 58−88. Protestantische Forscher neigen allgemein zu der Auffassung, daß der johanneische Bericht sei eine Traditionsvariante, während katholische Forscher den eigentümlichen Charakter des Berichts im Verhältnis zu den Synoptikern hervorheben. Vgl. R. Schnackenburg, Das Johannesevangelium I, 1967, S. 502. Siehe auch M.-É. Boismard, Saint Luc et la rédaction du quatrième évangile, RB 69 (1962), besonders S. 204−205.

[6] Id. 193: »The nearest analogues to John 4.53 are to be found in Acts 18.8 ἐπίστευσεν τῷ κυρίῳ σὺν ὅλῳ τῷ οἴκῳ αὐτοῦ, 16.34 πανοικεὶ πεπιστευκὼς τῷ θεῷ. We seem therefore to have a form of expression coined in the environment of the Gentile mission as it is described in Acts, where the adhesion of a whole family to the Christian faith is regarded as a satisfactory result of the apostolic preaching and of the ›signs and prodigies‹ which accompanied it.« Vgl. die traditionsgeschichtlichen Überlegungen in R. T. Fortna, The Gospel of Signs, 1970, S. 43: »The fitting conclusion to the story in the source is the faithful response of those who have witnessed the sign; that this is not Johannine is attested by its unusual missionary terminology (πιστεύειν = *become a Christian*, οἰκία = household; cf. Acts 10.2, 11.14, 16.15,31, 18.8). Siehe auch J. Louis Martyn, Glimpses into the History of the Johannine Community, BETL 44, S. 157, wo unrichtig 2.11 und 4.53 miteinander verbunden sind: »Yet there seems to be genuine reflections of remarkable evangelization in 2.11; 4.53 (note particularly the expression καὶ ἐπίστευσεν αὐτὸς καὶ ἡ οἰκία αὐτοῦ ὅλη).

es handele sich hier um »topographical symbolism«[7]. Jouette M. Bassler
schreibt: »John presents in his first seven chapters alternating periods of
Galilean and Judean activity . . . Dark periods of rejection in Judea / Jerusalem are juxtaposed with periods of Galilean retreat, and Galilee assumes a singularly positive role within the framework of this Gospel. «[8]
Als Beispiele für diesen Wechsel führt sie u. a. das Kanazeichen und die
Reaktion darauf in 2.11 an, die Tempelreinigung (2.13−22) und die anderen Zeichen in Jerusalem (2.23−25) und deren Wirkungen, die Heilung des Sohnes des königlichen Beamten in Kapernaum und die Reaktion auf diese Heilung. Wir geben jedoch R. E. Brown[9] darin recht, daß
die These auf zu schwachen Voraussetzungen ruht; unserer Auffassung
nach werden die P-Sätze dabei eher zufällig in die Argumentation eingeführt, worauf wir bereits hingewiesen haben.

Wir machen auch an dieser Stelle auf die geographischen Bemerkungen aufmerksam − und zwar auf ihre Form. Wie ist der Satz in 4.54 formuliert? Hier wird nicht nur wie in 2.11 gesagt, daß das Zeichen in Kana
in Galiläa geschah. An unserer Stelle begegnen wir einer anderen Formulierung. Es heißt: Jesus tat dieses Zeichen, als er aus Judäa nach Galiläa
gekommen war[10]. Damit wird u. E. das Zeichen nicht nur geographisch
festgelegt, sondern auch in Beziehung zu Jesu Wirksamkeit gesetzt (vgl.
4.3).

Daß der Evangelist die Formulierung wirklich so gemeint hat, wird
durch einen Vergleich unseres P-Satzes mit den anderen johanneischen
desselben knappen Typus bestätigt. 1.28 heißt es nicht nur »dies geschah
in Bethanien«, sondern »dies geschah in Bethanien, wo Johannes taufte«.
So auch 6.59. Nicht nur: »dies sagte er in der Synagoge in Kapernaum«,
sondern: ». . . als er in der Synagoge in Kapernaum lehrte«. Immer wird
die einzelne Episode in Zusammenhang mit der Tätigkeit des Täufers
und Jesu gebracht.

Lesen wir kurz vor dem Zeichen in Joh 4.46−54: »als Jesus nach Galiläa kam, nahmen die Galiläer ihn auf« (4.45), und am Schluß, nach dem
Bericht des Zeichens: »dies Zeichen tat Jesus, als er aus Judäa nach Galiläa gekommen war«, so wird das Zeichen als Beispiel der erfolgreichen
Wirksamkeit in Galiläa präsentiert.

---

[7] J. M. Bassler, CBQ 43 (1981), 250.

[8] Id. 246.

[9] R. E. Brown, The Community of the Beloved Disciple, 1979, S. 39f.

[10] W. A. Meeks, Galilee and Judea in the Fourth Gospel, JBL 85 (1966), 163: »A careful analysis of John 4.43−54 sheds further light on the significance of Galilee. In this short narrative
the statement is five times repeated that Jesus left Judea and went to Galilee (vss. 43, 45, 46,
47, 54).«

Vgl. R. Bultmann, Das Evangelium des Johannes, 1964, S. 154: »V 54 − seiner Komposition zufolge fügt der Evglist das hinzu.«

Das erste Zeichen hat dagegen keine ähnliche Funktion. Es steht thematisch am Anfang des Evangeliums und enthält Perspektiven, die sich weit in die Zukunft erstrecken.

Die Zeichen bei Johannes können gar nicht von ihrem Ort im Evangelium losgelöst und unabhängig von ihm ausgelegt werden. Ein solches Vorgehen führt leicht zu einer harmonisierenden Auslegung: »Jesus' word is effective: water is changed into wine, the boy is healed – in his signs Jesus reveals his glory and grants life.«[11]

Ohne Zweifel, Jesu Wort: »dein Sohn lebt« gab dem Sohn das Leben. Auch dieses zweite Zeichen enthüllt Jesu Macht und Größe. In diesem zweiten Zeichen tritt trotzdem einer der Menschen, denen Jesus begegnet, in den Vordergrund und lenkt die Aufmerksamkeit auf sich. Jesu Wort wird angenommen und schafft Leben im Haus des königlichen Beamten.

Die P-Sätze beschäftigen sich nicht nur isoliert mit den einzelnen Episoden, sie setzen diese in einen größeren Zusammenhang, machen sie zum Teil der Evangeliendarstellung. Sie bilden ein wesentliches Element in der Gesamtdisposition des Evangeliums.

5. Das Brot vom Himmel

Hier stehen wir vor der Frage, wo die Perikope beginnt, die mit 6.59 endet? Der P-Satz in Kapitel 6 konfrontiert uns mit weit komplizierteren Einteilungsproblemen, als wir sie bisher behandelt haben. Ohne Schwierigkeiten läßt sich feststellen, daß die Bemerkung in 2.11 zu dem »ersten Zeichen« auf den Zeichenbericht 2.1–10 zurückweist. Die Einteilungsfrage zum 6. Kapitel dagegen ist stark umstritten. Man kann durchaus annehmen, daß hier ein Zusammenfluß verschiedener Traditionen vorliegt, und mehrere Gruppierungsvorschläge sind vorgelegt worden, um bessere Dispositionen und größere Stoffzusammenhänge zu erreichen. Man kann nicht ohne weiteres behaupten, der P-Satz 6.59 folge auf den Bericht in dieser oder jener deutlich erkennbaren Perikope[1].

Die Frage nach der Funktion von 6.59 im Kontext wird von den Kommentaren kaum diskutiert. J. Ramsay Michael's Bemerkung trifft zu, »a notice easily overlooked amid the important pronouncements before and

---

[11] M. DE JONGE, Op. cit. 113.

[1] Dem hier zu behandelnden Abschnitt haben wir die Überschrift »Das Brot vom Himmel« gegeben. Wir nähern uns dem Text von der Anmerkung 6.59 her. Mit diesem Ausgangspunkt stellen wir uns bewußt außerhalb die andauernde Debatte, die sich v. a. um die Verse 6.51c–6.58 dreht. PEDER BORGEN, Bread from Heaven, An Exegetical Study of the Concept of Manna in the Gospel of John and the Writings of Philo, Suppl. NovTest 10 (1965)

after it«[2]. Um so naheliegender für uns, diese Frage aufzugreifen und zu versuchen, sie zu klären. Welchen Textabschnitt meint der Evangelist, wenn er schreibt: »dies sagte er in der Synagoge als er in Kapernaum lehrte«?

Die Anmerkung charakterisiert das Vorhergehende als eine Rede Jesu (εἶπεν ἐν συναγωγῇ διδάσκων). Eine entsprechende Formulierung findet sich in 8.20 (ἐλάλησεν ἐν τῷ γαζοφυλακίῳ διδάσκων). Auch dieser Satz bezieht sich auf eine Rede Jesu.

Die Rede in Kapitel 8 ist kürzer als die im 6. Kapitel, und ihre Einteilung ist einfacher[3]. Die Randbemerkung scheint hier deutlich auf den mit 8.12 beginnenden Abschnitt zurückzuweisen: Jesus befindet sich im Tempel und spricht: »Ich bin das Licht der Welt.« Der Abschnitt umfaßt Jesu Selbstzeugnis und den Widerspruch der Pharisäer in dem sich anschließenden Dialog. Die beiden Momente, das Selbstzeugnis (V 12) und der Dialog (V 12−19), sind miteinander verbunden, und der Evangelist faßt sie als eine Einheit auf (V 20). Weil nach jüdischem Verständnis ein Zeugnis im allgemeinen von zwei Zeugen bestätigt werden muß, kann diese Regel im vorliegenden Fall gegen Jesu Selbstzeugnis angewandt werden, dem diese Voraussetzung offenbar fehlt.

8.12−20 ist also als *eine* zusammenhängende Perikope zu verstehen, die einen Auftritt, eine Konfrontation zwischen Jesus und den Pharisäern schildert. Eingeleitet wird der Auftritt mit einem markanten Wort Jesu, dem ein Dialog folgt − und Jesus beendet diesen Auftritt mit einem Lehrsatz.

---

bildet den Mittelpunkt dieser Debatte. Literaturhinweise sind an mehreren Stellen zu finden. Wir verweisen hier auf Hartwig Thyen, ThR NF 44 (1979), 97 ff. Siehe auch Ulrich Wilckens, Der eucharistische Abschnitt der Johanneischen Rede vom Lebensbrot (Joh 6.51 c−58), in: Neues Testament und Kirche, Festschr. R. Schnackenburg, 1974, S. 220 ff. R. E. Brown, The Gospel according to John, 1975, S. 293 ff. Vgl. auch G. Bornkamm, BEvTh 53 (1971), 51−64.

U. C. Wahlde benutzt einen anderen Einfallswinkel in seinem Artikel: Wiederaufnahme as a Marker of Redaction in John 6.51−58, Bibl 64 (1983), 542−549. Wir sind mehr an der Abgrenzung der P-Perikope und ihr Verhältnis zum Folgenden (V 60 ff.) als an den Versen 6.51 c−58 und deren Authentizität interessiert.

[2] J. Ramsey Michaels, The Temple Discourse in John, in: New Dimensions in New Testament Study, Michigan 1974, hrsg. Richard N. Longenecker, Merrill C. Tenney, S. 200−213, besonders S. 201.

[3] Vgl. S. Pancaro, Suppl. NovTest 42 (1975), S. 263: »Jn 8.12−20 may be taken as a unit. It is so accepted by the majority of exegetes.« Weitere Literaturhinweise. − Siehe auch U. C. von Wahlde, JBL 98 (1979), 247: »Thus in terms of content, the section from 8.12−20 exhibits a thematic unity. That this unity is intended to be selfcontained is indicated structurally by the similarity of its introduction and conclusion: 12 πάλιν οὖν αὐτοῖς ἐλάλησεν ὁ Ἰησοῦς λέγων, 20 ταῦτα τὰ ῥήματα ἐλάλησεν ἐν τῷ γαζοφυλακίῳ διδάσκων. «

Jesus und die Pharisäer stehen im Mittelpunkt. Die Jünger, die wahrscheinlich dabei sind, treten nicht auf.

Offenbar hat der Evangelist in 6.59 in ähnlicher Weise gedacht wie in 8.20. Die Belehrung, auf die in 6.59 angespielt wird, wird mit folgender überraschender Aufforderung Jesu eingeführt: »Mühet Euch nicht um die Speise, die vergeht, sondern um die Speise, die ins ewige Leben bleibt, welche der Sohn des Menschen Euch geben wird, denn diesen hat Gott, der Vater, beglaubigt« (6.27) und geht dann mehr oder weniger in Dialogform weiter. Die zentralen Gedanken, die im Abschnitt (6.27−58) zur Sprache kommen, werden in 6.27 angedeutet, in der Aussage, »die Speise, die ins ewige Leben bleibt, welche der Sohn des Menschen Euch geben wird«. Jesu Rede wendet sich ausschießlich an das Volk, an die Juden, die ihn gesucht und in Kapernaum gefunden haben. Die Gegenwart der Jünger wird zwar vorausgesetzt (V 60), aber sie sind nur passive Zuhörer.

6.59 pointiert, daß diese Rede in Kapernaum, in der Synagoge, gehalten worden sei. Zur Form der Rede äußert der Evangelist sich mit dieser Feststellung selbstverständlich nicht, er klassifiziert sie weder als Synagogenpredigt noch als Midrasch[4]. Zwar steht ἐν συναγωῇ zwischen εἶπεν und διδάσκων, aber ebensowenig wie ἐν τῷ γαζοφυλακίῳ in 8.20 als Klassifikation der Rede verstanden werden kann, kann ἐν συναγωῇ hier so aufgefaßt werden. Hier, wie in 8.20, strebt der Evangelist nur eine möglichst präzise Ortsangabe an. Kapernaum wurde bereits erwähnt (6.24 f.). Die Erweiterung ›in der Synagoge‹ beschreibt die Szene noch genauer[5] und unterstreicht außerdem den offiziellen Charakter dieses Diskurses.

V 59 enthält − wie schon gesagt − keine Andeutung, daß es sich bei den vorhergehenden Ausführungen um einen jüdischen Midrasch handelt, auf den der P-Satz Bezug nimmt. In dem Fall würde es sich nach den Untersuchungen auf diesem Gebiet um den Ausschnitt der Rede 6.31−58 handeln. Die Ortsangabe macht dagegen die Annahme wahrscheinlich, daß der Evangelist an die ganze Episode in Kapernaum denkt. Meeks' Einteilung des vorliegenden Texts stimmt besser mit unserer Auffassung überein als Borgens. Meeks schreibt: »Vss. 27 and 58 form

---

[4] R. SCHNACKENBURG, Das Johannesevangelium II, 1971, S. 88: »Die früheren Versuche, schon die Bildrede eucharistisch zu deuten, vermögen ebenso wenig zu überzeugen wie der Versuch P. Borgens, den letzten Teil als *geradlinige* Fortsetzung des Midrasch auszulegen.«

[5] R. E. BROWN, The Gospel according to John, 1975, S. 284: »The Capernaum synagogue is known to us from the Synoptic tradition (Luke 4.23, 7.5), and Jesus' habit of teaching in synagogues is well attested (Matt 4.23, 9.35, 12.9, 13.54).« Vgl. auch R. BULTMANN, Das Evangelium des Johannes, 1964, S. 174: »Daß unter συναγωγή hier nicht das Gebäude, sondern wie Apk. 2.9, 3.9 die Versammlung gemeint sei, ist eine unbegründete Annahme.«

an *inclusio*; my chief criticism of Borgen's analysis is that he fails to see this because of his fixation on the scripture text so loosely cited in vs. 31. The literary unity of vss. 27−58 seems to me assured, whatever theological self-contradictions it may contain. Though it is a saying of Jesus rather than a scripture text that provides the starting point of the ›midrash‹ . . . that saying already has the mana-tradition in mind . . .«. Meeks skizziert the »outline of the discourse's progress« wie folgt: (1) »Work for the food that remains for eternal life, which the Son of Man gives« (vss. 27,58). (2) »Work« means »believe« in the one whom God has sent (vs. 29, cf. 36−40,45−47). (3) The »food« that the Son of Man gives is »bread which descends from heaven« (vss. 31−33), which God, not Moses, gives. (4) That bread is identical with the Son of Man himself, for he is ὁ καταβὰς ἐκ τοῦ οὐρανοῦ as we learned in ch. 3 (vss. 35,38,48−51). (5) The »murmurings« of the Jews produce an even more pointed statement: the bread of life is the very flesh of the Son of Man (vss. 51 b−58)[6].

Nach dieser Einteilung erhält das Schriftzitat in V 31 eine andere Funktion, als wenn es sich um einen Midrasch handeln würde mit dem Zitat (wahrscheinlich aus Ex 16) als Ausgangspunkt.

Ist das Thema der Rede in 6.27 von Jesus selbst formuliert, dann dient das Schriftzitat, von den Juden selbst eingeführt, die ein weiteres Manazeichen verlangen, der Stärkung seiner Rede vom Himmelbrot. Bei Joh beginnt Jesus nie eine Rede mit einem Schriftzitat.

Vgl. hierzu Severino Pancaro: »In the Fourth Gospel Jesus does not take the Torah as the object or starting point of his teaching, as he does in the Synoptics . . . we never have anything quite like the Synoptic presentation, where Jesus' teaching is based on the Scriptures themselves and presented as the continuation of the teaching given therein.«[7]

Jesu Didache in Kapernaum (6.27−59) bildet einen selbständigen Bericht einer Begebenheit im Leben Jesu[8]. Der Kontext unterstützt ebenfalls dieses Verständnis.

---

[6] W. A. Meeks, The Man from Heaven in Johannine Sectarianism, JBL 91 (1972), 58−59. Vgl. L. Schenke, Die formale und gedankliche Struktur von Joh 6.26−58, BZ 24 (1980), 21−41.

[7] S. Pancaro, Op. cit. 82−83.

[8] Anton Dauer, Die Passionsgeschichte im Johannesevangelium, Eine traditionsgeschichtliche und theologische Untersuchung zu Joh 18.1−19.30, SANT 30 (1972), 107 f., will die formale Übereinstimmung im Aufbau der Perikope nachweisen. Die Verhandlung vor Pilatus (18.28−19.16a) und unsere Perikope vom Himmelsbrot benutzen das Darstellungsmittel der Steigerung. »1) Im Sinne einer *fortschreitenden Enthüllung (Offenbarung)* der Person Jesu und 2) im Sinne eines *wachsenden Glaubes* oder *Unglaubens* als Antwort der Zuhörer.« Die fortschreitende Offenbarung Jesu weist er in 6.27−58 nach, die wachsende Reaktion der Zuhörer findet er in 6.28−66.

Die Didache zum himmlischen Brot berührt sich thematisch mit dem Brotwunder in 6.1ff. Nicht ohne Grund folgen im Evangelium die beiden Berichte nacheinander. Aber die Didache läßt sich nicht als eine Interpretation des Evangelisten, als seine Auslegung des Zeichens in der Wüste verstehen. Die Didache erwähnt das Brotwunder überhaupt nicht. Nur durch einige einleitende Bemerkungen (6.25) wird die Verbindung zu dem Vorhergehenden hergestellt. Bekanntlich fordern die Juden in 6.30, Jesus solle sich durch ein Mannazeichen legitimieren, als ob sie das Brotwunder gar nicht kennten[9].

Boismard findet das so auffallend, daß er daraus den Schluß zieht, der vorliegende Text muß aus einer Fusion zweier ursprünglicher Dialoge entstanden sein, aus einem zwischen Jesus und den Juden, die mit ihm in der Wüste das Brotwunder erlebt haben, und einem anderen Gespräch Jesu mit Juden aus Kapernaum, die das Zeichen nicht gesehen hatten[10].

Wir gehen hier nicht näher auf Boismards Lösungsversuch ein, halten jedoch den Ausgangspunkt seiner interessanten Konstruktion fest: den auffallenden Mangel an zu erwartender Verknüpfung zwischen Brotwunder und Didache im vorliegenden, überlieferten Text. Diese Feststellung mag hier genügen, ehe wir uns den kontextuellen Problemen des letzten Abschnitts unserer Perikope zuwenden. Der Kontext des ersten Teils der Didache Jesu ist durch die eigentümliche Nähe zur vorhergehenden Erzählung geprägt. Gleichzeitig erscheint er auffallend selbständig und, in diesem Zusammenhang gesehen, unabhängig.

Wie bereits erwähnt, teilt Bornkamm Bultmanns Verständnis des Abschnitts 6.51—59, beide sehen ihn als Einschub. Nach Bornkamm gehört der Einschub nicht einem späteren Überlieferungsstadium des Textes an, eingebracht von einem kirchlichen Redaktor — so Bultmann —, sondern er wurde bereits verhältnismäßig früh in das Kapitel eingearbeitet. Bornkamms Hauptargument für die Einschubhypothese findet er im Thema, das dem ›Einschub‹ vorangeht, (angedeutet durch καταβαίνειν), es wird erst nach dem ›Einschub‹ wieder aufgegriffen und antithetisch weitergeführt (Stichwort ἀναβαίνειν), während der Einschub selbst dieses Thema gar nicht berührt.

Diese Betrachtungsweise ist einseitig. Wir haben bereits darauf hingewiesen, daß Bornkamm dem P-Satz in 6.59 wenig Aufmerksamkeit widmet. Dadurch wird bei der Auslegung der beiden Begriffe καταβαίνειν und ἀναβαίνειν — sie werden als korrelativ in der johanneischen

---

[9] Vgl. R. E. BROWN, Op. cit. 258: »In vss. 26—27 Jesus addresses a crowd that has eaten with him the day before; in 30—31 the crowd asks for a sign as if they have never seen one (compare with vs. 14!). «

[10] Id. 258f. und die Literaturhinweise S. 303f.

Christologie aufgefaßt — keine genügende Rücksicht genommen auf den markanten Unterschied zwischen den jeweiligen Kontexten, in denen diese Begriffe vorkommen.

Der Textabschnitt, in dem καταβαίνειν steht, hat seinen Hintergrund in all den Vorstellungen, die mit dem alttestamentlichen Bericht vom himmlischen Manna gegeben sind. Der Menschensohn ist das Manna, das Brot vom Himmel, das allen, die davon essen, Leben schenkt: »Ich bin das Brot des Lebens« (6.34). Damit ist alles gesagt. Jesu Wort vom Menschensohn, der vom Himmel gekommen ist und der Welt Speise bis ins ewige Leben gibt, setzt weder Ergänzungen voraus, noch bedarf es ihrer. καταβαίνειν, das hier seinen natürlichen Ort hat, steht nicht unter der Voraussetzung da, daß im folgenden Abschnitt vom ἀναβαίνειν des Menschensohns die Rede sein wird.

ἀναβαίνειν im folgenden Abschnitt ist nicht durch das christologische Thema bedingt[11], wie Bornkamm behauptet, sondern das Verb erscheint hier im Zusammenhang mit der Rede Jesu und der anderen Situation, die nun unter den Jüngern herrscht. Der Evangelist berichtet, daß die Jünger Jesus verlassen, und das bringt Jesus dazu, von seinem bevorstehenden Tode (ἀναβαίνειν) zu sprechen, dem kommenden, noch größeren Ärgernis. Wie aus dem Text hervorgeht, erwähnt der P-Satz die Reaktion der Jünger nicht; ihr kommt kein Platz in der Randbemerkung des Evangelisten zu (vgl. die Erwähnung der Jünger in den P-Sätzen 2.11, 2.21—22, 12.16). Die Reaktion wird als weiterer, wichtiger Teil der Geschichte berichtet. Aller Wahrscheinlichkeit nach ist der umstrittene V 63 auch nicht all zu eng mit dem Vorhergehenden zu verbinden[12]. Jesu Wort: »Der Geist ist es, der lebendig macht, das Fleisch hilft nichts; die Worte, die ich zu Euch geredet habe, sind Geist und Leben«, sind nicht als Auslegungsschlüssel zu Jesu krasser Rede vom Menschensohn, dessen Fleisch man essen, dessen Blut man trinken wird, zu verstehen, — ebenso wenig wie zu anderen Momenten in der Didache Jesu. Es drückt

---

[11] Anders H. Thyen, ThR NF (1978), 338. Einerseits stützt er Bornkamms Auffassung, andererseits beschäftigen ihn Bultmanns literarkritische Fragen: »Zwar kann man den Abschnitt Joh 6.60—71 kaum wie Bultmann gänzlich von der Lebensbrotrede lösen und das Stück dann an das Ende der Evangelienhälfte versetzen. Dagegen spricht eindeutig die von G. Bornkamm und H. Köstler gemachte Beobachtung der inhaltlichen Kohärenz. Denn hier wird dem *Geringeren* der Katabasis Jesu seine Anabasis als das Größere und das eigentliche Ärgernis entgegengesetzt. Aber dennoch bleibt die von Bultmann empfundene Schwierigkeit, daß der Bericht über eine Scheidung im Jüngerkreis Jesu an *dieser* Stelle des Evangeliums befremdet, bestehen und fordert zu der Frage heraus, ob nicht auch hier die Redaktion aus aktuellem Interesse gestaltend eingegriffen hat.«

[12] G. Bornkamm, BEvTh 48 (1968), 63f. Anders Kikuo Matsunaga, Is John's Gospel Anti-Sacramental? A new Solution in the Light of the Evangelist's Milieu, NTS 27 (1980), 516—524.

allgemeiner den Inhalt der Worte Jesu aus, so wie er im Joh an Wendepunkten seines Lebens spricht.

Wir meinen, daß der P-Satz in 6.59 eindeutig die vom Evangelisten vorgenommene Unterscheidung zwischen Jesu Didache an die Juden in der vorhergehenden Perikope und dem nachstehenden Bericht über Jesus und die Krise im Verhältnis zu den Jüngern angibt.

Diese Beobachtungen stützen eine Tendenz, auf die wir bereits mehrfach hingewiesen haben: Die P-Sätze heben gewisse Auftritte im Evangelium hervor und definieren sie als historische Ereignisse. Diese Tendenz läßt sich auch deutlich an dieser Stelle des Evangeliums erkennen, wo die theologischen Überlegungen so sehr im Vordergrund stehen. Der P-Satz zwingt den Leser einzuhalten und sich das eben Gelesene zu vergegenwärtigen: Was ist den Juden eben in ihrer eigenen Synagoge in Kapernaum gesagt worden?

Man beachte wieder die kompositionelle Stellung des P-Satzes im Zusammenhang der Gesamtdarstellung des Evangeliums. Auf den durch den P-Satz gesetzten Punkt, auf diese Zäsur folgt eine ganz neue Situation, gekennzeichnet durch Krise und Verfall. Der Blick richtet sich auf zukünftiges Geschehen.

6. Jesus auf dem Laubhüttenfest

Kapitel 7 und 8 im Joh handeln von Jesu Auftreten auf dem Laubhüttenfest. R. Schnackenburg gibt in seinem Kommentar auf den beiden Kapiteln gerade diese Überschrift: »Jesus auf dem Laubhüttenfest in Jerusalem«[1].

Innerhalb dieses Rahmens finden wir zwei Präzisierungsperikopen, 7.37–39 und 8.12–20. Beide stehen im Mittelpunkt dieses Textteils.

Während des Festes offenbart sich Jesus dem Volk. Der öffentliche Charakter dieser Offenbarung ist auffallend. Die politischen und religiösen Autoritäten der Stadt, die Einwohner und die Pilger, die zum Fest nach Jerusalem gekommen sind, erfahren hier von Jesus selbst, wer er ist und was er zu geben hat.

Der Evangelist arbeitet dies ganz bewußt heraus. Der Bericht enthält, wie Schnackenburg schreibt, »eine Reihe von einzelnen Szenen«, die das verdeutlichen.

Bereits in der eigenartigen Einleitungsdiskussion zwischen Jesus und seinen Brüdern (7.1 ff.) begründen diese ihre Aufforderung, Jesus solle nach Jerusalem ziehen, damit, daß er sich jetzt »der Welt offenbaren

---

[1] R. SCHNACKENBURG, Das Johannesevangelium, 1971, S. 190.

muß«, »denn niemand tut etwas im Verborgenen«, heißt es hier. Es ist
jedoch nicht der Appell seiner Brüder, der Jesus zum Fest hinaus nach Jerusalem führt. Er weiß selbst, wann »seine Stunde« gekommen ist, und
geht heimlich hinauf. Während der Feiertage besucht er den Tempel und
lehrt (7.14 ff.). Er erregt damit und später bei entsprechenden Gelegen-
heiten allgemeines Aufsehen. Hoherpriester und Schriftgelehrte werden
unruhig und schicken Leute aus, um Jesus festzunehmen, aber es gelingt
ihnen nicht (7.32 ff. und 7.45 ff.). Die Kapitel münden dramatisch in die
Steinigungsversuche der Juden aus, aber Jesus »verbarg sich und ging aus
dem Tempel hinaus« (8.59)[2].

Schnackenburg bezeichnet die Perikope, die mit dem P-Satz schließt:
». . . dies sagte er aber mit Bezug auf den Geist, den die empfangen sollten, welche an ihn glaubten« (7.37–39), als Höhepunkt dieses Teils des
Evangeliums. »Der Abschnitt erreicht jetzt seinen Höhepunkt«, schreibt
er und charakterisiert gleichzeitig Jesu Wort vom lebendigen Wasser als
»eines der schönsten Bildworte des Johanneischen Jesus«[3].

Die Rede wird tatsächlich als Höhepunkt eingeführt: Ἐν δὲ τῇ ἐσχάτῃ
ἡμέρᾳ τῇ μεγάλῃ τῆς ἑορτῆς εἱστήκει ὁ Ἰησοῦς καὶ ἔκραξεν λέγων.

Aus dem Inhalt geht deutlich hervor, wie sehr dieser Höhepunkt dem
Ritual des Laubhüttenfests[4] angeglichen ist, dies betont den offenbarungsgeschichtlichen Charakter der Rede.

Außerdem läßt sich eine klare Steigerung von 7.14 ff. bis 7.37 ff. beob-
achten. In 7.14 ff. befinden wir uns in der Mitte des Fests. Jesus war in
den Tempel gegangen und »lehrte«, und die Juden wunderten sich über
ihn. 7.37 ff. liest man, daß Jesus seine Botschaft ausrief (ἔκραξεν). Seine
Worte werden hier in direkter Rede wiedergegeben: »Wenn jemand dür-
stet« usw., und der Evangelist kommentiert, indem er schreibt: »Das
sagte er aber mit Bezug auf den Geist, den die empfangen sollten, welche

---

[2] W. A. Meeks, The Prophet-King, Moses Traditions and the Johannine Christology,
Suppl. NovTest 14 (1967), 59, schließt sich der Auffassung C. H. Dodds im Hinblick auf Kapitel 7 und 8 an, und baut diese Auffassung weiter aus: »C. H. Dodd has pointed out that
chapters 7 and 8 of John form one cycle whose central theme is Jesus' open manifestation. The
whole is framed by the words ›en krypto‹ (7.4) and ›ekrybe‹ (8.59). – In addition it should
be noted that the cycle is framed by the two very similarly constructed miracle stories and accompanying discourses of chaptres 5 and 9.«

Vgl. auch C. H. Dodd, The Interpretation of the Fourth Gospel, 1968, S. 348. Vgl. auch
J. R. Michaels, The Temple Discourses, in: New Dimensions in New Testament Study,
1974, S. 202: »Clearly, the evangelist intends to describe a ›manifestation‹ of Jesus in the
temple, and so to illustrate vividly the point made in 18.20 about the fully public character of
Jesus' teaching ministry.«

[3] R. Schnackenburg, Op. cit. 210.

[4] Mit 7.37 haben wir den letzten Festtag erreicht. Realinformation zu diesem Tag und seinen Ritualen finden sich an verschiedenen Stellen, z. B. bei Felix Porsch, Pneuma und Wort,
Ein exegetischer Beitrag zur Pneumatologie des Johannesevangeliums, FrTS 16 (1974).

an ihn glaubten; denn den heiligen Geist gab es noch nicht, weil Jesus noch nicht verherrlicht war.«

Die poetische Ausdrucksweise der Rede Jesu erschwert die Auslegung. Er spricht von einer lebendigen Wasserquelle. Wie sind diese Worte zu verstehen? Wer ist die Quelle lebendigen Wassers? Ist an Jesus gedacht, ist er eine solche Quelle, oder sind es die Menschen, die an ihn glauben? Schon die Theologen der Antike haben sich mit dieser Frage beschäftigt. Seither hat sie den Text begleitet und hat unterschiedliche Antworten hervorgerufen. R. Brown gehört zu den Anhängern der christologischen Auslegung. In seinem Kommentar führt er mehrere Gründe für sie an und bietet abschließend eine Übersetzung, die sein Textverständnis beleuchtet:

> If anyone thirst, let him come (to me);
> and let him drink who believes in me.
> As the Scripture says,
> ›From within him shall flow rivers of
> living waters‹.

Diese Auslegung hat viel für sich[5]. Sie stimmt jedenfalls weitgehend mit dem P-Satz überein, der erklärt, daß Jesus hier von dem Geist spricht, den die Jünger später empfangen sollen. Insofern ließe sich der P-Satz als Argument für die christologische Auslegung verwenden. Brown benutzt ihn trotzdem nicht. Seiner Meinung nach ist V 39 wahrscheinlich sekundär. Jesus selbst hat kaum an die Verleihung des Geistes während des Laubhüttenfests gedacht (Joh 20.22). Man kann durchaus annehmen, daß Jesu Worte ursprünglich eine andere, umfassendere Bedeutung hatten. Brown: V 39 »has a parenthetical character which makes us wonder if it represents the primary meaning of 37.38 . . . The water of v. 38 may also refer to Jesus' revelation.«[6] Der Kommentar führt meh-

---

[5] Hier liegen besondere und komplizierte Auslegungsprobleme vor, die eine Stellungnahme sehr erschweren. Eine gute Einführung in die Probleme bringt E. D. Freed, Old Testament Quotations in the Gospel of John, Suppl. NovTest 11 (1965), 21−38: »Arguments for the punctuation either way and for the interpretation of αὐτοῦ as referring either to Jesus or to the believer may be supported by evidence from Johannine style and thought. In favor of the alternate punctuation are the ideas of Jn that Jesus does give ›living water‹ (4.10 ff.), and whoever drinks it will never thirst. Jesus is the ›bread of life‹, and the one coming to him shall not hunger, and the one believing on him shall never thirst (6.35). Jesus himself breathes the spirit upon his disciples (20.22). On the other hand, placing a stop after πινέτω results in a *nominativus* pendens with ὁ πιστεύων εἰς ἐμέ resumed in 7.38. This is typical Johannine Greek; cf., e.g., 1.12; 6.39; 8.45; 15.2; 17.2. It also seems more natural and makes better sense for the πινέτω to go with ἐάν τις διψᾷ than with ὁ πιστεύων.«
Vgl. R. E. Browns Kommentar zur Stelle. Siehe ebenfalls K. Stiftinger, Exegetische Studie zu Joh 7.37 f., Graz 1970.
[6] R. E. Brown, The Gospel according to John, 1975, S. 328.

rere Stellen an, die dieses Verständnis stützen, u. a. zu Joh 4 und Joh
19.34.

Browns Auslegung, die die Randbemerkung völlig außer Acht läßt
und die Bedeutung der Worte Jesu verallgemeinert, entspricht nebenbei
bemerkt einer häufigen Tendenz in der Joh-Forschung. Nirgends deutet
der Text an, daß Jesus ursprünglich allgemein von seiner Offenbarung
gesprochen habe. An und für sich kann sein Bildgebrauch ebensogut
diese besondere wie die allgemeine Bedeutung gehabt haben. Wieviel
Gewicht man den P-Sätzen in solchen Situationen beilegen soll, ist
selbstverständlich eine offene Frage. Trotzdem sollte es nicht zur Regel
werden, die P-Sätze als uninteressant beiseite zu schieben. Wir halten im
übrigen daran fest, während R. Brown V 39 als »parenthetical« beschreibt, so vertritt R. Bultmann die folgende Auffassung: »Es ist kein
Anlaß, V 39 als Glosse der kirchlichen Redaktion zu streichen; auf diese
geht vielmehr V 38 zurück, der V 39 unzulässig vom Worte Jesu V 37
trennt. Vgl. die Anmerkungen des Evglisten 2.21 f., 11.13, 12.16, 33.
Daß die Interpretation des von Jesus gespendeten Wassers als des Geistes
der jüdischen Anschauung vom Laubhüttenfest entspricht . . ., spricht
dafür, daß V 39 vom Evglisten stammt. Nur V 39b könnte redakt.
Glosse sein, wenngleich die Anschauung, daß die Gemeinde den Geist
erst nach dem δοξασθῆναι Jesu empfängt, die der Abschiedsreden ist
(vgl. bes. 14.26, 16.7); ebenso 20.22.«[7]

Wir kehren wieder zum überlieferten Text (7.37−39) zurück. Unmittelbar vor unserer Perikope lesen wir, daß die Pharisäer und Schriftgelehrten Leute ausschicken um Jesus zu ergreifen. Dann hören wir von der
Diskussion, die sich aus diesem mißglückten Vorhaben ergab. Nichts
von all dem schlägt sich in der Rede Jesu nieder; sie ist ein verheißungs-
volles Offenbarungswort an die Zuhörer. Dadurch − und das ist unsere
Pointe im vorliegenden Zusammenhang − bildet sie eine einheitliche Perikope. Diese Verse in Joh 7 bilden eine fest umrissene anschauliche
Szene ab[8].

Der P-Satz steht zu Recht an seinem Ort. Der Evangelist, der die Geschehnisse während des Laubhüttenfests in weitreichender, rückschauen-
der Perspektive überblickt, ist überzeugt, daß Jesus tatsächlich an den
kommenden Geist (Fürsprecher) dachte (20.22), als er vom lebendigen

---

[7] R. Bultmann, Das Evangelium des Johannes, 1964, S. 229. Ähnlich bei F. Porsch, FrTS
16 (1974), 68 f.: »Er verkündet seine Christusbotschaft so, daß er dabei Vergangenheit aktua-
lisiert. Das Verhalten der Menschen gegenüber der Offenbarung Jesu wird dabei zum typi-
schen und exemplarischen, zum Vorbild im negativen und positiven Sinn. Diese zwei ›Stadien‹ sind auch in 7.37−39 zu erkennen, und ihre Beachtung ermöglicht überhaupt erst ein
Verständnis der Darstellung des Evg.«

[8] U. C. von Wahlde, JBL 98 (231−253), siehe S. 244−246.

Wasser sprach. Er hatte Jesu Tod, Auferstehung und die Verleihung des Geistes erlebt, und daher sah er die Dinge eben so.

Gleichzeitig war er aber auch Historiker, beurteilte sein Material und sah ein, daß die Rede im Kontext des Laubhüttenfests nicht verstanden werden kann. In der aktuellen Situation, in der Jesus seine Rede hielt, konnte niemand begreifen, was er nun eigentlich meinte. Die Situation war zu dem Zeitpunkt dieselbe wie damals, als Jesus vor seinem Tod und vor der Auferstehung vom Tempel sprach, der innerhalb von 3 Tagen wieder aufgebaut werden könnte – und die Jünger ihn nicht sofort verstanden (2.21f.), oder sie glich derjenigen, als Jesus in Jerusalem einzog, ohne daß die Jünger begriffen, woran sie teilnahmen (12.16). Deshalb fügte der Evangelist an allen diesen Stellen erläuternde Bemerkungen an, um die Bedeutung der Aussagen zu präzisieren. Unserer Auffassung nach ist der P-Satz in 7.39 ebenso gerechtfertigt wie der in 2.21f. und der in 12.16. So wie es in 2.21 nötig war hinzuzufügen, daß Jesus vom Tempel seines Leibes sprach, so mußte auch der P-Satz in 7.39 folgen, der erklärt, daß sich die Worte Jesu auf den Geist beziehen.

J. Ramsay Michaels hebt ἔμελλον in 7.39a hervor[9]. Die Rede ist vom Geist, *der kommen wird*. Er führt weiterhin an, daß diese in die Zukunft weisende Bemerkung durch den Kontext erklärt werde. Rede und Kontext harmonieren schlecht miteinander, deshalb hielt der Evangelist es für nötig zu präzisieren, daß Jesu positive und verheißungsvolle Rede eigentlich auf eine andere Situation abzielt als die vorgegebene und spannungsgeladene. »The evangelist considered Jesus' invitation and the accompanying Scripture quotation inappropriate in this particular context without some word of explanation«, behauptet er. Vermutlich hat die Rede schon in der Überlieferung ihren Ort in einem »temple discourse« gehabt, und der Evangelist entschied, sie dort zu belassen, »but with an appended note explaining that it is actually a promise for a later time«. Wie erwähnt, verstehen wir den Hintergrund der Bemerkung anders.

Wie das Verhältnis zwischen der Rede (7.37–38) und dem Kontext in den Kapiteln 7 und 8 betrifft, hat Michaels recht. In dem erwähnten knappen Abschnitt herrscht ein ganz anderer Ton als in dem übrigen Text, Unglaube, Abneigung und Widerstand gegen Jesus prägen ihn. Siehe Michaels: »It is noteworthy that in 7–8 expressions of ›belief‹ characteristically come to nothing. This is true in John 7.31, for example, where the statement that ›many believed in him‹ merely introduces confusion and schism, and in 8.30f., where the Jews who ›believe‹ turn out to be Jesus' worst enemies, children of the devil (8.22), incapable of hearing a word from God (8.43,47).«

---

[9] J. R. MICHAELS, Op. cit. 208f.

Auf diesem Hintergrund erscheint Jesu unpolemische Rede anders —
eine prophetische Offenbarungsrede mit Hinweis auf die Schrift.

Auch der Schrifthinweis macht der Auslegung zu schaffen[10]. Auf welches Schriftwort bezieht sich Jesus hier? Eine eindeutige Antwort läßt
sich schwerlich finden. Die Kommentatoren bieten viele Vorschläge.
Häufig wird Ex 17, vgl. 1 Kor 10.4 angeführt, der Bericht vom Felsen in
der Wüste, der zu einer Wasserquelle wurde. Andere Beispiele sind apokalyptische Worte aus Sacharja und Ezechiel, rabbinische Traditionen
zum Laubhüttenfest in Tosephta und mehrere andere Überlieferungen
und Texte. Selbst wenn man kein einzelnes, bestimmtes Schriftwort
identifizieren kann, läßt sich die Verankerung in der Schrift nicht be-
zweifeln. Die Bilder, von denen Jesus Gebrauch macht, schließen sich
eng an die Schrift an.

Uns interessiert diese Feststellung deshalb, weil wir schon früher bei
der Durchsicht der P-Perikopen festgestellt hatten, daß sie oft Schrifthinweise enthalten.

Wie andere P-Sätze, weist auch dieser in 7.39 auf eine klar umrissene
Perikope zurück. Das dort berichtete Ereignis fand statt während des
Laubhüttenfests in Jerusalem — so versteht es jedenfalls der Evangelist —, gleichzeitig weist der Inhalt der Perikope über diesen Rahmen
hinaus in die Zukunft.

Ein weiteres beachtenswertes Charakteristikum dieser Rede Jesu am
letzten Tag der Festwoche ist die kurze konzentrierte Form. Wäre die
entsprechende *Rede in Kap. 8* nach demselben Muster zugeschnitten,
hätte sie mit 8.12 schließen und der P-Satz in 8.20 hinter 8.12 stehen
müssen. Das ist jedoch hier nicht der Fall, und das unterscheidet die beiden Perikopen 7.37—39 und 8.12—20 voneinander und gibt ihnen ihr je
eigenes Gepräge.

R. Schnackenburg übersieht diesen Unterschied, wenn er zu 8.12
schreibt: »Ein großes Offenbarungswort steht repräsentativ für die ganze
Offenbarungsrede Jesu ähnlich wie in 7.37 f. Beide Male folgt keine weitere Rede Jesu, sondern sogleich die Reaktion der Hörer.«[11]

8.20 charakterisiert die Perikope 8.12—19 als Didache (διδάσϰων).
Der Abschnitt, den Schnackenburg als »die Reaktion der Hörer«
(8.13 ff.) beschreibt, bildet einen Teil dieser Didache, die sich folgendermaßen entfaltet:

---

[10] Zu der Formel ϰαϑὼς εἶπεν ἡ γϱαφή, siehe E. D. FREED, Op. cit. 23. Vgl. zu dieser
Stelle auch die Debatte in Revue Biblique, 1958—1963, zwischen M.-É. BOISMARD und
P. GRELOT. BOISMARD 1958, GRELOT 1959, BOISMARD 1959, GRELOT 1960 und GRELOT 1963.
Vgl. auch B. OLSSON, Structure and Meaning, 1974, S. 212 f.

[11] R. SCHNACKENBURG, Op. cit. 239.

Nach dem machtvollen ἐγώ εἰμιι-Wort in 8.12, mit dem Jesus sich als Licht der Welt bezeugt, folgen die Proteste der Pharisäer gegen dieses Selbstzeugnis. Es kann nicht wahr sein, weil Jesus von sich spricht (8.13). In seiner Antwort stellt Jesus zunächst fest, daß — selbst wenn er von sich spricht — sein Zeugnis trotzdem wahr ist, weil Er ist, wer Er ist und weiß, woher er kommt und wohin er geht (14).

Diese Einsicht fehlt den Pharisäern, sie richten nach dem Fleisch (15) während Jesus im Gegensatz zu ihnen niemand richtet. Sollte Jesus trotzdem richten, so wäre sein Urteil wahr, auch nach dem Gesetz, das zwei Zeugen verlangt. Denn zusammen mit dem Vater, der ihn gesandt hat, legt Jesus sein Selbstzeugnis ab (16—18). Auf die Frage der Pharisäer: »Wo ist Dein Vater?« antwortet Jesus abschließend: »Ihr kennt weder mich noch meinen Vater; wenn ihr mich kenntet, würdet ihr auch meinen Vater kennen« (19).

In 7.37 ff. verhält es sich anders: »Die Reaktion der Hörer« folgt dem P-Satz und bildet keinen Bestandteil einer Didache. Selbst wenn der P-Satz eine sekundäre Anmerkung sein sollte, wie einige behaupten, erscheint die Perikope 7.37—44 trotzdem nicht als Didache. »Die Reaktion« auf die Rede, die in 7.40—44, geschildert wird, berichtet von der allgemeinen Verwirrung unter den Menschen und der in weiten Kreisen diskutierten Frage, wer Jesus eigentlich sei: Ist er der Prophet, der Messias oder — wer? Der Unterschied zwischen Kapitel 7 und 8 ist in diesem Punkt eindeutig genug.

Die Offenbarungsworte dagegen 7.37f. und 8.12 stehen einander nahe. 7.37f. spricht Jesus von der Quelle lebendigen Wassers, 8.12 bezeichnet er sich als das Licht der Welt. An der ersten Stelle wird allen, die Durst haben, ein Versprechen gegeben — an der zweiten denen, die ihm folgen wollen, Licht und Leben zugesagt[12].

Wir interessieren uns besonders für den P-Satz in 8.20:

Ταῦτα τὰ ῥήματα ἐλάλησεν ἐν τῷ γαζοφυλακίῳ διδάσκων ἐν τῷ ἱερῷ· καὶ οὐδεὶς ἐπίασεν αὐτόν, ὅτι οὔπω ἐληλύθει ἡ ὥρα αὐτοῦ.

Wie wir bereits angedeutet haben, hält der Evangelist nicht nur wegen des Offenbarungswortes in 8.12 ein — so wie 7,39 auf das Offenbarungswort 7.37—38 zurückweist. Der Satz in 8.20 hebt das ganze Lehrauftre-

---

[12] R. E. BROWN, Op. cit. 343: »Jesus proclaims himself to be the light of the world, even as in 7.37—38 he proclaimed himself to be the source of living water; and both these proclamations seem to have been prompted by the ceremonies of the feast of Tabernacles. As with the water ceremony, there was biblical background for the theme of light at Tabernacles and, indeed, in the same passage in the OT. In these verse before the passage of Zechariah (14.8) that describes the living water flowing out from Jerusalem, we hear: ›And there shall be continuous day . . . for there shall be light even in the evening‹.«

ten Jesu am Opferstock im Tempel hervor. Man beachte, wie genau der Ort dieser Episode angegeben wird (ἐν τῷ γαζοφυλακίῳ).

Eine so präzise Ortsangabe macht deutlich, daß das Ereignis als durch und durch historisch dargestellt wird, jeder kann sich darauf berufen und damit beweisen, daß Jesus seine Botschaft öffentlich verkündete. Er lehrte nicht »im Verborgenen«. Aus der Leidensgeschichte bei Joh läßt sich erkennen, daß der Evangelist gerade die Öffentlichkeit unterstreichen wollte. In diesem Zusammenhang ist der Bericht vom Verhör durch Hannas wichtig. Als Jesus vom Hohenpriester nach seinen Jüngern und seiner Lehre befragt wird, antwortet er 18.19–21: »Ich habe frei heraus zur Welt geredet. Ich habe allezeit in der Synagoge und im Tempel gelehrt, wo alle Juden zusammenkommen, und im geheimen habe ich nichts geredet.«

Michaels hat hier zu Recht unterstrichen, daß Jesu Antwort mit dem übereinstimmt, was in vorhergehenden Kapiteln über ihn berichtet wird. »This brief summary of Jesus' public ministry echoes two shorter summaries within the ministry itself«, schreibt er und weist folgendermaßen auf unsere P-Sätze hin: »6.59 – These things he said *teaching in the synagogue* in Capernaum. 8.20 – These words he spoke *teaching* in the treasure *in the temple*.« (Michaels' Hervorhebung)[13].

Michaels läßt der letzten Stelle einige kritische Bemerkungen folgen. Er vertritt die Auffassung, V 8.20b stamme aus der Feder des Evangelisten, weil die theologische Begründung (»seine Stunde war noch nicht gekommen«) typisch johanneisch ist. 20a dagegen sei von der Tradition geprägt und habe dort seinen Ursprung. Er drückt das so aus: »8.20 at one stage of the tradition concluded a sample discourse of Jesus, in this case a temple discourse.«[14]

Wir meinen, Michaels gibt hier ein schiefes Bild dessen, was 8.20a eigentlich aussagen will, wie man aus seinen Hervorhebungen sehen kann. Seiner Meinung nach konnte die Bemerkung einmal »a sample discourse in this case a temple discourse«, abgeschlossen haben. Dabei sieht er ganz und gar von der vorliegenden, präzisen Ortsangabe ab und bringt keine Erklärung dafür wie ἐν τῷ γαζοφυλακίῳ in die Bemerkung gelangt ist. Das schwächt seine traditionsgeschichtliche These.

Aller Wahrscheinlichkeit nach ist auch 8.20a dem Evangelisten zuzuschreiben, da er gerade diese Rede-Szene unterstreichen wollte. Damit wird nicht behauptet, daß kein Gewicht auf dieser Szene als Beispiel für Jesu Lehrtätigkeit im Tempel liege. Ebenso wie die Heilung des Sohnes des königlichen Beamten (4.46–54) als Beispiel der Lehrtätigkeit Jesu in

---

[13] J. R. MICHAELS, Op. cit. 200.
[14] Id. 202.

Galiläa neben dem Bericht vom Himmelsbrot (6.27—58), der zeigt, wie Jesus die Juden in der Synagoge unterwies, hervorgehoben wird, wird hier die Rede-Szene als Beispiel hingestellt. Trotzdem will der Verfasser mit seiner Bemerkung vor allem den Leser dazu bringen, bei der Opfer-stock-Szene zu verweilen. Was das Verhältnis zwischen 8.20a und 8.20b betrifft, finden wir nicht nur in diesem P-Satz eine geographische Mittei-lung in der ersten Hälfte, die mit einer theologischen Erklärung in der zweiten kombiniert wird (vgl. 2.11).

Die Perikope 8.12—20 brachte Michaels dazu, in traditionsgeschichtli-chen Bahnen zu denken und als Quelle des Evangelisten einen ursprüng-lichen sample discourse anzunehmen. Hier kann hinzugefügt werden, daß auch R. Bultmann traditionsgeschichtliche Betrachtungen angestellt hat, die mit dieser Perikope verbunden sind. Während Michaels sich be-sonders auf den letzten Teil dieses Abschnitts und seinen Abschluß im P-Satz konzentriert, gehen Bultmanns Reflexionen aus von den einleiten-den Worten in 8.12: »Ich bin das Licht der Welt«.

Dieses Wort zeigt, daß es sich bei der Selbstbezeichnung Jesu nach Form und Typ um eine Offenbarungsrede handelt. Sie ist bei Joh keines-wegs thematisch isoliert, man kann auf andere Stellen im Evangelium hinweisen, wo Jesus sich als Licht der Welt bezeichnet, Bultmann er-wähnt 9.4—5 und 11.9—10. Das Motiv dieser Stellen ist das Licht, und an beiden bezeichnet Jesus sich als das Licht der Welt, obwohl die abso-lute Formulierung nur in 8.12 vorkommt: ἐγώ εἰμι. Außerdem bilden die Worte in 8.12 den wichtigsten Ausgangspunkt der Rede Jesu, wäh-rend an anderen Stellen das Lichtthema in die Zeichenberichte einge-flochten ist. In Kap. 9 heißt es: »Solange ich in der Welt bin, bin ich das Licht der Welt«; und unmittelbar danach lesen wir von der Heilung des Blindgeborenen und wie dieser aus der Synagoge ausgestoßen wird. Dieser Bericht wird mit den Worten ταῦτα εἰπὼν ἔπτυσεν eingeleitet. In Kap. 11 stehen die Licht-Worte im Bericht von der Auferweckung des Lazarus. Hier heißt es: »Wenn jemand bei Tage umhergeht, stößt er nicht an; denn er sieht das Licht der Welt«, usw., und gleich darauf: Jesus begibt sich zu Lazarus: ταῦτα εἶπεν, καὶ μετὰ τοῦτο λέγει αὐτοῖς· Λά-ζαρος ὁ φίλος ἡμῶν κεκοίμηται·

ταῦτα εἰπὼν und ταῦτα εἶπεν muß, wie bereits gesagt, als Über-gangsphraseologie zu den Zeichenberichten aufgefaßt werden.

Bultmann vertritt die These, das Lichtthema zeige, daß Joh eine Of-fenbarungsredenquelle gekannt und in das Evangelium eingearbeitet habe. Wir erwähnten dies bereits und verfolgen diese These nicht weiter. Unser Interesse gilt nicht in erster Linie der Traditionsgeschichte, auch wenn wir uns mit der Traditionsschichten befassen, der die P-Sätze an-gehören.

Sowohl Michaels' wie Bultmanns Überlegungen führen in gewisser Weise weg vom vorliegenden Text und dem Kontext unserer Perikope. Wir haben jedoch festgestellt, daß der P-Satz in 8.20 die ganze Szene, von den einleitenden Worten »Ich bin das Licht der Welt« bis zum Abschluß ». . . wenn ihr mich kenntet, würdet ihr auch meinen Vater kennen«, zusammenfaßt.

Der Kontext bestätigt die Einheit der Perikope, trotz der unsicheren Textüberlieferung. Letzteres geht aus 7.53—8.11, einem sekundären Einschub, hervor. Die Phraseologie deutet auf die lose Verbindung einiger Szenen und Auftritte hin. Die einführenden Worte: »Jesus aber redete nun wiederum zu ihnen und sprach«, schließen unsere Perikope an Jesu Rede 7.37—38 an, dennoch bildet sie eine selbständige Texteinheit. Dasselbe gilt auch für den wie folgt eingeleiteten Abschnitt: »Er sprach nun wiederum zu ihnen . . .« (8.21), der Ton wird polemischer, und die Thematik wechselt.

Wir haben die beiden Perikopen in Kapitel 7 und 8 parallel behandelt, weil sie in dem Evangelienabschnitt stehen, in dem Jesus »aus dem Verborgenen« hervortritt und sich der Welt offenbart. Wir haben gemeinsame Züge, aber auch Unterschiede feststellen können. Beide sind offenbarungsgeschichtlich geprägt. Am deutlichsten läßt sich dies in Kapitel 7 erkennen, aber auch in Kapitel 8 wird es klar durch die ἐγώ εἰμι-Aussage markiert. In 8.20 finden wir, wie in mehreren anderen P-Sätzen, eine genaue Ortsangabe, »wo es geschah«. Beide Perikopen nehmen eine besondere Stelle im Aufbau des Evangeliums ein, und die P-Sätze unterstreichen ihre Bedeutung und zeigen, daß die Perikopen auch in einem weiteren Rahmen gelesen und ausgelegt werden müssen.

7. Das Gleichnis vom guten Hirten

Die folgende P-Perikope (Joh 10.1—6) wirft ganz besondere Probleme auf. Hier bildet der P-Satz den Abschluß des einzigen ausgeführten Gleichnisses im 4. Evangelium[1], d. h. der P-Satz ist mit einem sehr umstrittenen Text verbunden.

---

[1] C. H. Dodd, A Hidden Parable in the Fourth Gospel, in: More New Testament Studies, 1968, S. 30 ff.: »In the main it is true that the use of imagery in the Fourth Gospel conforms rather to the ›allegorical‹ style than to the ›parabolic‹. Yet closer inspection reveals the fact that here and there, embedded in the Johannine discourses, true parables are to be found, though their character is partly concealed by the way in which they are absorbed into the flow of the argument.« Dodd weist auf Joh 10.1—5 hin, meint aber wie Bultmann, daß auch Joh 3.29a und 8.35 und 12.35 als Bildworte aufgefaßt werden können. Joh 5.19—30 gehört zur selben Kategorie (A Hidden Parable).

Ein erster Blick auf das Bild, das Jesus in diesem Gleichnis zeichnet, läßt es einfach und unproblematisch erscheinen: Wer nicht durch die Tür zu den Schafen hineingeht, sondern anderswo hineinklettert, ist ein Dieb und ein Räuber. Wer durch die Tür geht, ist der Hirte. Ihm öffnet der Wächter. Er ruft die Schafe beim Namen, und sie folgen ihm und keinem anderen. Der Hirte führt sie hinaus und geht vor ihnen her. So ungefähr das Gleichnis – und es ist bedeutend schwieriger, diesen Text auszulegen, als viele annehmen.

R. Bultmann hat in seinem Johannes-Kommentar das »Hirtenkapitel« einer umfassenden Analyse unterzogen. Seine eingehende Behandlung setzt sich in späteren Zeitschriftenartikeln und weiteren Kommentaren fort[2].

Während der letzten beiden Jahrzehnte sind auch zwei umfassende Monographien erschienen.

Die erste lag 1967 vor: A. J. Simonis, Die Hirtenrede im Johannesevangelium. Versuch einer Analyse von Joh 10,1–18[3]. Die zweite erschien 1980: Pius-Ramon Tragan, La Parabole du »Pasteur« et ses Explications: Jean 10.1–18. La Genese, Les Milieux litteraire. Hier findet sich auch eine ausführliche, auf den neuesten Stand gebrachte Bibliographie zum Thema. Aus den Titeln geht hervor, daß beide Verfasser 10.1–18 als Einheit verstanden haben. Halten wir uns an den Titel des Buches von Tragan, besteht die Perikope aus zwei Teilen: La parabole du »Pasteur« (10.1–6) / ses explications (10.7–18).

Wir stellen fest, daß unser als P-Satz definierter Satz, 10.6, hier im Text nicht nur nach dem Gleichnis angebracht ist, wie wir eben erwähnt haben, sondern zwischen Gleichnis und Auslegung – wenn wir dem Textverständnis der beiden Verfasser folgen. Die Auffassung vieler Forscher, die Funktion des Satzes in der Vermittlung des Übergangs zu sehen, überrascht uns daher nicht. Wenn das zutrifft, hat dieser P-Satz eine ganz andere Funktion als die übrigen, dementsprechend hat man ihn auch nicht mit jenen verglichen, sondern viel eher mit Mk 4.10–13, denn dieses Stück vermittelt einen ähnlichen Übergang zwischen Gleichnis und Auslegung.

Zu denen, die Vergleiche zwischen Joh und Mk (mit den synoptischen Parallelen) in diesem Punkt dargestellt haben, gehört A. J. Simonis.

Im Markusevangelium äußert sich Jesus prinzipiell zu seinen Gleichnissen und zitiert in diesem Zusammenhang Jes 6.9–10: ». . . sehet im-

---

[2] Pius-Raman Tragan, La Parabole du ›Pasteur‹ et ses Explications: Jean 10.1–18, La Genèse, les Milieux Littéraire, in: Studia Anselmiana 67, 1980, S. 55 f. unterscheidet in der Johannes-Forschung zwischen einer vor-Bultmannschen und einer nach-Bultmannschen Periode.

[3] A. J. Simonis, Die Hirtenrede im Johannes-Evangelium, Versuch einer Analyse von Johannes 10.1–18 nach Entstehung, Hintergrund und Inhalt, Analecta Biblica 29, Rom 1967.

merfort, doch erkennet nicht«. Simonis vergleicht diese Stelle mit Joh 9, der Erzählung vom Blindgeborenen und dem Urteil über die Pharisäer: »Zum Gericht bin ich in die Welt gekommen, damit die Nichtsehenden sehen und die Sehenden blind werden« (εἰς κρίμα ἐγὼ εἰς τὸν κόσμον τοῦτον ἦλθον, ἵνα οἱ μὴ βλέποντες βλέπωσιν καὶ οἱ βλέποντες τυφλοὶ γένωνται) Joh 9.39 ff.

»Zweifelsohne wird hier das Wort des Isaias auf eine Form gebracht, die mit dem vorausgehenden Wunder der Heilung des Blindgeborenen übereinstimmt (vgl. τυφλός), aber es ist ebenso wie bei den Synoptikern in den Zusammenhang einer Gerichtssituation gestellt.«[4] Wie bei den Synoptikern, ist seiner Meinung nach auch bei Joh der Gerichtsgedanke mit Jesu Gleichnisverkündigung verbunden, was eindeutig aus 10.6 zu ersehen ist. »Der in V 6 ausgedrückte Gedanke ist also eine natürliche Inklusion von 9.39—41. Er stellt sich als eine Erfüllung der Prophetie von Is 6.9 f. dar, worin die Verhärtung des Volkes vorhergesagt wird. Es ist wohl sehr kühn, diesen Vers als ›Redaktionszusatz‹ eliminieren zu wollen.«[5]

Wir könnten mehrere Forscher anführen, die sich ähnlich geäußert haben. Rudolf Schnackenburg schreibt z. B. in seinem großen Kommentar: »An unserer Stelle (Joh 10.6) übt die ›Rätselrede‹ potenziert jene Funktion aus, die Jesu Offenbarungswort überhaupt auf Grund der Fremdheit und des Unverständnisses der Nichtglaubenden hat (vgl. 8.43.47). Weil die Hörer verblendet sind (9.39), können sie die Bildrede nicht begreifen und erweisen sich als solche, die nicht zu Jesu Schafen gehören und seine Stimme kennen. Die Nähe zu Mk 4.11 f. parr ist unverkennbar.«[6]

»Das Sprechen Jesu in Gleichnissen, die ursprünglich der Veranschaulichung seiner Gedanken, der wirksamen Unterstützung seiner Botschaft dienen, aber in der geschichtlichen Situation dazu führen, die ›außenstehenden‹ Ungläubigen zu verstocken (vgl. Mk 4.10 ff. parr), findet hier einen joh. Nachklang.«[7]

Raymond E. Brown nimmt ebenfalls Vergleiche mit der synoptischen Tradition vor: »That the reaction to the parable(s) is a failure to understand is not surprising, for similar lack of comprehension greets the parables in the Synoptic tradition (Mark iv 13). The failure to understand causes Jesus to explain these parable(s) of the sheepgate and the shepherd, even as it caused him to explain the Parable of the Sower in the Synoptic tradition.«[8]

---

[4] Id. 84.
[5] Id. 190 f.
[6] R. SCHNACKENBURG, Das Johannesevangelium II, 1971, S. 358.
[7] Id. 360.
[8] R. E. BROWN, The Gospel according to John, 1975, S. 393.

Es ist jedoch sehr fraglich, ob es ohne weiteres richtig ist, Joh 10.1−18 als Gleichnis mit Erklärungen aufzufassen und Mk 4.1−20 als Auslegungsmodell zu gebrauchen. Markus und die übrigen synoptischen Evangelien unterscheiden sich bekanntlich in vielen Punkten grundlegend von Joh. Methodisch besteht die erste Aufgabe darin, das 4. Evangelium durchzugehen. Erst dann hat es Sinn, das reiche Vergleichsmaterial der synoptischen Gleichnisforschung heranzuziehen. Auf diese Weise wird ein Verschleiern der wesentlichen Unterschiede zwischen Joh und Mk vermieden.

Wir wenden uns diesen Unterschieden zu. Mk 4.10 ff. signalisiert deutlich eine Situationsänderung. Die Stelle lautet: »Und als er allein war, fragten ihn die, welche um ihn waren, samt den Zwölfen über die Gleichnisse. Da sprach er zu ihnen: Euch ist das Geheimnis des Reiches gegeben, jenen aber, die draußen sind, wird alles in Gleichnissen zuteil, auf daß sie mit Augen sehen und nicht erkennen und mit Ohren hören und nicht verstehen . . .« Von jetzt an wendet sich Jesus mit der Auslegung der Gleichnisse an seine Jünger. − Diese Änderung der Situation ist für das Verhältnis zwischen Gleichnisperikope und Auslegung des Textes wesentlich.

Anders bei Joh: Falls sich Jesus an die Juden wenden sollte[9], dann spricht er auch in 10.7 ff. dieselben Zuhörer an, es sei denn, man nimmt literarkritische Eingriffe am Text vor.

Mehrere Forscher haben im Prinzip diesen fundamentalen Unterschied durchaus beachtet[10], doch Vorstellungen aus der synoptischen Gleichnisforschung machen sich zeitweilig geltend und beeinflussen das Verständnis. Das Mk-Evangelium steht z. B. im Hintergrund von R. Schnackenburgs Kommentar: »Er setzt diese Rätselrede im Hinblick auf die Nichtglaubenden, durch die sie ohne Begreifen bleiben und bleiben soll, an den Anfang, um dann ihren wesentlichen Gehalt durch neue christologische Worte der glaubenden Gemeinde selbst zu erschließen.«[11] Auf diesem Hintergrund wird das Gewicht, das in der Perikope 10.1−18

---

[9] Pius-Raman Tragan, Op. cit. 250: »Cette notice rédactionelle (Joh 10.6) vise, à n'en pas douter, les Pharisiens ›aveugles‹ de 9.39−40, si ce n'est les brebis qui n'appartiennent pas au troupeau de Jésus d'après 10.24−28 − les Juifs (10.24) qui n'écoutent pas sa voix et ne croient pas en Lui (9.16,34; 10.26).«

[10] John A. T. Robinson, The Parable of John 10.1−5, in: Twelve New Testament Studies, 1962, S. 67−75: »If we consider the whole section, John 10.1−21, we may note first that there is a clear break between the ›parable‹ and its reception on the one hand (vv. 1−6) and its allegorization on the other. This corresponds exactly to the structure of parable plus allegorical interpretation which we find in the cases of the Sower (Mc 4.2−20) and the Tares (Mt 13.24−43), except that in John the audience remains the same.« Auch in: ZNW 46 (1955), hier S. 234.

[11] R. Schnackenburg, Op. cit. 361.

der »Offenbarungsrede« (V 7−18) beigelegt wird, verständlicher. Leichter verständlich wird auch, daß die Verse 1−6 als vorbereitender Abschnitt aufgefaßt werden. Vgl. Schnackenburg: »Sie (10.1−6) soll in verhüllter Weise auf die christologische Selbstoffenbarung in 10.7−18 vorbereiten und hinführen.«[12]

Wieweit die Rahmenbemerkung reicht, ist von derselben Betrachtung beeinflußt. Ihr wird die Funktion zugewiesen, den Übergang zur Auslegung herzustellen. Sie schließt dann nicht mit V 6, wo wir sie enden lassen, V 7a wird noch dazugerechnet. Demnach hat sie folgende Form: Ταύτην τὴν παροιμίαν εἶπεν αὐτοῖς ὁ Ἰησοῦς· ἐκεῖνοι δὲ οὐκ ἔγνωσαν τίνα ἦν ἃ ἐλάλει αὐτοῖς. Εἶπεν οὖν πάλιν ὁ Ἰησοῦς. Vergleiche besonders Tragan: »Les v. 6−7a présentent plusieurs charactères d'un texte rédactionnel: ils commentent la réaction des auditeurs aux paroles de Jésus et préparent le léveloppement ultérieur du v. 7b ss. C'est l'Evangéliste qui parle. Il définit les versets précédents comme un ›paroimia‹, qui, étant difficile à comprendre, exige une deuxième partie du discours. L'adverbe πάλιν (v. 7a) rapproche sans doute l'affirmation du v. 7b Ἀμὴν ἀμὴν λέγω ὑμῖν de celle, presque identique, du v. 1a. La particule οὖν indique précisément le lien entre les paroles obscures des v. 1−5 et le fragment explicatif des v. 7ss. Lien rédactionnel cependant, car les deux morceaux mis en un style ni une pensée homogènes. En tant que lien des deux parties de la péricope, les v. 6−7a sont probablement une addition postérieure au texte de la »paroimia« et à certains eléments des v. 7ss. L'Evangélist a mis en œuvre ces matériaux préexistants en leur donnant ainsi une forme nouvelle et définitive: le texte actuel de Jn 10,1−10. Le caractère rédactionnel des v. 6−7a se manifeste aussi dans les données littéraire de ces versets et par le caractère stéréotypé de certaines de leur phrases. D'abord tous les verbes sont au temps passé, ce qui dénote une perspective autre que celle du texte de la »paroimia«, où les verbes sont au présent ou au futur.«[13]

Wie schon gesagt, wird bei der Auslegung von Joh 10 Vergleichsmaterial der synoptischen Evangelien angezogen. Methodisch besteht aber die erste Aufgabe darin, das Vergleichsmaterial des 4. Evangeliums selbst durchzugehen.

An Tragan's Auffassung von 10.6 fällt sein Vergleich zwischen 10.6 mit präzisierenden Sätzen auf. In Verbindung mit seiner literarkritischen Analyse schreibt er: »Le verset 6 du chapitre 10 est l'élément littéraire majeur, qui domine à des degrés divers toute la problématique de la péricope. Glose certainement rédactionelle, il rappelle par sa forme, et par

---

[12] Id. Komm. zur Stelle.
[13] Pius-Raman Tragan, Op. cit. 205.

sa place dans l'exposé, les notices similaires que l'on trouve en particulier en 6,59 et 2.11.«[14]

In diesem Zusammenhang hat er sich auch unter Hinweis auf u. a. A. J. Simonis, Die Hirtenrede, mit dem Gleichnis (10.1—5) als literarischer Komposition beschäftigt: »Les versets 1—5 présentent, en fait, un exposé assez cohérent qui, dans ses grandes lignes, développe la mêmes images: le berger s'approche du bercail (v. 1—3a); son intimité avec les brebis (v. 3b—4) et l'hostilité des brebis à l'égard de l'étranger (v. 5).«[15]

Tragan stellt das Gleichnis als Bericht und 10.6 als kommentierende Bemerkung vom Typ P-Satz vor, ohne näher auf sie einzugehen. Hätte er sie weiterverfolgt, hätte das Gleichnis in Vv 1—5 einen selbständigeren Platz im Evangelium erhalten müssen, als Tragan ihm in seiner Abhandlung zugesteht.

Wir schlagen den von Tragan nicht begangenen Weg ein.

Unserer Auffassung nach haben wir es in 10.6 mit einer Rahmenbemerkung zu tun, die nur im Verhältnis zu dem mit ihr verbundenen Gleichnis fungiert. Dies trifft eindeutig für die erste Hälfte der Bemerkung zu: »Diese Bildrede sprach Jesus zu ihnen«. Es gilt ebenfalls für die zweite Hälfte: ».. . jene aber verstanden die Bedeutung seiner Rede nicht«. Weiter reicht die Rahmenbemerkung nicht. V 7a kann unmöglich als ihr dritter Teil verstanden werden, denn hier wird der Bericht wieder aufgenommen und weitergeführt: εἶπεν οὖν πάλιν ὁ Ἰησοῦς, und zwar auf dieselbe Weise wie in 8.21 im Anschluß an die dort vorkommende Rahmenbemerkung.

Eine Rahmenbemerkung, die den Übergang von einer »Rätselrede« zu einer »Offenbarungsrede« herstellen soll — wie in Mk 4 —, findet sich bei Joh nicht[16].

Wie wir bereits hervorgehoben haben, weist 10.6 auf 10.1—5 zurück. Viele Forscher haben auf den einheitlichen Charakter dieser Bildrede aufmerksam gemacht. Möglicherweise hat John A. T. Robinson recht, wenn er behauptet, das Gleichnis habe die jetzige Form durch Fusion zweier ursprünglich selbständiger Gleichnisse erhalten, die von einem je verschiedenen Hintergrund her auszulegen seien. Seine scharfsinnige

---

[14] Id. 195.

[15] Id. 196. Über die Komposition der Verse 1—5 äußert sich Tragan folgendermaßen: »La composition littéraire, elle aussi, est bien structurée: un chiasme avec deux thèmes qui alternent suivant un parallélisme antithétique etc.«

[16] Vgl. C. H. Dodd, A Hidden Parable in the Fourth Gospel, in: More New Testament Studies, 1968, S. 30—40. Dodd versteht Joh 5.19—20a als reines Gleichnis (ohne Metaphorik). In dem Text (Kap. 5) gibt es keinen Satz, der den Übergang zur Auslegung des Gleichnisses vermittelt. Nach dem Gleichnis folgt unmittelbar »a careful definition of the relation of the Son to the Father, and of the functions of the Son as Saviour and Judge, which is regulative for the whole theology of the gospel«, S. 31.

Analyse sucht hinter die Texte der beiden Gleichnisse mit ihren je eigenen Pointen zu gelangen[17]. Doch auch er unterstreicht, daß »the two are
skilfully woven together and run on without even a break in the sen-
tence, and until we analyse them we are scarcely aware of the contrasting
situations«.

Der Evangelist hat das Gleichnis zweifelsohne als Einheit aufgefaßt
(vgl. V 6). A. J. Simonis behauptet, daß die Pluralform (τίνα) in 10.6
mehrere Pointen in diesem Gleichnis erkennen läßt. »Hier werden mehrere Dinge innerhalb einer einzigen Paroimia ausgesagt.«[18] Dies ist jedoch kein besonders starkes Argument, denn p[66] liest stattdessen hier τι.

Zum Vergleich läßt sich anführen, daß die Pluralform ταῦτα oft in
entsprechenden P-Sätzen zusammenfassend gebraucht wird.

Kommt der Terminus παροιμία vor, muß das nicht bedeuten, daß das
Gleichnis als »Rätselrede« verstanden werden muß, d. h. als Rede, in der
Dinge gesagt werden, die nicht für jedermann gedacht sind. Das Wort
verleiht dem Satz in 10.6 kaum eine andere Bedeutung, als wenn statt
dessen παραβολή gestanden hätte. Zweifellos sind παροιμία in Joh
16.25 (vgl. auch 16.29) und παρρησία einander gegenüber gestellt, aber
dieser Gegensatz »Rätselrede« — »verständliche Rede« ist, wie aus
Kap. 16 deutlich wird, mit einem offenbarungsgeschichtlichen Zeit-
aspekt verflochten: »Dies habe ich in Bildreden zu euch gesprochen. Die
Stunde kommt, da ich nicht mehr in Bildreden zu euch sprechen, sondern euch frei heraus über den Vater Kunde geben werde« (16.25). Pau-
lus drückt sich ähnlich aus: »Denn wir sehen jetzt (nur wie) mittels eines
Spiegels in rätselhafter Gestalt, dann aber von Angesicht zu Angesicht«
(I Kor 13.12). Außerdem weist παροιμία in 16.25 nicht besonders auf
das Gleichnis 16.21 f. zurück, sondern charakterisiert Jesu gesamte Verkündigung bis zur Passion[19]. Bis zu dem Zeitpunkt hat Jesus ἐν παρ-
οιμίαις gesprochen. An und für sich hat Jesus alles offen dargelegt und

---

[17] J. A. T. ROBINSON, Op. cit. 235: »Confining ourselves now to vv. 1–5, we may detect
signs of a suture in v. 3 after the words τούτῳ ὁ θυρωρὸς ἀνοίγει. in 1–3a the parable is con-
serned with two figures who seek to enter a sheep-fold, a bandit and the shepherd himself,
and it is to the latter that the porter opens. In 3b–5 we have a different point, concerning the
difference in relationship of the sheep to a stranger and to their own shepherd; and here the
picture is of the shepherd driving and leading his sheep *out*, presumably to pasture. It looks
as if we have here an instance of the fusion of two parables, such as Jeremias finds in the Syn-
optists.«

[18] A. J. SIMONIS, Op. cit. 82.

[19] Vgl. I. DE LA POTTERIE, Le Bon Pasteur, in: Studi in onore del Card. Alfredo Ottaviani,
Populus Dei II, Communio 11, Rom 1966, S. 942, der behauptet: Das ταῦτα von v. 25 kann
man nicht nur auf die dunklen Worte von v. 16 ff. beschränken — geschweige denn auf das
Bild des gebärenden Weibes —, sondern es bezieht sich auf Jesu gesamtes bisheriges Reden,
auch auf die Hirtenrede, namentlich auf die Perikope 10.1–5.

in seiner Verkündigung nichts zurückbehalten, auch seine Predigt in Bildreden kann als offen beschrieben werden (10.24 f.). Aber erst nach Jesu Tod und Auferstehung können seine Worte in richtiger Perspektive gesehen und verstanden werden.

C. H. Dodds Behauptung zum Gebrauch von παροιμία in Kap. 10 scheint weiterhin Bestand zu haben: »That term (παροιμία) is equivalent to the Synoptic παραβολή. They are alternative renderings of Hebrew משל Aramaic מתלה and we have here, not a distinction of *genres*, but one more indication that John sometimes reaches back the primitive Aramaic tradition by way of a different Greek translation.«[20]

10.6 heißt es, das Gleichnis wird nicht verstanden. U. E. ist diese Bemerkung mit ähnlichen wie 2.21 f. oder 12.16 zu vergleichen. Letztere liegt am nächsten. Es heißt da: »Dies verstanden seine Jünger zuerst nicht; aber als Jesus verherrlicht war; da erinnerten sie sich, daß dies über ihn geschrieben stand und daß man ihm dies getan hatte.«

In 12.16 kommt deutlich zum Ausdruck, daß die Jünger die heilsgeschichtliche Reichweite von Jesu Einzug in Jerusalem nicht verstanden. In der Rahmenbemerkung wird gesagt, daß sie sich nach seiner Verherrlichung an dieses Erlebnis erinnerten und begriffen. Obwohl die Bemerkung in 10.6 nur äußerst knapp erwähnt, daß »sie (die Pharisäer) nicht verstanden«, bezieht sich dies auch an dieser Stelle auf den Inhalt der Rede. Ihnen blieb verborgen, was Jesus in dieser Bildrede von sich und seinem Werk offenbarte, oder wie J. de la Potterie schreibt, sie begriffen nicht »la révélation de Jesus«.

Doch können wir ihm nicht folgen, wenn er behauptet: »Attirons encore l'attention sur la différence des verbes utilisés pour rapporter le discours de Jésus: λέγειν et λαλεῖν; ce dernier est un verbe de révélation (cf. par exemple 4.26; 9.29). Le premier membre du verset, où se trouve λέγειν, exprime simplement le fait que Jésus tint ce discours (29); mais pour parler de l'incapacitédes Juifs à comprendre le sens des paroles de Jésus, l'évangéliste utilise les mots οὐκ ἔγνωσαν et λαλεῖν; il s'agit d'une veritable *incomprehension* devant la *revelation* de Jesus.«[21]

Wir meinen, hier wird λαλεῖν überinterpretiert. Es besteht auch kein Grund anzunehmen, daß οὐκ ἔγνωσαν hier etwas anderes bedeutet als in der entsprechenden Funktion in Kap. 12.

---

[20] C. H. Dodd, Historical Tradition in the Fourth Gospel, 1965, S. 382 f. Anders I. de la Potterie, Op. cit. 932: »Dans les LXX, il est vrai, ils traduisent tous deux le même mot hébreu māšāl. Pourtant, παροιμία semble mettre davantage l'accent sur l'idée d'énigme, de secret, de mystère (cf. Sir 39.3; 47.17). C'est parfaitement clair dans S. Jean lui-même . . . La παροιμία n'est pas simplement une parabole; c'est plutôt une parole mystérieuse ou symbole.

[21] Id. 943.

Nehmen wir das Gleichnis als Ganzes, ist der Hirte die zentrale Gestalt, ob es sich nun um ein »reines« Gleichnis, so Robinson und Dodd, oder um eine Allegorie handelt. Im Alten Testament spielt bekanntlich das Hirtenmotiv eine wesentliche Rolle, das Eindringen einer »christologischen« Deutung des Hirten ist daher nicht unwahrscheinlich[22].

Das Gleichnis illustriert die Selbstverständlichkeit, mit der der Hirte, Christus, sein Heilswerk ausführt. Kein anderer kann entsprechende Ansprüche stellen.

Bei Joh folgt nun ein Abschnitt mit verschiedenen Gleichnismotiven. Die folgenden Worte »Ich bin die Tür zu den Schafen«, »Ich bin der gute Hirte« sind allerdings nicht als Auslegungsformeln zu verstehen (dann wäre die Wortstellung anders), sondern als Offenbarungsformeln. Der dem Gleichnis folgende Text steht in deutlicher Beziehung zu ihm und erweist sich gleichzeitig als selbständige Größe innerhalb dieser Beziehung.

8. Die Prophetie des Kaiaphas

Im Laufe unserer bisherigen Untersuchung haben wir bereits darauf hingewiesen, daß die P-Sätze nur in den ersten 12 Kapiteln des Joh Evangeliums vorkommen. In der Passionsgeschichte benutzt der Evangelist keine derartigen Bemerkungen. Dies bedeutet nicht, daß die P-Sätze kein Interesse am Tode Jesu hätten. In den Kapiteln, die den Gesprächen der Jünger (13–17) und der Passionsgeschichte (18 ff.) vorangehen, beschäftigen sie sich gerade mit der Bedeutung seines Todes: 11.51 f.; 12.16; und 12.33.

Die Perikope, die zum P-Satz in 11.51 f. hinführt, zeigt, daß die letzte Phase im Leben Jesu erreicht ist. In seinem Artikel, The Prophecy of Caiaphas, John xi 47–53, beschreibt C. H. Dodd Ort und Bedeutung der Perikope wie folgt: »In xi 47–53 Jesus is devoted to death by the au-

---

[22] Anders R. BULTMANN, Das Evangelium des Johannes, 1964, S. 279. Der Hirt ist seiner Meinung nach nicht messianischer Herrscher: »Alle Züge einer königlichen Gestalt fehlen. Dementsprechend ist seine Herde nicht das Volk Israel, sondern es sind die ›Seinen‹, und jede Analogie zu einem Wort wie Mt 9.36 fehlt. Es fehlt im AT der für das joh. Hirtenbild wesentliche Gedanke: das wechselseitige (durch γινώσκειν bezeichnete) Verhältnis von Hirt und Herde, das durch das Rufen des Hirten und das Hören auf seine Stimme beschrieben wird. Diesen Unterschieden gegenüber besagen die Übereinstimmungen, die sich auf die allgemeinsten Charakteristika des Hirtenamtes beziehen, wenig. Die Tradition des Hirtenbildes wird am deutlichsten in der *mandäischen Literatur* sichtbar, in der sich der Vergleich des Gesandten mit dem Hirten mehrfach findet.« Dazu bemerkt BARNABAS LINDÁRS, The Gospel of John, New Century Bible Commentary, 1982, S. 353 f.: »But in fact it is more likely that the influence is the other way round, and that John has coloured the Mandean texts. The chief model is Ezek 34, in which God himself is the true shepherd.«

thorities of his nation. In xii 1—8 he is anointed for burial. His final
triumph (after death) is symbolized by his acclamation as King of Israel,
which (says the evangelist) was a tribute to his victory over death in the
raising of Lazarus. The short *pericopé*, therefore, with which we are con-
cerned, has profound theological significance. It not only establishes the
fact that Jesus is to die, but it also states the purpose and the effect of his
dying: he dies ›to gather into one the scattered children of God‹. — «[1]

Es wird in unserer Perikope von einer Versammlung des Hohen Rats
berichtet, die kurz nach der Auferweckung des Lazarus stattfand. Keiner
der Synoptiker erwähnt diese Sitzung. Bei Joh markiert sie jedoch, wie
schon gesagt, einen Wendepunkt. 11.53 heißt es: »Von jenem Tage an
beratschlagten sie (die Jerusalemer Autoritäten) nun, ihn zu töten.«

Das Votum des Kaiaphas bildet den Mittelpunkt des Sitzungsberichts.
Die Pharisäer wissen nicht, wie sie sich gegenüber Jesus verhalten sollen.
Er hat viele Zeichen getan, und nicht wenige sehen in ihm den Messias.
Das könnte eine Intervention der Römer nach sich ziehen, die Zerstö-
rung des Tempels[2] und Vernichtung des Volkes. Wie tritt man in solch
einer Situation auf?

Kaiaphas, der Hohepriester, ist sich seiner Sache gewiß und spricht:
»es ist besser für euch, wenn ein Mensch für das Volk stirbt und nicht das
ganze Volk umkommt«. So der Bericht.

Die abschließende Bemerkung[3] macht deutlich, daß alle Aufmerksamkeit von Anfang an auf die Aussage des Hohenpriesters gerichtet war.

---

[1] C. H. DODD, The Prophecy of Caiaphas, John XI 47—53, Neotestamentica et patristica,
Festschr. Oscar Cullmann, Suppl. NovTest 6 (1962), 134—143, besonders S. 134.

[2] Ob mit τὸν τόπον der Tempel oder Jerusalem gemeint ist, ist unsicher. Nach dem Verständnis der meisten Forscher ist an den Tempel gedacht. Vgl. S. PANCARO, Suppl. NovTest
42 (1975), 118: »τόπος, especially used as it is in conjunction with ἔθνος, almost certainly de-
signates the Temple, rather than Jerusalem. Cf. Jn 4.20; Mt 24.15; Act 6.13,14; 7.7; 21.28;
2 Macc 5.19 (ἔθνος . . . τόπος). Most of the commentators incline towards this sense (Bernard, Bultmann, Barrett, Hoskyns, Lagrange, Lightfoot, Brown). The Temple also suite the
theological import of the pericope much better.«

[3] Die Aussage »das geschah, weil Kaiaphas jenes Jahres Hoherpriester war, weissagte er«,
ist religionsgeschichtlich interessant. In unserem Kapitel über Josephus haben wir Beispiele
angeführt, die zeigen, daß Josephus als Historiker deutlich zu erkennen gibt, daß Weissagungen von Daniel und Jesaia erst viele Jahre später eintrafen. Auch Kyros hatte erkannt, daß er
den Tempel zu Jerusalem wiederaufbauen sollte. Diese Erkenntnis wurde ihm zuteil, weil er
den Propheten Jesaia gelesen hatte. Zu Johannes Hyrkanus (135—104 v. Chr.), der sich in das
königliche, priesterliche und prophetische Amt vereinigte (Ant XIII. 299) äußert Jōsephus,
daß das, was er offenbarte, eintraf (Ant XIII. 282 f.). SCHNACKENBURG weist in seinem Kommentar zur Stelle auf religionsgeschichtliches Vergleichsmaterial und Untersuchungen hin. Er
schreibt: »Ein wirklicher Nachweis, daß man dem Hohenpriester die prophetische Gabe ex
officio zuschrieb, ist bisher nicht erbracht.« Anders R. E. BROWN in seinem Kommentar zur
Stelle: »The principle of unconscious prophecy was accepted in Judaism (examples in StB, II,
p. 546). In particular, the gift of prophecy was associated with the high priesthood. There-

Nach C. H. Dodd stammt diese Erzählung aus der Tradition. Der
Evangelist übernahm sie und zeichnete sie auf. »It would be a reasonable
hypothesis that he is here incorporating a piece of tradition more or less
as it reached him«, schreibt C. H. Dodd, und fährt mit folgender Beschreibung fort: »It opens with a concise setting of the scene (συνήγαγον
οὖν οἱ ἀρχιερεῖς καὶ οἱ φαρισαῖοι συνέδριον). A brief dialogue follows
(47–49), and this leads up to a pregnant saying (50), to which is annexed
an interpretive comment (51) –«[4] – Nach Dodd hat auch der erste Teil
des P-Satzes Eingang in das Evangelium gefunden ohne Eingriffe des
Evangelisten in die Satzform[5]. Dodd charakterisiert die Erzählung als
»pronouncement-story«, zum Vergleich weist er auf verschiedene Stellen bei Mk und Lk hin (Mk 2.15–17,18–20,24–28; 3.31–35; 9.33–35;
10.13–16; 12.13–17; Lk 13.31–33). Wir können hier hinzufügen, daß er
sein Vergleichsmaterial aus den Synoptikern trotzdem nicht für sonder-
lich interessant hält, weil die Synopse keine »pronouncement story in
which a speaker other than Jesus utters the pronouncement for the sake
of which the story is told«, bietet.

In Joh hat Dodd ebenfalls versucht, Erzählungen zu finden, die ähnlich
wie die vorliegende gebaut sind. Er könnte eine bessere Wahl getroffen
haben. Er beschäftigt sich besonders mit der Perikope in 3.25–30 und
beschreibt sie wie folgt: »The scene is concisely laid: ἐγένετο ζήτησις
κ.τ.λ. A brief dialogue follows, leading up to a parable (29) which is interpreted in a pregnant saying, ἐκεῖνον δεῖ αὐξάνειν, ἐμὲ δὲ ἐλαττοῦ-
σθαι« (30). Dodd ist jedoch wenig zufrieden mit diesem Bericht als Pa-

---

fore, John's outlook on the powers of Caiaphas was very much at home in 1st-century Judaism« – Es sollte doch möglich sein, auf diesem Gebiet tiefere geschichtliche Einsicht und
Sicherheit zu erreichen.

[4] 11.32 wird als Erweiterung der Randbemerkung verstanden. Nach Dodd hat der Evangelist nur mit dieser »Erweiterung« beigetragen. C. H. DODD, Op. cit. 135: »The words in
which this idea is expressed, ἵνα καὶ τὰ τέκνα τοῦ θεοῦ . . . συναγάγῃ εἰς ἕν (52), are introduced as a corollary to a proposition which is very far from suggesting any such idea: ἔμελλεν
Ἰησοῦς ἀποθνῄσκειν ὑπὲρ τοῦ ἔθνους (51). The transitional phrase, οὐχ ὑπὲρ τοῦ ἔθνους
μόνον, is palpably designed to give the desired turn – a quite arbitrary turn – to a maxim
which is not itself congenial to this evangelist. It is therefore improbable in the extreme that
the composition of the *pericopé* is the original work of the writer who added the corollary (the
writer whose theology dominates the whole work). He must be supposed to have received,
from some source or other, the account of the prophecy of Caiaphas, and to have turned it
adroitly to account by the introduction of the words of verse 52.«

[5] Nach DODD, Op. cit. 140–141, läßt sich dieser Textteil traditionsgeschichtlich auf frühes
palästinensisches Christentum zurückführen: »Behind all this we seem to discern an early Pa-
lestinian Jewish Christianity still within the body of the Jewish nation, and sharing in general
its beliefs and religious attitudes, including the *mystique* of the Jerusalem priesthood and
temple, which in the main line of Christian thought faded rapidly before the concept of the
spiritual temple and the high priesthood of Christ.«

rallele und schließt: »We are still very far from a real parallel to xi 47—52, where the pregnant saying to which the dialogue leads up is assigned to an enemy of Jesus, and yet is accepted as an important doctrinal pronouncement, and accepted not only by the evangelist (in an arbitrary sense), but also, it appears, already in the story as it reached him.«[6]

Man kann sich fragen, warum Dodd, der sich so ausführlich mit der Bemerkung in 11.51 f. und ihrem Platz innerhalb der formalen Struktur beschäftigt, diese Stelle nicht mit Texten vergleicht, in denen entsprechende Bemerkungen vorkommen. Dodds Texte markieren den Schluß der Berichte mit einem sogenannten »pregnant saying«. Keiner weist als Endglied eine angehängte Bemerkung auf. Wir meinen, eine Stelle wie Joh 1.19—28 eignet sich besser für Vergleiche mit Joh 11.47—52 als die von C. H. Dodd herangezogenen Stellen.

Selbst wenn wir nur kurz diese Perikope 1.19—28 aufgreifen, ist es doch berechtigt, sie so zu strukturieren, wie C. H. Dodd es für 11.47 ff. getan hat:

a) Szenenangabe: Priester und Leviten kommen dahin, wo Johannes tauft, und wollen Auskunft über seine Person.
b) Dialog: Vgl. 1:20—25.
c) Hinführung zum Kernwort (pregnant saying): Vgl. Das Täuferzeugnis über Jesus: »Ich taufe mit Wasser. Aber mitten unter euch steht einer, den ihr nicht kennt . . .« (1.26—27).
d) Kommentar: Dies geschah in Bethanien, jenseits des Jordan . . . (1.28).

Diese Struktur verleiht dem Zeugnis des Täufers ein besonderes Gewicht, was sachlich durchaus berechtigt ist.

Beide Perikopen tragen offizielles Gepräge. In Joh 1.19 ff. tritt eine Abordnung bestehend aus Priestern und Leviten auf und trägt im Namen der Jerusalemer Autoritäten ihre Frage vor. In Joh 11.47 ff. tritt der Hohe Rat zusammen. Im ersten Fall enden die Verhandlungen zwischen dem Täufer und den Priestern mit der Aussage des Täufers über Jesus. Die zweite Stelle führt hin zur hohenpriesterlichen Weissagung.

Inhaltlich weichen diese beiden abschließenden Bemerkungen zu den geschichtlichen Ereignissen voneinander ab, Joh 1.28 stellt kurz fest, wo sich das Geschehene abspielte, ohne irgendeinen Kommentar über die Wahrheit der Täuferaussage oder eine Erklärung, was gemeint ist. Joh 11.51 f. wird *expressis verbis* der tiefere Sinn der Worte des Kaiaphas zum Ausdruck gebracht. Es wird erklärt, warum ein Mann wie er sich in dieser Weise zu Jesus äußern konnte.

---

[6] Id. 137.

Im Falle des Täufers ist ein derartiger legitimierender Kommentar
überflüssig, insofern überrascht der sachliche Unterschied zwischen den
beiden Bemerkungen nicht. Wir stellen mit Interesse fest, daß die beiden
in P-Sätzen endenden Perikopen bei Joh hinsichtlich ihrer Struktur einem entsprechenden Muster folgen (vgl. auch 7.37−39 und 8.12−20).

C. H. Dodd gelangt aus literarkritischen Überlegungen zu der Auffassung, der erste Teil der Bemerkung (V 51) stamme aus der Tradition,
nur der zweite (V 52) gehe auf den Evangelisten zurück. Auf diesem
Hintergrund versucht er, das religionsgeschichtliche Milieu der Perikope
wiederzufinden.

Nicht alle Forscher stimmen einer solchen Aufteilung der Bemerkung
zu. Schnackenburg behauptet in seinem Kommentar zur Stelle, daß die
ganze Bemerkung dem Evangelisten zuzuschreiben sei[7].

Severino Pancaros[8] Untersuchung macht diese Auffassung wahrscheinlich.

Pancaro setzt sich eingehend mit dem eigenartigen Wechsel zwischen
den Wörtern ἔθνος und λαός in Joh 11.48−52 auseinander, eine Eigenart, die auch älteren Forschern nicht entgangen ist[9]. Anstatt zu sagen:
συμφέρει ὑμῖν ἵνα εἷς ἄνθρωπος ἀποθάνῃ ὑπὲρ τοῦ λαοῦ καὶ μὴ ὅλος
ὁ λαὸς ἀπόληται, spricht Kaiaphas: συμφέρει . . . ἵνα . . . ἀποθάνῃ
ὑπὲρ τοῦ λαοῦ καὶ μὴ ὅλον τὸ ἔθνος ἀπόληται.

Hinzu kommt, daß der »Evangelist« in seinem redaktionellen Kommentar Kaiaphas falsch zitiert (»misquotes«) und schreibt: ἐπροφήτευ-
σεν ὅτι ἔμελλεν Ἰησοῦς ἀποθνῄσκειν ὑπὲρ τοῦ ἔθνους.

Kaiaphas hatte aber συμφέρει . . . ἵνα . . . ἀποθάνῃ ὑπὲρ τοῦ λαοῦ
gesagt. Daraus ergibt sich folgende Frage: »Why does the High Priest
pass from λαός to ἔθνος? Why does John, in quoting the High Priest,
substitute ἔθνος for λαός?«[10] Hier ist nicht der Ort, um ausführlich auf
Pancaro's Argumentation und Behandlung der Probleme einzugehen.
Wir erwähnen nur kurz, daß er damit schließt, die Terminologie im Votum des Kaiaphas erkläre, weshalb der Evangelist es als eine so weitrei-
chende Weissagung auslegen kann wie in der Bemerkung in V 51 und V
52. »If we interpret λαός as ›the new people‹, ›the people of God‹ which
is no longer perfectly identical with the Jewish nation, everything be-

---

[7] R. SCHNACKENBURG, Das Johannesevangelium II, 1971, S. 446 f.: »Möglich wäre es allerdings, daß der vorjoh. Passionsbericht, den der Evangelist wahrscheinlich benutzt hat, schon
mit dem Todesbeschluß des Hohen Rates (V 53) einsetzte und dabei auch den Rat des Hohenpriesters (V 50, vgl. 18.14) erwähnte. Denn der Kommentar des Evangelisten (V 50 f.) setzt
offenbar einen überlieferten Ausspruch voraus.

[8] S. PANCARO, ›People of God‹ in St John's Gospel, NTS 16 (1969−70), 114−129.

[9] Bei PANCARO weitere Literatur zum Thema. Siehe außerdem die Kommentare zur Stelle.

[10] Ibid. 120. Vgl. auch PANCARO, Suppl. NovTest 42 (1975), 123 f.

comes clear. St. John is playing on the word λαός. ›Jesus will die for the λαός‹. Caiaphas meant the Jewish nation, but he said ›the λαός‹. He thus prophesied. Jesus would indeed die for the Jewish nation, but not only for the Jewish nation. His death would have a much broader scope.«[11]

Wie wir sehen, kommt für Pancaro eine Teilung der Bemerkung in eine aus der Tradition stammenden Hälfte und eine aus der Feder des Evangelisten herrührende nicht in Frage.

Die ganze Bemerkung unterstreicht, wie die Aussage des Hohepriesters Kaiaphas *de facto* verstanden werden kann und muß. Die formale Struktur der Bemerkung (vgl. die charakteristische Einleitung mit τοῦτο) weist in dieselbe Richtung.

Ohne weiterhin auf Details einzugehen, ist es im vorliegenden Zusammenhang wichtig festzustellen, daß der P-Satz auch hier eine klar umrissene Szene abschließt und kommentiert, das Zusammentreten des Synedriums, ein sowohl geschichtlich wie theologisch bedeutungsvolles Ereignis.

9. Jesu Einzug in Jerusalem

Die Perikope, die mit »Jesu Einzug in Jerusalem« überschrieben ist, Joh 12.12–16, ist in der Kommentarliteratur ausführlich diskutiert. Neue Gesichtspunkte einzuführen, die das entstandene Bild wesentlich ändern, stellt keine leichte Aufgabe dar. Nach C. H. Dodd baut der 4. Evangelist seine Darstellung der Geschehnisse auf Paralleltraditionen zu den Synoptikern auf. »But at least we can say this«, schließt Dodd, »that we get not the slightest help towards explaining the Johannine setting of the incident from a comparison with Mark, and that there is so far nothing to suggest dependence on him«[1]. R. E. Brown äußert sich etwas zurückhaltender, aber auch er behauptet, »that John is giving us a theological adaption of a tradition similar to that of the Synoptics, but not the same«[2]. Zweifellos hat Joh diesen wichtigen, zur Passionsgeschichte überleitenden Bericht anders aufgefaßt als die Synoptiker, trotz der gemeinsamen Züge, die nicht unterschlagen werden sollen.

Wir beschäftigen uns nicht mit den zugrundeliegenden Traditionen,

---

[11] Id. NTS 16 (1969–70), 121 f. Vgl. auch B. Olsson, Structure and Meaning in the Fourth Gospel, 1974, S. 244 ff.

[1] C. H. Dodd, Historical Tradition in the Fourth Gospel. 1965, S. 154.

[2] R. E. Brown, The Gospel according to John, S. 461. Brown setzt sich mit dem Verhältnis zwischen Joh und den Synoptikern auseinander. Er weist die Auffassung Freed's zurück, der behauptet, der Unterschied zwischen Joh und den übrigen Evangelisten »can be explained in terms of adaption to John's theology«. Vgl. E. D. Freed, The Entry into Jerusalem in the Gospel of John, JBL 80 (1961), 329–38, besonders S. 337–338.

wir rekonstruieren auch nicht den historischen Ablauf auf der Grundlage
des gesamten Quellenmaterials der Evangelisten, sondern wir interessieren uns für das Ereignis bei Joh und die Bedeutung, die er ihm beimißt.

Im P-Satz, der den Bericht abschließt, heißt es: »Dies verstanden seine
Jünger zuerst nicht; aber als Jesus verherrlicht war, da erinnerten sie sich,
daß dies über ihn geschrieben stand und daß man ihm dies getan hatte«.

Was haben die Jünger hier erst sehr viel später verstanden? R. Bultmann bietet eine einfache und u. E. zu einfache Antwort. Er nimmt eine
literarkritische Einteilung der Perikope vor, verbindet die Bemerkung in
12.16 mit dem letzten Teil (12.14–15) und behauptet, daß die spätere
Einsicht der Jünger als »die Einsicht in diese Tatsache, daß sich in Jesu
Einzug die Sacharja-Weissagung erfüllte«, definiert werden kann[3].

Hätten wir die Darstellung des Matthäus vor uns, wäre diese Auslegung, die einseitig auf die Erfüllung der Schrift abzielt, durchaus haltbar,
sie kann aber nicht so ohne weiteres für Joh geltend gemacht werden, er
erwähnt nicht, daß Jesus auf diese Weise das Wort der Schrift »erfüllte«.
Außerdem würde diese Auslegung eine Einengung der tatsächlichen
Reichweite der abschließenden Rahmenbemerkung bedeuten (vgl.
12.16 b) und die wahrscheinliche Möglichkeit verringern, daß der Offen-
barungsinhalt des ganzen Geschehens (12.12–15), der später in einem
anderen Licht erschien, von den Jüngern in der Perspektive aufgefaßt
werden konnte, die der Evangelist selbst anlegt.

Bultmanns literarkritische Einteilung hängt offensichtlich mit der
Zweiteilung der Perikope zusammen. Unserer Auffassung nach müßten
diese beiden Abschnitte als aufeinander bezogen ausgelegt werden. Barrett, Brown und andere verstehen den zweiten Abschnitt auf dem Hintergrund des ersten. Wir schließen uns dieser Auffassung an. Beide pro-

---

[3] R. Bultmann, Das Evangelium des Johannes, 1964, S. 320. Bultmann legt in seinem
Kommentar sehr interessante literarkritische Überlegungen vor. Er hebt eindeutig die »in-
nere« Verwandtschaft der (von uns genannten) P-Sätze bei Joh hervor. Er kann sich einen
kirchlichen Redaktor vorstellen, der aus der Synopse die Verse 12.14–15 eingeführt hat.
Trotzdem argumentiert er für eine frühere Einfügung der Verse, seitens des Evangelisten, aus
Rücksicht auf 12.16: »Fraglich ist, wem V. 14f. zuzuschreiben ist. Standen diese Verse in der
Quelle, so waren sie schon in dieser ein sekundärer Zusatz, der den Bericht nach den Synoptikern ergänzte, wie der Nachtragscharakter verrät. Aber auch der Evglist könnte die Ergänzung vorgenommen haben, um den Gedanken von V. 16 – denn dieser Vers ist ihm zuzuschreiben – zum Ausdruck zu bringen.« Das Argument erscheint in einer Fußnote (4):
»Wollte man annehmen, daß V. 14f. als Ergänzung nach den Synoptikern von der kirchlichen
Redaktion stammt, so würde dieser auch V. 16 angehören. Dann wäre die Folge, daß man
auch 2,17.22 dieser Redaktion zuschreiben müßte und ebenso, was weniger bedenklich wäre,
7,39 b.«
Vgl. Dwight Moody Smith, The Composition and Order of the Fourth Gospel, Bultmann's Literary Theory, Yale Publications in Religion 10 (1965), 215–223. Frans Neirynck,
John and the Synoptics, BETL 44 (1977), 90 ff.

klamieren, wenn auch sehr unterschiedlich, wer dieser Jesus ist, der nach Jerusalem einzieht. Der erste Abschnitt erzählt, daß die Juden (Jerusalemer Juden und auswärtige Pilger) aus der Stadt herauskommen, um Jesus zu empfangen und mit dem alten Ruf »Hosianna! Gepriesen sei, der da kommt im Namen des Herrn, der König Israels«, zu huldigen. Die Huldigung ist als nationale Messiasehrung zu verstehen, was aus dem Inhalt des Huldigungsrufes hervorgeht (ὁ βασιλεὺς τοῦ Ἰσραήλ) und aus der Tatsache, daß Juden ihn ausrufen. Juden, die durch Jesu Zeichen an Lazarus in Bewegung geraten sind, ziehen in Scharen aus der Stadt und empfangen Jesus als Israels König.

Der zweite Abschnitt der Perikope muß als Jesu Reaktion auf diese Huldigung begriffen werden[4]. Er antwortet, indem er sich auf einen Esel setzt. Mehr wird nicht berichtet. Keine weiteren Momente werden erwähnt, weder der Einzug in Jerusalem noch die Vertreibung der Händler aus dem Tempel. Der Evangelist bringt nur diese äußerst knappe Formulierung, die im griechischen Original noch kürzer ausfällt: εὑρὼν δὲ ὁ Ἰησοῦς ὀνάριον ἐκάθισεν ἐπ' αὐτό.

Daß Jesus sich auf dem Weg nach Jerusalem befindet, kommt im folgenden nur indirekt durch das Schriftzitat zum Ausdruck: »Tochter Zion, siehe dein König kommt zu dir«. Dieser knappe Ausdruck zeichnet das Bild Jesu auf einem Esel besonders scharf. Überlegungen, ob εὑρὼν ausdrückt, Jesus habe das Tier durch Zufall[5] gefunden oder nicht, sind hier offensichtlich unangebracht. Sie verdunkeln nur das Bild und den Eindruck, den Jesus hinterläßt. R. E. Brown hebt mit Recht hervor, daß »mounting the donkey was a prophetic action«[6]. Als solche erinnert sie an die bildlichen Darstellungen der Gerichtspropheten. Sie verkündigen oft ihre Botschaft von Gottes Gerechtigkeit und Gericht mit Hilfe symbolischer Handlungen. Vgl. z. B. Jeremia, der sich ein Joch auf die Schultern legte (Jer 29.1 ff.).

Reitet Jesus auf einem Esel, ist das bei Joh, so Brown, nicht »an action designed to stress humility«, denn »John omits the line of Zechariah cited by Matthew, namely ›humble and riding on a donkey‹«. Hier wird auch kein »nationalistisches Königsportrait« gezeichnet, Jesus läßt mit dieser Handlung alle sehen und verstehen, daß er »the manifestation of the Lord their God who has come into their midst (Zeph iii 17) to gather

---

[4] R. E. BROWN, Op. cit. 462: »Only after the crowd has thus expressed its nationalistic conceptions does Jesus get the donkey and sit upon it. The adversative conjunction that begins 12.14 suggests that this is in reaction to the enthusiastic greeting.« Vgl. ebenfalls andere Kommentare zur Stelle, z. B. J. N. SANDERS and B. A. MASTIN, A Commentary on the Gospel according to St John, Black's New Testament Commentaries, 1968, S. 288.

[5] R. BULTMANN, Op. cit. 320.

[6] R. E. BROWN, Op. cit. 462.

the outcast« ist. Brown verweist auf mehrere alttestamentliche und johanneische Stellen, um seine Auffassung zu unterstützen, u. a. zieht er
eine rückläufige Linie nach Joh 11,52, wo »John interpreted Caiaphas'
unconscious prophecy to mean that Jesus would save not only Israel, but
the Gentiles as well«.

Wir greifen hier den Schrifthinweis auf: Joh 12.12−15 unterscheidet
sich von anderen, ähnlichen Perikopen durch lange Zitate aus dem Alten
Testament. In mehreren von uns behandelten Perikopen ist der alttesta-
mentliche Hintergrund zu spüren, aber weniger auffallend. An unserer
Textstelle bilden die Bibelzitate den Abschluß des ersten und zweiten
Teils.

Man beachte, daß diese nicht als »Reflexionszitate« eingeführt werden, sondern sich organisch in den Bericht einfügen. Bei Mt verhält es
sich in diesem Punkt anders. Bei ihm kommt das Wort der Tochter Zion
als »Reflexionszitat« vor, es steht also nicht im Bericht, sondern in der
Randbemerkung zu ihm. »Dies geschah aber, damit erfüllet würde, was
durch den Propheten geredet worden ist, welcher spricht: Saget der
Tochter Zion: Siehe, dein König kommt zu dir . . .« (Mt 21.4 f.). Zum
Vergleich sei darauf hingewiesen, daß sich die Randbemerkung bei Joh
damit beschäftigt, was die Jünger verstanden oder nicht verstanden
haben.

Hierin liegt ein beachtenswerter Unterschied zwischen Mt und Joh:
Mt sieht das Ereignis im Licht der Schrift und begreift es als Erfüllung
prophetischer Weissagung. Für Joh liegt der Schlüssel zum Verständnis
dessen, was Jesus getan hat, nicht in der Vergangenheit, sondern in der
Zukunft. Noch hat die Verherrlichung nicht stattgefunden, und erst von
dieser Verherrlichung und Erhöhung her konnten die offenbarungsgeschichtlichen Dimensionen des Ereignisses klar zutage treten. Erst nach
der Verherrlichung begreifen die Jünger, woran sie teilgenommen haben. Dadurch erhält das Schriftzitat aus Sacharja bei Joh eine andere
Funktion als bei Mt. Es wird zu einem Element in dem offenbarungsgeschichtlichen Bild, das sich hier abzeichnet. Dieser Jesus, der auf einem
Esel reitet, ist der König Zions, von dem die Propheten gesprochen
haben[7].

---

[7] GEORGE M. SOARES PRABHU, The Formula Quotations in the Infancy Narrative of
Matthew, Analecta Biblica 63, 1976, S. 136 f.: »Jn joins Mt in explicitly quoting Zech 9.9 in
his own sharply abbreviated form (12,15), but his narrative is very different from that of the
Synoptics. The finding of the colt, which plays so large a part in Mk and Lk, is dismissed by
Jn in the bare statement that ›finding a young ass, Jesus sat upon it‹ (12.14), and this is men-
tioned *after* the acclamation of the crowd (12.12 f.), not as in the Synoptics, before and occa-
sioning it. The crowd too does not (as in the Synoptics) accompany Jesus into Jerusalem, but
prompted by the knowledge of the great miracle he has wrought (12.18), comes *from* the city
to receive him. Mk describes an escort, Jn, says Dodd, a reception party.«

Der Evangelist[8] interessiert sich für das Verhältnis der Jünger zu diesem Geschehen und bemerkt, daß sie, um zu verstehen, der vollen Perspektive bedurften. Eine derartige Bemerkung kann deshalb nicht als zufällige »Fußnote« betrachtet werden. Sie verrät sowohl geschichtliches Interesse wie auch theologisches Engagement. Vgl. 2.11; 2.21 f. und 7.39.

In diesem Teil der Arbeit haben wir die verschiedenen Perikopen der Reihe nach untersucht und dabei der Abgrenzung der Textabschnitte große Bedeutung beigemessen. Im vorliegenden Fall bereitet die Einteilungsfrage keine Probleme. Wie in mehreren der anderen Perikopen enthält der einleitende Vers auch diesmal eine eindeutige Orts- und Zeitangabe (12.12). Bis zu 12.16 haben wir die Perikope als Einheit bestimmt. 12.17 ff. enthalten kommentierende Momente.

Auch der vorliegende Abschnitt ist kontextuell eingebunden. Er erscheint in einem Textteil, der von langen, ausführlichen Berichten über die Auferweckung des Lazarus beherrscht wird. Sein Name wird in Vv 12 und 17 erwähnt. Jesus hat an ihm seine Macht über den Tod erwiesen, was wesentlich ist für das Verständnis unserer Perikope. Wieder steht Jesus im Mittelpunkt. Er, der Lazarus von den Toten auferweckt hat, reitet auf einem Esel und »spricht« auf diese Weise zu denen, die ihm huldigen.

10. Jesus spricht von seinem Tod

In Joh 12.33 erscheint ein P-Satz, dessen Funktionsbestimmung Schwierigkeiten macht. An sich ist dieser Satz eindeutig: »Dies sagte er aber, um anzudeuten, welches Todes er sterben würde.« Worauf der Satz sich bezieht, ist ebenfalls klar. Aber soll er nur als erklärende Bemerkung zum vorhergehenden Vers aufgefaßt werden, wo es heißt: »Und wenn ich von der Erde erhöht bin, werde ich alle zu mir ziehen«, oder handelt es sich bei dieser Bemerkung um einen Kommentar des Evangelisten zu einem längeren Textabschnitt und weiterem Sinnzusammenhang als dem eben erwähnten?

Die Beantwortung dieser Frage hängt mit der Einschätzung und Einteilung des Textes zusammen, in dem der P-Satz vorkommt. Ein Blick auf die neuesten Kommentare und Artikel zu diesem Text zeigt, daß viele sehr unterschiedliche Meinungen vertreten werden.

---

[8] Id. 138: »He (the evangelist) gives it a significant setting, placing it between the Anointing at Bethany (12.1—11), a symbolic anticipation of Jesus' own death and burial, on the one hand; and the Visit of the Greeks (12.20—36), a prevision of the universality of his triumph once he has been ›lifted up from the earth‹ (12.32), on the other.«

Die einfachste Einteilung findet sich bei R. E. Brown. Er behandelt
12.9—19 unter der Überschrift: »Scenes Preparatory to Passover and
Death: — The Entry into Jerusalem« und 12.20—36 als weiteren Abschnitt, überschrieben: »Scenes Preparatory to Passover and Death: —
The Coming of the Hour.« In seiner Übersetzung bringt er V 33 in
Klammern an. Sein Kommentar zeigt, daß er diesen Vers als Einschub
betrachtet, ihm wenig Aufmerksamkeit schenkt und kaum kompositorische Bedeutung zumißt[1].

Bei Schnackenburg ist es auch nicht anders. Er teilt den Text in mehr
Abschnitte ein als Brown. 12.20—28 behandelt er unter der Überschrift:
»Jesus und die Griechen: Tod und Verherrlichung.« Dann folgt: »Gespräch mit dem Volk. Letzter Glaubensappell« (12.29—36). Wir heben
aber ausdrücklich hervor, daß er nur aus praktischen Gründen die Einteilung so vornimmt. »Nur aus Gründen der Übersicht behandeln wir V
20—28 und 29—36 gesondert«, bemerkt er. Auch er ist der Meinung, daß
12.20—36 »eine kompositorische Einheit« darstellt[2].

Charakteristisch für diesen Forscher ist, daß er 12.33 weder in Klammern anbringt, noch darauf verzichtet, ihn zu kommentieren. Im Gegenteil, er verweilt bei diesem Vers in seiner Zusammenfassung der Gedanken des Evangelisten über den Kreuzestod[3].

R. Bultmann behandelt in seinem Kommentar ausführlich die möglichen Problemlösungen, die mit der Einteilung des Stoffes in Kap. 12 verbunden sind. Er, der sonst literarkritisch so radikal vorgeht, zieht es in
diesem Fall vor, 12.20—33 als eine Einheit zu betrachten. Er überschreibt
den Abschnitt: »Der Zugang zu Jesus«.

Seine Einteilung begründet er wie folgt: »Sehr schwierig ist es, zu einem sicheren Urteil über 12.20—33 zu gelangen; die Aporien des Textes,
die sich freilich z. T. durch die Einsicht in die Kompositionstechnik des
Evglisten lösen, haben gerade hier vielfach zu kritischen Eingriffen geführt. Zwar scheint mir, daß 12.23—33 als Einheit verständlich ist. Ein
Text aus den ›Offenbarungsreden‹ liegt zugrunde, zu dem die Verse
23.27 f., 31 f. gehören. Der Evglist hat ihn V 24—26 durch eigenartig re-
digiertes Material aus der synoptischen Tradition ergänzt; er hat ferner
nach seiner Art die Jesus-Rede V 29 f. durch einen kurzen Dialog unterbrochen und V 33 ein Interpretament hinzugefügt.«

---

[1] R. E. BROWN, The Gospel according to John, 1975, S. 455—480.
[2] R. SCHNACKENBURG, Das Johannesevangelium II, 1971, S. 477: »So bildet der Abschnitt
eine kompositorische Einheit; nur aus Gründen der Übersicht behandeln wir V 20—28 und V
29—36 gesondert«. Vgl. auch ERNST HAENCHEN, Das Johannesevangelium, Ein Kommentar
aus den nachgelassenen Manuskripten, hrsg. Ulrich Busse, 1980, besonders den Abschnitt:
»Die Griechen und Jesu Rede über die Stunde der Verherrlichung (12.20—36)« S. 444.
[3] R. SCHNACKENBURG, Op. cit. 494.

V 33 bildet also für Bultmann den Abschluß einer Perikope, die Stoff aus unterschiedlichen Quellen verarbeitet, kompositionsmäßig aber trotzdem vom Evangelisten geprägt ist. Trotz seiner Unsicherheit, inwieweit die Griechen-Verse (12.20—22) hierhergehören, behält er sie bei als Einleitung zu der Rede Jesu[4].

V 33 wird als »der Schluß des vorangegangenen Komplexes« und als »Anmerkung des Evglisten« charakterisiert, und es wird auf andere, entsprechende Rahmenbemerkungen hingewiesen[5].

V 34—36 bringt Bultmann aus literarkritischen Gründen hinter 8.21—29 an, wo sie seiner Meinung nach (im Rahmen der Lichtrede) hingehören.

C. H. Dodd hat sich ebenfalls in mehreren Zusammenhängen mit Kapitel 12 befaßt und sich mit der Frage der Traditionsgrundlage des Textes auseinandergesetzt[6]. Wie Bultmann behauptet er, daß die Bemerkung in 12.33 dem Evangelisten zuzuschreiben ist. »This note is commonly attributed to a ›redactor‹«, heißt es bei ihm. Die Bemerkung bringt eine korrekte Erläuterung zu V 32, und es ist daher überflüssig »to attribute to a redactor an explanation which clinches the argument implicit in the whole train of thought«[7].

Xavier Léon-Defour nähert sich unserem Text von einem anderen Blickwinkel her als die oben erwähnten Kommentatoren. Seine Beobachtungen beanspruchen im vorliegenden Zusammenhang unser Interesse.

Léon-Defour untersucht der Chiasmen im vierten Evangelium und sucht diese Struktur für die Perikope 12.23—32 nachzuweisen[8]. Seiner Auffassung nach lassen sich solche Chiasmen nicht nur hier nachweisen, sondern auch in anderen Texten. Der vorliegende ist jedoch der erste,

---

[4] R. BULTMANN, Das Evangelium des Johannes, 1964, S. 321: »Die durch Philippus und Andreas umständlich an Jesus übermittelte Bitte der Ἕλληνες, zu Jesus geführt zu werden, bleibt ohne Antwort. Die Ἕλληνες sind sofort von der Szene verschwunden, und schwerlich wird man das als Analogie zu dem Verschwinden des Nikodemus in Kap. 3 ansehen dürfen; denn mit diesem hat Jesus doch eine Weile diskutiert. Nun läßt sich freilich Jesu Rede V. 23—33 als eine indirekte Antwort auf jene Bitte verstehen; und man muß also mit der Möglichkeit rechnen, daß der Evglist V. 20—22 — mag er diese Szene selbst geschaffen, oder mag er sie einer Quelle entnommen haben — der Rede V. 23—33 als Einleitung vorausgestellt hat, um dadurch zum Verständnis der Rede anzuleiten.«

[5] Id. 331 und 157. Zur Form der Anmerkung Joh 12.33: BULTMANN verweist von 12.33 auf 6.6. Von dort weiter nach 7.39; 11.51; 12.33 und (21.19).

[6] C. H. DODD, Historical Tradition in the Fourth Gospel, 1965, S. 69ff. und S. 388f. – Zur Frage der Traditionsgrundlage siehe auch: JOHANNES BEUTLER, Psalm 42/43 im Johannesevangelium, NTS 25 (1978), 33—57. EDWIN D. FREED, Psalm 42/43 in John's Gospel, NTS 29 (1982), 62—63.

[7] C. H. DODD, Kommentar zur Stelle.

[8] XAVIER LÉON-DEFOUR, Trois chiasmes Johanniques, NTS 7 (1960—61), 249—255.

den er auf diese Weise analysiert. Wir stellen hier nur sein Paradigma
vor, das alle Verse der Perikope umfaßt — man gewinnt jedenfalls einen
Eindruck seiner Beobachtungen. 12.23—32 bildet für ihn eine Einheit,
V 33 bleibt außerhalb seines besonderen Interesses.

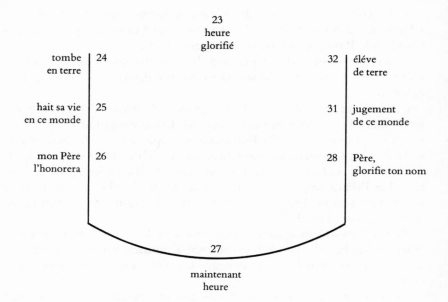

Gibt man 12.20—36 eine zusammenfassende Überschrift — wie
Brown: »The Coming of the Hour« (oder wie Haenchen: »Die Griechen
und Jesu Rede über die Stunde der Verherrlichung«)[9], wird 12.33 leicht
zu einer Parenthese oder zu einem redaktionellen Übergang zum Folgenden[10]. Damit verringert sich u. E. die Bedeutung des Verses, die ihm innerhalb der Perikope zukommt. Wir stimmen hier mit Bultmann überein: Die Perikope endet mit V 33.

    Ganz so weit wie Bultmann wollen wir allerdings nicht gehen, er än-
dert die Position von 34—36 und behauptet, diese Verse gehörten nicht
ins 12. Kapitel. Wir begnügen uns mit der Feststellung, daß mit
12.34—36 eine Akzentverschiebung eintritt: Jesus und die Stunde stehen
nicht länger im Vordergrund, jetzt wird das Volk angesprochen, das das
Gesetz kennt und zu wissen glaubt, der Messias werde nicht sterben,
sondern »ewig leben«. Die deutliche Verbindung dieser Verse mit dem

---

[9] ERNST HAENCHEN, Op. cit. 444.
[10] Id. 448: »Der Vers sieht wie eine Überleitung zu dem folgenden Abschnitt aus.«

Vorhergehenden kann nicht bestritten werden, obwohl ein anderes Thema aufgegriffen wird. Man kann sagen, 12.34—36 verhält sich entsprechend zur Rede Jesu vom Menschensohn und seiner Verherrlichung (12.23—33) wie 6.60—65 zur Rede Jesu vom Himmelsbrot (6.27—59). Die vorhergehenden Reden werden mit P-Sätzen in 12.33 und 6.59 abgeschlossen. Danach ist das Volk nicht länger Adressat der Rede, die trotz Unterbrechungen unermüdlich weitergeführt wird. Jetzt richtet sich die Aufmerksamkeit auf die Situation nach der Rede.

An und für sich schließt sich der P-Satz in 12.33 eng an 12.32 an. Man kann ihn als die Erklärung des Bildes, das Jesus hier gebraucht, verstehen: »Und wenn ich von der Erde erhöht bin, werde ich alle zu mir ziehen. Dies sagte er aber, um anzudeuten, welches Todes er sterben würde«. Die Funktion dieser Bemerkung ist als Auslegung des »erhöht« unzureichend bestimmt. Bereits mit dem Nikodemus-Gespräch wird den Lesern des Joh verdeutlicht, was »Erhöhung« bei Joh bedeutet. Siehe hierzu Haenchen: »Wenn V 33 nur sagen sollte, daß Jesu Erhöhtwerden eben die Kreuzigung meine, so wäre das die nachträgliche Erklärung von etwas, das uns der Evangelist längst vorher angedeutet hat«[11].

Wir wollen noch hervorheben, daß in 12.32 zwei wichtige Gedanken zum Ausdruck kommen. Der Vers spricht von Jesu Tod als einer Erhöhung und gleichzeitig von der Bedeutung dieses Todes für die Welt. Mit der Erhöhungsvorstellung ist der Gedanke des Zusichziehens verbunden. Damit wird deutlich, daß 12.32 die Gedanken enthält, die die wesentliche Komponente der Rede Jesu, eingeleitet mit den Worten »die Stunde ist gekommen, daß der Sohn des Menschen verherrlicht wird«, bilden. Schließt sich 12.33 also an den vorhergehenden Vers (12.32) an, ist die vorliegende Bemerkung mit dem gesamten voranstehenden Redekomplex verbunden. Wir wenden uns nun diesem Verhältnis zu.

Wie bereits erwähnt, wird die Rede mit den sehr scharfen Worten über »die Stunde« (12.23) eingeleitet[12]. Bei Joh ist »die Stunde« ein Begriff, der die Darstellung des Lebens Jesu begleitet. Im Evangelium war schon mehrmals die Rede von der Stunde, aber immer als Hinweis darauf, daß die Stunde noch nicht gekommen sei. 8.20 z. B. erklärt, weshalb niemand gegen Jesus nach seiner provozierenden Rede am Laubhüttenfest vorgeht — weil die Stunde noch nicht da ist. Die Stunde des Messias zu

---

[11] Id. 448.

[12] ANTON DAUER, Die Passionsgeschichte im Johannesevangelium, 1972, S. 237: »Freilich dürfte mit ›Stunde‹ kaum die Passion *allein* gemeint sein, wie sie sich überhaupt nicht punktuell festlegen läßt (sonst könnte ja auch nicht schon vor der eigentlichen Passionserzählung gesagt werden: ›gekommen ist die Stunde etc.‹). Zur Verherrlichung und zu der Stunde, in der diese Verherrlichung geschieht, gehört auch die Auferstehung. Das zeigt sich besonders in den parallelen Aussagen 12.16 und 2.22.«

bestimmen, steht weder den Autoritäten in Jerusalem noch einem Menschen überhaupt zu, nur Jesus selbst: »Ich habe Macht, mein Leben zu geben, und Macht, mein Leben zu nehmen«, spricht Jesus (vgl. 10.18).

»Jetzt (νῦν)«, in Joh 12.23, »ist die Stunde gekommen«. Das wird nicht nur in der Einleitung zur Rede hervorgehoben, sondern auch weiterhin mehrmals unterstrichen, vgl. den häufigen Gebrauch von νῦν: »Jetzt (νῦν) ist meine Seele erregt. Und was soll ich sagen? Vater, rette mich aus dieser Stunde? Doch deshalb bin ich in diese Stunde gekommen (12—27)«. »Jetzt (νῦν) ergeht ein Gericht über diese Welt, jetzt (νῦν) wird der Fürst dieser Welt hinausgeworfen werden« (12.31).

Die Stunde, die jetzt gekommen ist, hat kosmische Dimensionen. Der oben zitierte Vers, der von dem Gericht über diese Welt und den Fürsten dieser Welt spricht, verdeutlicht dies. Die himmlische Stimme, verstanden als Donner und Rede eines Engels, trägt ebenso zur Erweiterung der Perspektive bei. Jesu weitere Rede über seine Verherrlichung und Erhöhung erscheint zwar in johanneischer Terminologie und Theologie, unterstreicht aber auch die Reichweite des Geschehens (12.33.38).

Der Text enthält Aporien (12.23—33), dennoch ist der Abschnitt von auffallender thematischer Konzentration geprägt. Sowohl am Anfang wie auch am Ende wird deutlich hervorgehoben, daß der Menschensohn für diese Welt sterben muß: Im Gleichnis vom Weizenkorn, das in die Erde fällt und stirbt, ehe es Frucht bringt, und in den abschließenden Worten vom erhöhten Menschensohn, der alle zu sich ziehen wird.

Wie das Verhältnis der Rede Jesu zu den voranstehenden Versen aufzufassen ist, darüber herrscht Unsicherheit. Entscheiden wir uns dafür, den Bericht über die Griechen (12.20—22) als selbständige Einheit aufzufassen, die auf bekannten Traditionen ruht, fällt es schwer, die Pointe der Erzählung zu erkennen. Verbinden wir dagegen den Bericht mit der nachfolgenden Rede, entstehen Schwierigkeiten, weil Jesu Rede sich nicht an die Griechen wendet, und wir im weiteren Verlauf nichts mehr von ihnen hören.

Wir verbinden beide Teile miteinander: a) Die Rede Jesu in 12.23—32 läßt sich als selbständige Einheit auffassen. Durch den einleitenden Bericht über die Griechen, die Jesus sehen wollen, wird die Redesituation bestimmt. Wie üblich bei Joh, beginnt sie mit einem konkreten Ausgangspunkt. b) Obwohl kein Dialog zwischen Jesus und den Griechen zustande kommt, ist es vom Thema her verständlich, daß das Erscheinen der Griechen bei Jesus an einem seiner letzten Tage in Jerusalem eine Rede auslöst, deren Kernpunkt der Erhöhte ist, der alle zu sich ziehen wird. c) In 11.45—51 wird ebenfalls im Zusammenhang mit den Ausführungen des Hohenpriesters vor dem Hohen Rat, es sei besser, ein Mensch sterbe für das Volk, unterstrichen, daß Jesu Tod nicht nur dem

Volk gilt, sondern allen, »damit er auch die unter den Völkern zerstreuten Kinder Gottes in Eins zusammenbringe« (11.52).

Unserer Perikope wird im Evangelium großes Gewicht beigelegt, das geht nicht nur aus unseren Ausführungen zum Thema hervor: Jesus wendet sich an alle und spricht offen von seinem Tod. Der Ort der Perikope in Aufbau und Disposition des Evangeliums macht das ebenfalls deutlich. Mit dieser Perikope enden die großen öffentlichen Auftrittsszenen Jesu. Die Leidensgeschichte rückt allmählich stärker ins Bild. Dabei ist zu beachten, daß diese Perikope auch in der Leidensgeschichte referiert wird. Als der Zeitpunkt gekommen war, da die Juden Jesus an Pilatus übergaben, damit er ihn verurteile und hinrichte, geschah das, »damit das Wort Jesu erfüllt würde, das er gesprochen hatte, um anzudeuten, welches Todes er sterben würde« (18.32, vgl. die Formulierung in 12.33).

Wir haben auf die charakteristische Form und den Aufbau der P-Sätze hingewiesen. Die Perikopen, in denen diese Sätze vorkommen, haben wir, eine nach der anderen, betrachtet und die Funktion der Sätze untersucht. Ehe wir unsere Untersuchung fortsetzen, fassen wir unsere bisherigen Ergebnisse zusammen.

V. Teil

Ergebnisse nach Durchgang der Texte

Wir haben oben die These vorgelegt: Die P-Sätze stammen aus ein und derselben Evangeliumsschicht. Man kann sogar sagen, sie gehen auf den Evangelisten selber zurück. Mit dieser Behauptung haben wir selbstverständlich in keiner Weise Stellung zur Verfasserfrage bezogen. Unser Anliegen ist nach wie vor dasselbe: Bei den P-Sätzen handelt es sich nicht um Bemerkungen, die von verschiedenen Redaktoren und Kommentatoren in den Text eingeflochten worden sind, sondern um eigene Beiträge des Verfassers. Die Anbringung der Bemerkungen deutet auf Plan und Ordnung hin.

Beim Durchgang der Texte sind wir auf mehrere Momente gestoßen, die unsere These unterstützen.

1. Perikopenanschluß

Wir haben die eigentümliche Perikopenverbindung unserer P-Sätze beobachtet. Sie unterscheiden sich hinsichtlich ihrer Funktion von anderen Bemerkungen bei Joh (wie auch bei den Synoptikern). Die Fußnoten bei Joh enthalten durchgehend knappe, sachliche Erläuterungen — jüdische Sitten, Personen- und Ortsnamen usw. »Juden verkehren nämlich nicht mit Samaritanern« (4.9); »denn die Juden waren schon übereingekommen, wenn jemand ihn als Christus bekennen würde, sollte er aus der Synagoge ausgestoßen werden« (9.22); »Rabbi, das heißt übersetzt Lehrer« (1.38); »Messias, das ist übersetzt der Gesalbte« (1.41); »Kephas, das heißt übersetzt Fels« (1.42); »Barrabas aber war ein Räuber« (18.40).

Als allgemeines Charakteristikum gilt, daß die P-Sätze nicht mit einem Einzelpassus oder einer Pointe eines Nebenabschnitts verbunden sind, sondern mit dem ganzen Bericht.

In einigen Fällen bereitete die Unebenheit im Stil der Perikope Schwierigkeiten. Literarkritische Probleme haben ihre Auslegung kompliziert. Zu berücksichtigen war, daß Joh auf Quellen und Traditionen zurückgreift, die dem Evangelium zugeflossen sind. Im Täuferzeugnis (1.19–28) haben wir auf V 24 hingewiesen. Lange wurde er als Stein des

Anstoßes empfunden. Man hat sich gefragt, ob die Perikope eigentlich zwei Reden an den Täufer umschließe. – In Verbindung mit dem Weinwunder (2.1–11) haben wir die Frage gestreift, ob die Gespräche der Perikope späterer Zusatz zu einer ursprünglich einfacheren Form sein können. – Wir haben weiterhin auf mehrere Probleme aufmerksam gemacht, die mit der Rede Jesu in der Synagoge über das Himmelsbrot verbunden sind (6.26–59). Mehrere Forscher sehen in der Abendmahlsperikope eine spätere Erweiterung, vielleicht einen kirchlichen Einschlag (vgl. Bultmann). – Jesu Gleichnis vom guten Hirten (10.1–6) erscheint in unserer Überlieferung als zusammenhängende Darstellung. Man hat trotzdem, wie wir gesehen haben, für zwei ursprünglich selbständige Erzählungen plädiert. – Wir haben einen Eindruck der Forschungslage vermittelt, wie sie bezüglich der Abgrenzung der Rede Jesu über seinen Tod (12.20–33) besteht. Die Perikope ist vielschichtig, möglicherweise lassen sich hier mehrere Traditionsstränge nachweisen.

Unsere exegetische Untersuchung hat zu dem bestimmten Eindruck geführt, daß die P-Sätze nicht deshalb Eingang ins Evangelium gefunden haben, weil sie in der Tradition vorgegeben waren, sondern weil sie bewußt mit den Berichten verknüpft wurden, mehr oder weniger in der uns überlieferten neutestamentlichen Form.

2. Die offizielle Prägung der Perikopen

Die Perikopenverbindung an sich ist beachtenswert. Einen Eindruck der Eigenart einer Perikope gewinnt man aus ihrer Präsentation.

Zwar unterscheiden sich die Perikopen sehr voneinander, gemeinsame Züge lassen sich aber doch herausarbeiten. Wir haben mehrmals festgestellt, daß die mit P-Sätzen verbundenen Szenen offizielles Gepräge tragen. Die geschilderten Ereignisse gehen nicht nur den inneren Kreis der Jünger Jesu an, sie richten sich auch an Volk und Obrigkeit, häufig sind es wichtige Ereignisse im Dasein des Volkes. Das gilt von der Täuferperikope. Der Täufer wird von Abgesandten aus Jerusalem verhört. Dasselbe gilt auch für andere Perikopen, die Tempelreinigung, Jesu Auftreten am Laubhüttenfest, das Zusammentreten des Hohen Rats, wo Kaiaphas das Wort ergreift, Jesu Einzug in Jerusalem, Jesu Rede über seinen bevorstehenden Tod (12.20–32). Letztere wird mit dem Wunsch der Griechen, Jesus zu sehen, eingeleitet. Dieses Begehren wird für Jesus ein Zeichen. »The coming of the Greeks, who wish to see Jesus, is the sign that the hour has come for the Son of Man to be glorified (12.20 ff.). His earthly ministry in Israel has come to an end.«

3. Das Unpolemische der Perikopen

Neben der offiziellen Prägung der Perikopen ist uns die durchgehend unpolemische Tendenz dieser offiziellen Perikopen aufgefallen. Sie beschäftigen sich kaum mit der Konfrontation zwischen Jesus und den Juden oder den Pharisäern. Dieses Moment kann zwar angedeutet werden, aber es wird nie zu einem Hauptanliegen in diesen Perikopen. Dies gilt selbst für die polemischen Kapitel 7 und 8. Der Kontext ist polemisch, aber die Polemik gewinnt nie die Oberhand in den Perikopen 7.37—39 und 8.12—20. Im Gegenteil, die beiden Perikopen verweilen bei dem Offenbarungswort Jesu — da, wo Jesus vom Wasser des ewigen Lebens spricht, und da, wo er sich als das Licht der Welt bezeichnet. Die Perikope 8.12—20 enthält zwar einen Dialog, der jedoch dem Selbstzeugnis Jesu untergeordnet ist und der Bestätigung dieses Zeugnisses dient: Jesus ist das Licht der Welt, auch dann, wenn er selbst es bezeugt.

4. Die offenbarungsgeschichtliche Prägung

Der Mangel an Polemik in unseren Perikopen muß im Zusammenhang mit einer auffallenden Eigenschaft gesehen werden — ihrem offenbarungsgeschichtlichen Gepräge. Einerseits werden hier wirkliche, historische Ereignisse dargestellt, die mit bekannten Schauplätzen verbunden sind, andererseits wird etwas mitgeteilt, das weit über das Situationsbedingte hinausweist. Unsere Perikopen tragen konkret historisches und gleichzeitig offenbarungsgeschichtliches Gepräge. Was situationsgebunden ist, wird nicht zugunsten der Offenbarungsworte unterdrückt, ebensowenig wie die Offenbarungsworte auf Kosten des Situationsgebundenen hervorgehoben werden.

In der Kaiaphas-Perikope (11.47—53) tragen beide Momente Gewicht: Einerseits kommt es dem Evangelisten darauf an darzustellen, daß es sich bei der Versammlung des Hohen Rats um einen tatsächlichen Zusammentritt in Jerusalem handelt und daß die Rede des Kaiaphas ein wirklicher Diskussionsbeitrag war, der die Pläne der Mitglieder beeinflußte. Das Wort des Kaiaphas: ». . . es ist besser, einer sterbe für das Volk . . .« steht in einem wichtigen Kontext. Andererseits sind seine Worte so formuliert, daß sie die Bedeutung des Todes Jesu offenbaren.

Dies kann man mit Josephus und dem, was er über das Klagelied des Jeremia zum Tode König Usias schreibt, vergleichen. Dieses Klagelied ist ein Gelegenheitsgedicht, zum Trost des Volkes geschrieben. Josephus weist auf den situationssprengenden Sinn dieser Klage hin. Die Worte des Jeremia und des Kaiaphas beziehen sich auf historische Ereignisse und sind gleichzeitig als prophetische Aussagen erklärt, die die Wahrheit im weiteren Sinne offenbaren.

Dieses realistische Offenbarungsgepräge kennzeichnet mehrere P-Perikopen. Die P-Sätze heben deutlich beide Momente, das realistische und das offenbarungsgeschichtliche hervor, wie sich an vielen Sätzen nachweisen läßt. Wir weisen an dieser Stelle nur auf 2.11 hin, die Bemerkung, daß jenes Zeichen zu Kana in Galiläa geschah und Jesu Herrlichkeit offenbarte.

Wir legen Wert auf die Feststellung, daß die P-Sätze aus derselben Traditionsschicht stammen. Allem Anschein nach hat diese Schicht daran gearbeitet zu verhindern, daß offenbarungsgeschichtlich geprägte Berichte und Formulierungen ihre geschichtliche Verankerung verlieren und nur noch als alleinstehende Wahrheiten überliefert werden. Ein Beispiel für eine derartige Überlieferungsmöglichkeit ist das Thomas-Evangelium.

5. Die Stellung der Perikopen im Evangelium

Wir haben des öfteren erwähnt, daß unsere Perikopen eine besondere Stellung im Aufbau und Kompositionsplan des Evangeliums einnehmen. In erster Linie fällt auf, daß alle P-Sätze innerhalb des ersten, großen Hauptteils des Evangeliums — nach Auffassung vieler Kommentatoren sind dies die ersten 12 Kapitel — vorkommen. Dieser Teil wird mit je einer P-Perikope eingeleitet und abgeschlossen, vgl. 2.19−28 und 12.37−41. Letztere gibt auch inhaltlich den Schluß des Zeichenberichtes zu erkennen. Innerhalb dieses Rahmens tragen die P-Perikopen je auf ihre Weise dazu bei, die einzelnen Teile des Evangeliums miteinander zu verbinden und die Linien des geschichtlichen Verlaufs herauszustellen. Dies läßt sich ohne Schwierigkeiten für 2.1−11 und 2.14−22 nachweisen, die Berichte über Jesu erstes Zeichen und sein programmatisches Handeln im Tempel zu Jerusalem. Deutlich lassen an diesen Stellen die P-Sätze erkennen, daß dem Evangelisten Fortsetzung und Entwicklung des Evangeliums vorschweben. Der Rückverweis in 4.54 auf das Zeichen in Kana macht deutlich, daß das kompositorische Moment nicht außer acht gelassen wurde. 6.59 bringt einen Wendepunkt in Jesu Lebensbericht, der sich mit dem Caesarea-Philippi Geschehen bei den Synoptikern vergleichen läßt. Auf die vorgezogene Stellung der Perikopen 7.37−39 und 8.12−20 im Laubhüttenfest-Text der Kapitel 7 und 8 haben wir bereits hingewiesen. Die Perikopen von der Rede des Kaiaphas vor dem Synedrium (11.47−53), vom Einzug in Jerusalem (12.12−16) und Jesu Rede über seinen Tod (12.20−33) verbinden den ersten Hauptteil des Evangeliums mit dem zweiten, dem Bericht über Jesu Leiden und Sterben. Aus allen diesen Beobachtungen geht hervor, daß die P-Sätze im 4. Evangelium auch eine kompositorische Funktion erfüllen.

6. Das alttestamentliche Element in den P-Perikopen

Abschließend wollen wir noch hervorheben, daß das alttestamentliche Element unseren Perikopen ein besonderes Gepräge verleiht. Mehrere Erzählungen greifen alttestamentliche Motive und Bilder auf (z. B. Hochzeitsmotiv, Hirtenmotiv). In auffallend vielen Fällen wird die Schrift direkt zitiert. Eine Feststellung, die sich nicht nur mit unseren Beobachtungen deckt, sie wird auch durch andere Forschungsergebnisse auf diesem Gebiet bestätigt. Günter Reim gibt in seinem Buch »Studien zum alttestamentlichen Hintergrund des Johannesevangeliums«, 1974, eine übersichtliche Zusammenstellung der johanneischen Hinweise auf das Alte Testament.

Er schreibt in einem einführenden Abschnitt (Welches sind die Zitate bei Johannes?): »Nach einer groben Einteilung betrachte ich solche Stellen als Zitate, die in ihrem unmittelbaren Zusammenhang einen direkten Hinweis auf das AT enthalten. Solche Zitate finden sich in Joh 1.23; 2,17; 6,31; 6,45; 7,38; 7,42; 8,17; 10,34; 12,15; 12,34; 12,38—40; 13,18; 15,25; 17,12; 19,24; 19,28; 19,36; 19,37.«[1] Hinzu kommt 12:13. Reim läßt diese Stelle aus, weil sie keine Einleitungsformel hat.

Wenn wir von den Zitaten der Abschiedskapitel und der Leidensgeschichte — d. h. denen in Kapitel 13—19, absehen, stellen wir fest, daß praktisch alle Zitate im ersten Hauptteil des Evangeliums innerhalb unserer P-Perikopen vorkommen. Die Perikopen enthalten demnach folgende Hinweise: 1,23; 2,17; 6,31; 6,45; 7,38; 8,17; 12,13; 12,15; 12,38—40. Reim führt außerdem noch 7,42; 10,34; und 12,34 an. Sehen wir die letztgenannten Stellen in umgekehrter Reihenfolge durch, ist von der dritten zu sagen, daß dieser Vers in einem Textabschnitt vorkommt, der eng mit der vorhergehenden Perikope verbunden ist, so daß sich die Frage erhebt, ob sie nicht eigentlich so eingeteilt werden müßte, daß sie 12,36 einschließt.

Die zweite Stelle kommt in einem Kontext vor, der noch vom Hirtenmotiv beherrscht wird. Ähnlich verhält es sich mit 7,42: Der Vers erscheint in einem Textabschnitt, der sich mit der Diskussion der vorhergehenden P-Perikope befaßt.

Die Konzentration alttestamentlicher Zitate in den P-Perikopen ist so markant, daß wir darauf zurückkommen werden.

Nach unserer Auseinandersetzung mit den P-Sätzen und ihren Kontexten haben wir die gewonnenen Eindrücke in den erwähnten 6 Punk-

---

[1] GÜNTER REIM, Studien zum alttestamentlichen Hintergrund des Johannesevangeliums, in: Society for New Testament Studies Monograph Series 22, 1974, vgl. S. 3. Siehe auch die Reihe alttestamentlicher Zitate in: E. D. FREED, Suppl. NovTest 11 (1965).

ten zusammengefaßt. Unsere Überzeugung, daß die P-Sätze keine un-
wichtigen Fußnoten sind, hat sich verstärkt. Die Sätze sind Beitrag einer
Seite, die entscheidenden Einfluß auf das Evangelium hatte, nicht nur
formal sondern auch theologisch.

VI. Teil

Das Verhältnis der Präzisierungssätze zu den Erfüllungszitaten

Wir haben unser letztes Kapitel mit einem Nachweis des markanten alttestamentlichen Elements in unseren P-Sätzen abgeschlossen. Unter Hinweis auf Günter Reim haben wir herausgestellt, daß die alttestamentlichen Zitate in der ersten Hälfte des Evangeliums überwiegend in den P-Perikopen vorkommen.

Hieraus ergibt sich für uns die wichtige Frage: Wie erklärt sich die eigenartige Affinität der P-Sätze zu gerade den Perikopen, die Schriftzitate enthalten?

Aus welchen Gründen beziehen sich drei P-Sätze ausdrücklich auf voranstehende Hinweise auf die Schrift, und weitere sechs auf Texte, die von einem bestimmten Wort der Schrift geprägt sind? − Oder anders gefragt: Wie ist es zu verstehen, daß die alttestamentlichen Zitate im 4. Evangelium hauptsächlich im Rahmen der P-Sätze und P-Perikopen einerseits, andererseits aber im Rahmen der Reflexions-/Erfüllungszitate vorkommen?

Mit diesen Fragen betreten wir ein weites Gebiet der johanneischen Forschung, nämlich das Verhältnis dieses Evangeliums zum Alten Testament. N. A. Dahl, The Johannine Church and History[1], untersucht, welches Gewicht dem historischen und dem heilsgeschichtlichen Motiv beizumessen ist. Dahl beteiligt sich an der Diskussion dieser Frage wie folgt: »In his *Theology of the New Testament* Rudolf Bultmann discussed the theology of the Fourth Gospel without dealing with its attitude to Old Testament Scripture and the history of salvation. This does not mean that Bultmann considers all quotations and allusions to the Old Testament secondary − only a minority of them are attributed to the ecclesiastical editor − but he thinks that they are of no serious theological importance«. Er weist auch auf Eduard Schweizer hin[2]. Dieser Forscher

---

[1] NILS ALSTRUP DAHL, The Johannine Church and History, in: Jesus in the Memory of the Early Church, 1976, S. 99−119, vgl. S. 99 f.

[2] EDUARD SCHWEIZER, in: New Testament Essays, Studies in Memory of T. W. Manson, 1959, S. 230−245.

»takes more seriously the Old Testament background of Johannine concepts«. »The first question to be asked however«, fährt Dahl fort, »is whether the church, as conceived by John, is really detached from history or bound more closely to it than both Bultmann and Schweizer suppose.«

Durch eine breit angelegte Analyse des Evangeliums weist er in seinem Aufsatz nach, daß die letztere Auffassung die richtige sein muß. Auch uns beschäftigen diese Fragen. Wir fragen nicht, ob Joh eine zuverlässige Quelle ist oder nicht. Uns interessiert die Einstellung des Evangeliums, besser des Evangelisten. Sieht er in seinen Berichten eine historische Perspektive oder fallen Geschichte und Heilsgeschichte bei ihm kaum ins Gewicht?

Wie aus Dahls Artikel klar hervorgeht, stehen wir hier vor einem weiten Feld[3]. Wir beschränken uns daher auf einen wichtigen Teilaspekt, der unsere P-Sätze besonders berührt, einen zentralen Aspekt für uns, der jedoch bisher aus einsichtigen Gründen nicht behandelt worden ist[4].

Soweit alttestamentlicher Zitatenstoff literarkritisch und exegetisch untersucht worden ist, hat sich die Forschung mit der Einflechtung der Zitate in die Evangelientexte beschäftigt. Das Interesse konzentrierte sich auf die kurzen Einleitungsformeln, die Zitat und Evangelientext verbinden.

Diese Einleitungsformeln sind auch im vorliegenden Zusammenhang interessant, so daß wir von einigen Beobachtungen aus diesem Gebiet ausgehen.

---

[3] Vgl. auch O. CULLMANN, L'evangile johannique et l'histoire du salut, NTS 11 (1964), S. 111–122. Ähnlich wie Dahl greift auch Cullmann Bultmanns negative Geschichtsbetrachtung auf, die in seinem Artikel zurückgewiesen wird. Bei Cullmann nimmt der Prolog eine zentrale Stellung ein. Der erste Abschnitt trägt die Überschrift: »La vie de Jésus incarné considérée comme le centre de la réalisation du plan divin du salut.«

Wir sehen in unserer Arbeit ab vom Prolog; erstens fällt er aus dem Rahmen der Aufgabe heraus, die wir uns gestellt haben, zweitens läßt sich die heilsgeschichtliche Betrachtungsweise, wie sie mehr oder weniger deutlich in den P-Sätzen zum Ausdruck kommt, unserer Auffassung nach nicht mit dem Inkarnationsdenken des Prologs in Einklang bringen. Mit anderen Worten: Der Prolog hat in dem von den P-Sätzen geprägten Evangelium noch nicht seinen Ort gefunden. – Siehe auch O. CULLMANN, Der johanneische Kreis, Sein Platz im Spätjudentum, in der Jüngerschaft Jesu und im Urchristentum, 1975.

[4] Die historischen Fragen, die sich aus dem Joh ergeben, haben schon immer das Interesse der Forscher auf sich gezogen. Seit einiger Zeit kann eine Verschiebung des Interesses festgestellt werden. Man beschäftigt sich mehr mit dem Milieu des Evangeliums, seiner Verankerung im »johanneischen Kreis«, seinem Ort. Vgl. J. LOUIS MARTYN, History and Theology in the Fourth Gospel, 1968. Siehe auch Id.: The Gospel of John in Christian History, 1978, und Id.: Glimpses into the History of the Johannine Community, BETL 44 (1977) 149–175. Vgl. weiter R. E. BROWN, The Community of the Beloved Disciple, 1979. – J. M. BASSLER, CBC 43 (1981), 243–257.

In dem Artikel von Alexander Faure[5], Die alttestamentlichen Zitate im 4. Evangelium und die Quellenscheidungshypothese, bilden diese Einleitungsformeln den Mittelpunkt. Faure weist darauf hin, daß zwei Typen solcher Formeln existieren. »Wenn wir nämlich die Einführungsformeln miteinander vergleichen, so machen wir die Wahrnehmung, daß sich *zwei Gruppen* deutlich gegeneinander abheben. Bis gegen Ende des 12. Kapitels haben wir *eine* einheitliche, höchst bezeichnende Zitationsweise. Es ist das ›Es steht geschrieben‹. ›Wie geschrieben ist‹ lesen wir 6.31 und 12.15; dasselbe mit dem Zusatz im (bzw. in eurem) Gesetz 10.34, mit dem anderen ›in den Propheten‹ 6.45. Die Jünger ›erinnerten sich, daß es geschrieben ist (war)‹, heißt es 2.17 und 12.16 (hier mit Beziehung auf ein schon eingeführtes Zitat). Eine etwas andere Fassung ist ›wie die Schrift gesagt hat‹ (7.38) oder ›wie der Prophet Jesaias gesagt hat‹ (1.23 — hier dem mit ἔφη als Ausspruch Johannes' des Täufers eingeführten Schriftwort nachgesetzt). — Mit 12.38 setzt plötzlich eine andere Art zu zitieren ein (wie sie sich sonst besonders häufig im Matthäus-Evangelium findet). Diese wird dann — mit Ausnahme zweier, besonders zu besprechender Stellen — bis zum Schluß festgehalten. Die Worte und Verheißungen des AT erscheinen da als den Verlauf der Geschichte Jesu im voraus bestimmend: ›auf daß die Schrift erfüllet würde‹ (ἵνα ἡ γραφὴ πληρωθῇ 13.18, 19.24, 19.36, dasselbe 17.12 ohne Zitat; 19.28: ἵνα τελειωθῇ ἡ γραφή). Neben der ganzen Schrift begegnet uns auch die angeführte Schrift*stelle* als Gegenstand der Erfüllung: das vom Propheten gesprochene (12.38) oder im Gesetz geschriebene (15.25) ›Wort‹ (λόγος).«[6] Auf vorausgegangene Aussprüche Jesu wird »mit ganz ähnlichen Wendungen Bezug genommen wie auf das AT«, bemerkt Faure. »Auch hier begegnet uns das ›ἵνα πληρωθῇ‹ — um Ereignisse als Verwirklichung eines Wortes Jesu erscheinen zu lassen (18.9: ἵνα πληρωθῇ ὁ λόγος ὃν εἶπεν vgl. 17.12; 18.32: ἵνα ὁ λόγος τοῦ Ἰησοῦ πληρωθῇ ὃν εἶπεν, vgl. 12.32, auch 8.28 und 3.14.)«[7]

Diese Beobachtungen bringen den Verfasser zur Folgerung: »*Eines muß sich beim Vergleich der beiden Stellenreihen jedem unbefangenen Beurteiler unabweisbar aufdrängen: Hier zeigt sich deutlich ein Einschnitt,* der — mitten durch das Evangelium hindurchgehend — *zwischen 12:16* (dem letzten Zitat der ersten Reihe) *und 12:38* (dem ersten Zitat der zweiten Reihe) liegen muß. *Diesseits und jenseits dieses Einschnittes sind irgendwie verschiedene Hände am Werk gewesen.*«[8]

---

[5] ALEXANDER FAURE, Die alttestamentlichen Zitate im 4. Evangelium und die Quellenscheidungshypothese, ZNW 21 (1922), 99–121.

[6] Id. 99.

[7] Id. 101.

[8] Id. 101.

Faure schlägt den literarkritischen Weg ein, um die unterschiedliche Einführungsweise der Zitate in der ersten und zweiten Hälfte des Evangeliums zu erklären. Er geht nicht so weit, anzunehmen, daß das Evangelium aus »zwei ursprünglich selbständigen Teilen oder sonst zusammengestellten Stücken bestehen muß«, argumentiert jedoch für die Auffassung, daß »das Ganze überarbeitet sein muß«.

Diese Einteilung der biblischen Zitate in eine Gruppe A und eine Gruppe B wirkt grob und schematisch und hat daher Widerspruch hervorgerufen. Nach der Auffassung F. Smends[9] weisen in Gruppe A nur 1.23, 2.17 und 12.15 die Momente auf, die einen Vergleich mit den sogenannten Erfüllungszitaten erlauben. Er sieht auch keinen zwingenden Grund, Literarkritik und Quellenscheidung heranzuziehen. Der Unterschied läßt sich ohne Eingriffe in den Text verstehen. »Während es sich bei den unter A genannten Stellen um Züge handelt, die dem Glauben der Christen keinen besonderen Anstoß erregen, liegt bei der Reihe B die Sache anders. Hier stehen Dinge zur Erörterung, die einer ganz besonderen Rechtfertigung bedürfen . . .: Das Leiden Jesu, des Logos-Christus, und die Erfolglosigkeit seiner Arbeit, wie der Arbeit seiner Jünger.« Die Erfüllungszitate sind als Apologie zu verstehen. »Hier genügt ein bloßer Hinweis auf das Alte Testament nicht; hier muß die Notwendigkeit des Geschehens viel schärfer betont werden, damit der Glaube sich an ihm nicht ärgert.«[10]

W. Rothfuchs[11] findet Smends Erklärung unzureichend. »Es fragt sich, ob diese Zitate mit dem Begriff ›Apologetik‹ zutreffend und hinreichend beschrieben werden können«, schreibt er. »Versucht man, die Aussagen der johanneischen Erfüllungszitate so zusammenzustellen, daß die sie verbindenden Elemente sichtbar werden, so ergibt sich eine erstaunliche Feststellung. Sieht man von 12:38 ff. ab, so ist in keinem der folgenden Zitate Jesus oder Gott das Subjekt der Aussage. Sie handeln vielmehr alle von Jesu Feinden und deren Handeln:

13,18: Der Verräter tritt mich mit Füßen
15,25: Sie hassen mich ohne Grund
19,24: Sie teilen meine Kleider
19,28: Sie tränken den Dürstenden mit Essigwein
19,36: Sie zerbrechen dem Gekreuzigten keinen Knochen
19,37: Sie durchbohren den Gekreuzigten.

---

[9] FRIEDRICH SMEND, Die Behandlung alttestamentlicher Zitate als Ausgangspunkt der Quellenscheidung im 4. Evangelium, ZNW 24 (1925), 147–150.

[10] Id. 149.

[11] WILHELM ROTHFUCHS, Die Erfüllungszitate des Matthäus-Evangeliums, Eine biblischtheologische Untersuchung, BWANT 5 (1969).

Die johanneischen Erfüllungszitate sprechen also nicht so sehr von Jesu Person und Werk, sondern von denen, bei denen Jesus war, und von ihrer Feindschaft gegen ihn.«[12] Auf diesem Hintergrund hält Rothfuchs es für richtiger, die Erfüllungszitate als polemisch zu charakterisieren und ihre Eigenart von daher zu beschreiben, anstatt von Apologie zu sprechen. »Eher müßte von einer scharfen Polemik gesprochen werden«, meint er. Der Begriff »Polemik« deckt sich jedoch nicht ganz mit der Sache: »Jedenfalls darf die gewiß vorhandene polemische Tendenz in ihnen nicht vereinseitigt werden; denn die Frage des ersten Zitates: ›Wer glaubt unserer Predigt . . .?« (12,38) findet nicht nur eine negative Antwort, sondern führt auch im Zusammenhang dieser Zitate zu der Verheißung des Glaubens der Jünger.«[13]

Wie man sieht, sind es hauptsächlich die Erfüllungszitate, die die Aufmerksamkeit von Smend und Rothfuchs auf sich gelenkt haben. Die Zitate im ersten Teil des Evangeliums bleiben eher im Hintergrund[14]. Die Erfüllungszitate sind eine bekannte und oft beschriebene Größe innerhalb der neutestamentlichen Forschung (vgl. Mt). Aber auch die anderen biblischen Zitate nehmen eine zentrale Stellung im Evangelium ein und werfen Fragen auf, die die Forschung nicht einfach vernachlässigen kann.

Rothfuchs gebraucht die Bezeichnung »Erfüllungszitat«. Dieser Begriff entspricht »Fulfilment Formula Quotation« oder »Formula Quotation«. Ein anderer Name, der gleichfalls oft vorkommt, ist »Reflexionszitate«.

George M. Soares Prabhu[15] bietet in seiner Abhandlung: ›The Formula Quotations in the Infancy Narrative of Matthew‹ eine ausführliche Auseinandersetzung mit der terminologischen Frage. Er schreibt u. a.: »We have in Mt, a group of special quotations characterized by at least three distinctive common features: (1) a striking fulfilment formula, whose key word is the passive of the verb πληροῦν; (2) a commentary function, in as much as they are ›asides‹ of the evangelist, and not part of his narrative; and (3) a mixed text form etc. On the strength of (2) the quotations have . . . been called ›Reflexionszitate‹ in contrast to the ›Kontextzitate‹ which are part of the Gospel narrative itself. On the strength of (1), the term ›Formula Quotation‹ (presumably an abbreviation of ›Fulfilment Formula Quotation‹) has been recently coined as its usual English

---

[12] Id. 170 f.

[13] Id. 171.

[14] C. A. Evans, On the Quotation Formulas in the Fourth Gospel, BZ 26 (1982), 79−83.

[15] G. M. S. Prabhu, The Formula Quotations in the Infancy Narrative of Matthew, Analecta Biblica 63, 1976.

equivalent.«[16] Prabhu beschäftigt sich in erster Linie mit Mt. Seine Ausführungen sind jedoch in johanneischem Zusammenhang von Interesse. Hier werden ebenfalls die beiden Bezeichnungen »Erfüllungszitat« und «Reflexionszitat« gebraucht. »Erfüllungszitat« hat am meisten Anklang gefunden, »Reflexionszitat« bringt dagegen deutlicher den Gegensatz zu den sogenannten Kontextzitaten der ersten Evangeliumshälfte zum Ausdruck. Der von Faure in seiner literaturkritischen Analyse herausgearbeitete Unterschied wird hervorgehoben. Die angewandte Terminologie pointiert, daß die Zitate im zweiten Teil des Evangeliums »reflektierende« Form und das Gepräge der Rahmenbemerkungen oder Fußnoten tragen, was nicht für die Zitate der ersten Hälfte — die Kontextzitate — zutrifft.

Wir stimmen Faure und anderen Forschern darin zu, daß in Kapitel 12 ein Kompositionsbruch vorliegt, aber halten es weder für wahrscheinlich noch richtig, die beiden Zitatformen (Kontextzitate / Reflexionszitate) als Exponente je einen Evangeliumsteil hinzustellen, um dadurch eine Grundlage für eine literarkritische Analyse zu gewinnen. Unserer Auffassung nach liegt eine andere Konstellation, die zu einer neuartigen Lösung des Problems beitragen kann, bedeutend näher. Da wir beiderseits der Bruchlinie Rahmen- oder Verfasserbemerkungen (»asides«) vorfinden, die deutlich die alttestamentlichen Voraussetzungen des Geschehens hervorheben, ist es völlig verfehlt, nicht auf die Relation zur entsprechenden Gruppe von Bemerkungen einzugehen. Wir beachten durchaus den in Kapitel 12 vorliegenden Kompositionsunterschied, ziehen es jedoch vor, P-Sätze und Reflexionszitate als tragende Strukturelemente einander gegenüberzustellen anstatt der Kontext- und Reflexionszitate.

Auf diese Weise haben wir es auf beiden Seiten mit Verfasserbemerkungen zu tun. Mit den Kontextbemerkungen als Ausgangspunkt verengt sich dagegen der Horizont — im Gegensatz zur Wahl der P-Sätze als Ausgangspunkt. Die P-Sätze beziehen sich nicht ausschließlich auf alttestamentliche Zitate.

Um das Verhältnis zwischen P-Sätzen und Erfüllungszitaten genauer zu bestimmen, müssen wir uns nochmals mit der johanneischen Eigentümlichkeit, der Bindung der Erfüllungszitate an die Passionsgeschichte, beschäftigen und die zentrale Perikope 12,37—41 analysieren.

»Bei Johannes setzen die Erfüllungszitate erst in der zweiten Hälfte des Evangeliums ein. Sie sind auf die Passionsgeschichte bezogen«, schreibt Rothfuchs[17], der Mt mit Joh vergleicht. Diese Eigentümlichkeit bei Joh ist theologisch motiviert. Es ist ein Hauptanliegen des 4. Evangeliums —

---

[16] Id. 19.
[17] W. ROTHFUCHS, Op. cit. 176.

Jesu Werk ist erst mit seiner Kreuzigung und Auferstehung vollbracht. Mit dem Einsetzen der finsteren Töne der Passion »ist die Stunde gekommen, da Jesus verherrlicht wird«.

Welche Rolle spielen die P-Sätze in diesem Zusammenhang? Bildet die Passion als Zeitpunkt der Erfüllung ein Motiv, dem wir in den P-Sätzen begegnen? Wenn ja, auf welche Weise?

Wir müssen hier bestätigend antworten: Das Motiv existiert. Zwar kommt πληροῦν nicht in den P-Sätzen vor, doch das Motiv wird mit Hilfe anderer Wörter wie μιμνήσκομαι in mehreren P-Sätzen ausgedrückt. Am deutlichsten zeigt sich das bei den P-Sätzen, die sich auf das Schriftverständnis der Jünger beziehen. Joh 2.21—22: »Er aber sprach vom Tempel seines Leibes. Als er nun von den Toten auferweckt worden war, erinnerten sich seine Jünger, daß er dies gesagt hatte, und sie glaubten der Schrift und dem Wort, das Jesus gesprochen hatte.«

Joh 12.16: »Dies verstanden seine Jünger zunächst nicht, aber als Jesus verherrlicht war, da erinnerten sie sich, daß dies über ihn geschrieben stand und daß man ihm dies getan hatte.«

Die zitierten Stellen stehen jeweils am Anfang und Ende der ersten Hälfte des Evangeliums — vor der Leidensgeschichte, erstere kommentiert die Tempelreinigung, letztere Jesu Einzug in Jerusalem. Diese Ereignisse werden auch von den Synoptikern berichtet, aber nur Joh kommentiert sie in dieser Weise. Mt bringt eine redaktionelle Bemerkung im Zusammenhang mit dem Einzug in Jerusalem, die jedoch den Erfüllungszitaten entspricht: »Dies geschah aber, damit erfüllet würde, was durch den Propheten geredet worden ist, welcher spricht . . .« (Mt 21.4). Wie Mt sieht auch Joh die Begebenheit im Licht der Offenbarungsgeschichte, aber der P-Satz weist nicht nur auf die Schrift zurück, sondern auch über das eigentliche Geschehen hinaus — hin auf Jesu Verherrlichung. Das Ereignis wird hier also nicht, wie bei Mt, direkt als Schrifterfüllung ausgelegt. Die Perspektive reicht weiter. Charakteristisch und wichtig ist hier, daß — wenn die Jünger sich erst nach der Verherrlichung Jesu erinnern und verstehen — dies nur als indirekte Bestätigung der faktischen Übereinstimmung zwischen P-Sätzen und Erfüllungszitaten aufgefaßt werden kann. Auch die P-Sätze vertreten die Ansicht, daß die Schrift erst mit dem Leiden und Sterben Jesu ihre Erfüllung erreicht.

Ähnlich verhält es sich mit dem P-Satz in 2.21—22. Dieser Kommentar sieht das Ereignis nicht ohne weiteres als Schrifterfüllung an, sondern weist darüber hinaus in die Zukunft — auf Kreuz und Auferstehung — und erklärt, erst von hier aus begriffen die Jünger und glaubten der Schrift und dem Wort Jesu. Erst mit dem Kreuz und der Auferstehung war die Schrift (und Jesu Wort) erfüllt und konnte verstanden werden.

Derselbe Ausblick auf Erfüllung und Verherrlichung findet sich auch in 7.39, wo Jesu Rede, ausgehend von den »Strömen lebendigen Wassers« der Schrift, so ausgelegt wird: »Das sagte er aber mit Bezug auf den Geist, den die empfangen sollten, welche an ihn glaubten; denn den (heiligen) Geist gab es noch nicht, weil Jesus noch nicht verherrlicht war.« Erst mit der Verherrlichung wird, so geht es aus diesem P-Satz hervor, die Prophetie von den »Strömen lebendigen Wassers« Wirklichkeit werden (vgl. 20.22).

Wenn wir also die P-Sätze in die Verhältnisbestimmung der Schriftzitate zu den beiden Hauptteilen des Evangeliums mit einbeziehen, dann ergibt sich nicht der unerklärliche Gegensatz, den Faure in seinem Artikel herausstellt. Dagegen ist ein Zusammenhang erkennbar, in beiden Teilen des Evangeliums läßt sich dieselbe Grundauffassung feststellen.

Wir unterbrechen hier vorläufig unsere Betrachtungen zur gemeinsamen Grundauffassung der beiden Gruppen von Anmerkungen und wenden uns einer direkteren Bestimmung des zwischen ihnen bestehenden Verhältnisses zu.

Betrachten wir die P-Satzreihe vom ersten bis zum letzten Satz dieses Typus, so endet die Reihe an der Stelle, an der die Reflexionszitate einsetzen. Beide Gruppen treffen wie in einem Brennpunkt aufeinander. Sie stehen nicht wie unvermittelte Größen nebeneinander, sondern sind miteinander verflochten — in einer Perikope, die wir im folgenden behandeln im Blick auf Charakter und Stellung dieses Textabschnitts. Von dieser Perikope lassen sich Linien sowohl zu dem Anfang wie auch zum Ende des Evangeliums ziehen. Ausgehend vom Verhältnis zwischen P-Satz und Erfüllungszitat wenden wir uns Joh 12.37—41 zu.

Diese Perikope interessiert uns nicht zuletzt aufgrund ihrer zentralen Stellung im Evangelium[18]. Im Gegensatz zu den Texten, die wir bisher behandelt haben, wird uns hier keine einzelne Episode aus dem Leben Jesu tradiert und in johanneischer Weise aufgezeichnet. Hier wird allgemein von allen »Zeichen«, die Jesus tat, gesprochen. Die negative Wirkung der Zeichen wird hervorgehoben. Trotz allem, was Jesus vollbracht hatte, begegnet man ihm mit Unglauben, wie Jesaia vorhergesagt hatte. Die Perikope mündet aus in einen P-Satz, der sich auf die Jesaia-Zitate bezieht.

Wir können feststellen, daß dieser kurze Text von den beiden Bemerkungstypen, die er enthält, geprägt wird: P-Satz und Erfüllungszitat,

---

[18] Id. 171: »Von daher wird deutlich, daß 12.38—40 für die Erfüllungszitate im weiteren Johannes-Evangelium grundlegende und beispielhafte Bedeutung hat. Indem 12.37 auf Jesu bisheriges Tun und Reden zurückweist, wird der Unglaube derer, vor denen Jesus wirkte, in seiner ganzen Schwere (τοσαῦτα) erkennbar.«

und wir meinen, dieser Text ist hilfreich für das Verständnis des Verhältnisses zwischen P-Satz und Erfüllungszitat — weil hier beide Satztypen zusammentreffen und gleichzeitig jeder nach Form und Funktion auf seine Weise typisch ist.

Zunächst der P-Satz (12.41):

Wir haben seine zentrale Stellung in der Komposition des Evangeliums bereits besprochen. Gewisse Charakteristika prägen sowohl den Satz wie auch die Perikope, in der er erscheint. Es ist durchaus möglich, daß unsere Perikope noch deutlicher den Abschluß des ersten Teils des Evangeliums markiert, als es auf den ersten Blick den Anschein hat.

Der Schluß des 12. Kapitels ist bekanntlich umstritten und wird ständig in Kommentaren und Monographien diskutiert. Nach W. Langbrandtner[19] verhält es sich so, daß 12,36 nicht das öffentliche Wirken Jesu definitiv beendet, sondern den Einschub der Redaktion, der von 12.37 bis V 43 reichen soll, eröffnet, während der Text der Grundschrift die Verse 12.25, 36a, 44—48a umfasse. Roland Bergmeier weist diese Auffassung zurück. Er hebt hervor, daß die Verse 42—50 eine sachliche Einheit bilden, »die, wie leicht zu erkennen ist, eine sekundäre Variante zu 5.30—47 bildet. Der sekundäre Charakter des Abschnittes erhellt aus einer Reihe auffälliger Vokabeln und Wendungen sowie aus theologischen Eigentümlichkeiten«. Ohne daß man Joh 12.42—50 mit zwingenden Gründen dem »Redaktor« von Joh 21 zuweisen könnte, stellt der Abschnitt einen Nachtrag von zweiter Hand dar«, behauptet er[20]. R. Schnackenburg meint in seinem Kommentar zur Stelle: Dem Werk des Evangelisten darf auch Joh 12.37—41 nicht aberkannt werden, denn »es entspricht der planvollen Anlage des Joh, daß der Evangelist den Abschluß der öffentlichen Wirksamkeit Jesu (12,36b) noch durch eine Rückschau und eine Reflexion über den Unglauben der Menschen markiert«[21].

Wir stellen fest, der P-Satz nimmt eine außerordentlich wichtige Stellung ein, der Rückweis auf ein Reflexionszitat ist ihm eigentümlich.

---

[19] WOLFGANG LANGBRANDTNER, Weltferner Gott oder Gott der Liebe, Der Ketzerstreit in der johanneischen Kirche, Eine exegetisch-religionsgeschichtliche Untersuchung der koptisch-gnostischen Texte aus Nag-Hammadi, Beiträge zur biblischen Exegese und Theologie 6, 1977.

[20] ROLAND BERGMEIER, Glaube als Gabe nach Johannes, Religions- und theologiegeschichtliche Studien zum prädestinatianischen Dualismus im vierten Evangelium, BWANT 6 (1980), 211.

Vgl. MATHIAS RISSI, Der Aufbau des vierten Evangeliums, NTS 29 (1983), 48—54, siehe besonders S. 51 und 54: »*Der zweite Teil* des Evangeliums entfaltet sich in drei größeren Abschnitten. Der *erste* beginnt mit der vierten Wanderung Jesu nach Jerusalem. Nun, da ›die Stunde‹ naht, zieht Jesus ohne Verzug ans Ziel (10.40—12.41). 12.42—50 sind interpoliert.«

[21] R. SCHNACKENBURG, Das Johannesevangelium II, 1971, S. 513.

Trotz dieser Besonderheiten hat er Züge mit den anderen P-Sätzen gemeinsam: Wir haben mehrmals auf die zentrale Stellung auch der übrigen P-Sätze aufmerksam gemacht. Zwar ist unser P-Satz der einzige, der auf ein Erfüllungszitat zurückweist, aber auch die übrigen beschäftigen sich mit Schrift und Schriftverständnis. Der vorliegende P-Satz und die übrigen P-Sätze haben vieles gemeinsam – inhaltlich, formal und terminologisch.

Man vergleiche mit dem P-Satz in 11.51. Unser P-Satz hebt die Einsicht Jesaias hervor; er »sah seine Herrlichkeit«, heißt es. 11.51 unterstreicht die Klarsicht des Hohenpriesters. Bei Kaiaphas sind es andere Momente, die einer Erklärung bedürfen, als bei Jesaia, aber an beiden Stellen gehen die Reflexionen in dieselbe Richtung.

Im Zusammenhang mit der Terminologie wollen wir beim Gebrauch von δόξα verweilen. Der Begriff kommt in unserem und anderen P-Sätzen vor. Das ist an und für sich beachtenswert und lädt zu Vergleichen und Überlegungen im Hinblick auf die Auslegung ein.

Im Anschluß an den Bericht über die Hochzeit zu Kana heißt es, daß Jesus dieses Zeichen tat und dadurch seine Herrlichkeit offenbarte (δόξα 2.11). Nach Jesu Einzug in Jerusalem wird in der dem Bericht folgenden Bemerkung festgestellt, daß die Jünger zunächst das Geschehen nicht begriffen, sich dann aber erinnerten und später nach Jesu Verherrlichung (ἐδοξάσθη 12.16) verstanden. (Zum Vergleich können wir anführen, daß nach der Tempelreinigungsperikope folgende Präzisierung angeführt wird: »Als Jesus von den Toten auferstanden war, erinnerten seine Jünger sich . . .« usw.) Man hat sich gefragt, ob mit δόξα hier Gottes oder Jesu Herrlichkeit gemeint ist. Unserer Auffassung nach kann nicht bezweifelt werden, daß hier, 12.16, Jesu Herrlichkeit im Blickfeld steht, die Herrlichkeit, die sich in seiner Passion offenbarte. Jesaia sah diese Herrlichkeit. Daher sollte 12.16 in die Überlegungen zur Auslegung des Doxabegriffs in 12.41 mit einbezogen werden: ὅτε ἐδοξάσθη Ἰησοῦς in 12.16 bezieht sich auf Jesu Verherrlichung, nämlich seine Kreuzigung.

Im übrigen behauptet Faure, 12.41 weise nur auf das erste der alttestamentlichen Zitate in dieser Perikope zurück, nicht auf das letzte. Faure meint, dieses letzte Zitat weise keinen Anknüpfungspunkt für die Bemerkung – Jesaia »sah seine Herrlichkeit« – auf, während in 12.38 die Verbindung mit »dem Arm des Herrn« vorliege[22]. R. Bultmann ist der Auffassung, 12.38 und 12.40 könnten nicht gleichzeitig in den Text gelangt sein, denn ersterer scheint nach LXX zitiert zu sein, letzterer dagegen nicht[23]. Wir brauchen hier nicht näher auf Bultmanns traditionskri-

[22] Id. 104.
[23] R. BULTMANN, Das Evangelium des Johannes, 1964, S. 346.

tische Fragen einzugehen. Faures Auslegung scheint uns unzureichend fundiert. Wird δόξα in 12.41 so verstanden wie in 12.16, was nur natürlich ist, verliert seine Argumentation ihre Grundlage und ist demnach zurückzuweisen. Wie meinen, der Text ist so zu lesen wie er vorliegt, und der P-Satz weist auf beide Schriftstellen zurück. Die alttestamentlichen Zitate ergänzen sich gegenseitig.

Wie bereits erwähnt, handelt es sich um zwei biblische Zitate aus dem Buch Jesaia. Aus der Art der Einführung geht hervor, daß ersteres (12.38) wie ein Erfüllungszitat bzw. Reflexionszitat geformt ist: ἵνα ὁ λόγος Ἠσαΐου τοῦ προφήτου πληρωθῇ ὃν εἶπεν. Vgl. G. M. S. Prabhu[24]: ». . . the fulfilment formulas of Jn can all be reduced to the simple ›*Grundform*‹: ἵνα ἡ γραφὴ (ὁ λόγος) πληρωθῇ«, während das zweite Zitat eine andere Form aufweist: πάλιν εἶπεν Ἠσαΐας (12.39).

Der Unterschied ist nicht schwer zu verstehen, wenn man die enge Verknüpfung der beiden Zitate beachtet. Die volle Einleitungsformel nochmals zu wiederholen, wäre unnatürlich. Beide Zitate verfolgen dasselbe Ziel: zu zeigen, daß der Prophet die negative Haltung des Volkes gegenüber Jesus vorhergesagt hat. Mit dieser Einstellung erfüllte das Volk die Worte des Propheten: »Wer hat unserer Predigt geglaubt, und wem ist der Arm des Herrn offenbar geworden?« − fragt das erste Zitat, und das zweite spricht von der Verstockung des Herzens: »Er hat ihre Augen geblendet und ihr Herz verstockt«.

Vergleichen wir 12.38−40 mit den anderen, entsprechenden Zitaten im Evangelium, sollte man beachten, daß dieses Zitat von der Verstockung des Volkes handelt. Rothfuchs[25], wie schon erwähnt, stellt als Charakteristikum der johanneischen Erfüllungszitate heraus, daß sie auf »Jesu Feinde und deren Handeln« abzielen. »Sie sprechen nicht so sehr von Jesu Person und Werk, sondern von denen, bei denen Jesus war und von ihrer Feindschaft gegen ihn«. Er führt hierzu 13.18, 15.25, 19.24, 19.28, 19.36 und 19.37 an − 12.38ff. dagegen läßt er aus; Jesu Feinde erscheinen hier nicht als handelndes Subjekt. Abgesehen von diesem formalen Unterschied, nehmen alle Erfüllungszitate einschließlich 12.38 im Evangelium eine sachlich entsprechende Position ein. Jesu Verurteilung und Kreuzigung werden als Tatsachen registriert, aber offenbarungsgeschichtlich als Schrifterfüllung begriffen und ausgelegt, ebenso wie die negative Einstellung des Volkes in Joh 12. An allen diesen Stellen läßt sich das Verhältnis zur Schrift auf eine einfache Formel bringen: Was geschieht, ist Erfüllung dessen, was geschrieben steht. Das Schriftwort wird nicht ausgelegt. Nur was im Gesetz oder bei den Propheten über-

---

[24] Id. 47.
[25] Id. 170f.

liefert ist, wird zitiert. Wenn etwas erklärt wird, dann das, was mit Jesus geschieht.

Bei den P-Sätzen liegt ein komplizierteres Verhältnis vor. Die einfache Formel: Prophetenwort — Erfüllung kann hier nicht angewandt werden. Ein »dritter Faktor« stört dieses Bild: Die Verherrlichung Jesu. Dieser dritte Faktor ist mit einem Zeitmoment verbunden. Die Verherrlichung hat noch nicht stattgefunden. Die Erfüllung der Schrift steht noch aus und kann deshalb nicht in ihrer ganzen Tragweite verstanden werden. Die P-Sätze beziehen sich auf diese Situation, deshalb wird das Unverständnis der Jünger hervorgehoben, und daß die Schrift durch einen Ausblick auf künftiges Geschehen ausgelegt werden muß (7.39). Der Prophet besitzt die volle Einsicht, seine Sonderstellung läßt ihn Jesu Verherrlichung sehen; Jesus kennt die Stunde und weiß, was sie beinhaltet; Kaiaphas als Hohepriester sagt ebenfalls, was geschehen wird; den Jüngern bleibt es vorläufig verborgen. Wir weisen hier nochmals auf diese Verhältnisse hin, um das geschichtliche Denken, das in den P-Sätzen zum Ausdruck kommt, zu unterstreichen. In diesem Zusammenhang wird besonders die Gleichrangigkeit der Schriftworte mit den Worten Jesu deutlich. Beiden eignet die zukunftsweisende Perspektive der Verherrlichung Jesu. Diese Gleichrangigkeit wird explizit in den P-Sätzen formuliert, wenn von den Jüngern gesagt wird, daß sie erst nach Jesu Verherrlichung das Wort der Schrift und Jesu Verkündigung verstanden (2.22).

Interessanterweise kommt diese Gleichrangigkeit der Schriftworte und der Worte Jesu in den P-Sätzen unmißverständlich auch in den johanneischen Erfüllungszitaten zum Ausdruck. Es ist ja ein Charakteristikum der Erfüllungszitate, mit dem sich mehrere Forscher auseinandergesetzt haben, daß sie Schrift- und Jesusworte aufgreifen. Die Ereignisse sind nicht nur Schrifterfüllung, sondern auch Erfüllung der Worte Jesu.

18.9 steht ein solches Erfüllungszitat: Jesus spricht zu seinen Häschern: »Wenn ihr also mich sucht, so lasset diese gehen«. Mit diesen Worten erfüllt sich, was Jesus früher gesprochen hat, heißt es, und Jesu Worte werden wiederholt: ἵνα πληρωθῇ ὁ λόγος ὃν εἶπεν ὅτι οὓς δέδωκάς μοι οὐκ ἀπώλεσα ἐξ αὐτῶν οὐδένα. Nestle / Aland ziehen hierzu 6.39 heran. Jesu Wort in der Rede vom Himmelsbrot ist wie das obige Zitat geformt: ἵνα πᾶν ὃ δέδωκέν μοι μὴ ἀπολέσω ἐξ αὐτοῦ. Das Jesuswort in 6.39 wird in 18.9 erfüllt.

18.32 steht ein Erfüllungszitat, das direkt einem P-Satz in der ersten Hälfte des Evangeliums entspricht. Im Laufe des Verhörs wendet sich Pilatus an die Juden: »Nehmet ihr ihn und richtet ihn nach eurem Gesetz! Die Juden sagten zu ihm: Uns ist es nicht erlaubt, jemanden zu töten.«

Daran schließt sich das folgende Erfüllungszitat an: ἵνα ὁ λόγος τοῦ Ἰησοῦ πληρωθῇ ὃν εἶπεν σημαίνων ποίῳ θανάτῳ ἤμελλεν ἀποθνῄσκειν.

Nestle / Aland weisen hierzu auf 3.14 und 21.19 hin. Ein Hinweis auf Jesu Rede über seinen Tod liegt nach unserem Dafürhalten jedoch näher. Die Schlußworte lauten: »Und wenn ich von der Erde erhöht bin, werde ich alle zu mir ziehen«, der unmittelbar folgende P-Satz erscheint in dieser Form: τοῦτο δὲ ἔλεγεν σημαίνων ποίῳ θανάτῳ ἤμελλεν ἀποθνῄσκειν (12.32–33).

Vieles deutet von den P-Sätzen auf die Erfüllungszitate der Schrift hin. Mit dem Nachweis der Gleichrangigkeit der Schriftworte und der Worte Jesu in der ersten Hälfte des Evangeliums brechen wir unsere Untersuchung an dieser Stelle ab.

Die hier dargestellten Momente tragen ebenfalls dazu bei, die These vom sinnvollen Ort und der bedeutsamen Funktion der P-Sätze bei Joh zu erhärten. P-Sätze und Erfüllungszitate treten als strukturierende Elemente auf, ja, darüber hinaus als Bemerkungen, die bestimmte Ideen zum Ausdruck bringen und ein historisches sowie heilsgeschichtliches Verständnis der Tragweite der evangelischen Berichte erkennen lassen.

Abschließende Bemerkungen

I

Die vorliegende Arbeit beschäftigt sich mit bestimmten Randbemerkungen im 4. Evangelium. Wir haben diese Bemerkungen definiert, sie als eine Gruppe vorgestellt und ihnen den Namen Präzisierungssätze gegeben. Unsere These haben wir so formuliert: Die P-Sätze stammen aus ein- und derselben Traditionsschicht.

Wir stellen unsere Untersuchung auf eine breite Grundlage, indem wir Parallelen der Literatur außerhalb des Neuen Testaments heranziehen, aus den Werken des Flavius Josephus, der samaritanischen Geschichtsschreibung und den Schriften des Philo Alexandrinus, die sich alle in ihren Arbeiten mit dem Alten Testament auseinandersetzen. Kommentierende Sätze, die den P-Sätzen entsprechen, unterstreichen wichtige historische Ereignisse und schlagen Verbindungen zu Vergangenheit und Gegenwart. Einigen dieser Formulierungen kommt besonderes Gewicht zu, weil sie wiederholt die tragende Idee eines Werkes zum Ausdruck bringen.

Die breite Grundlage unserer Untersuchung bringt Joh in die Nähe antiker Tradenten.

Wir stützen unsere These durch die Ergebnisse unserer Teiluntersuchungen:

1) Perikopenanschluß
2) Die offizielle Prägung der Perikopen
3) Das Unpolemische der Perikopen
4) Die offenbarungsgeschichtliche Prägung der Perikopen
5) Die Stellung der Perikopen im Evangelium
6) Das alttestamentliche Element in den Perikopen

Alle diese Punkte betrachten wir als wichtige Argumente zur Unterstützung unserer These, möchten aber die beiden letzten Punkte besonders hervorheben.

II

Unsere Absicht mit diesem Buch ist jedoch nicht nur, die Stichhaltigkeit einer bestimmten These zu belegen, sondern wir haben, wie wir auch schon im Eingangskapitel erwähnten, bei unserer Arbeit das ganze Evangelium vor Augen und behandeln zentrale Fragen der Joh-Forschung. Auf welche Weise unsere Beobachtungen in die Forschung eingreifen, möchten wir im folgenden erwägen.

1) Allgemein betrachtet können wir aus der Arbeit mit den P-Sätzen schließen, daß den Randbemerkungen im vierten Evangelium mehr Aufmerksamkeit gewidmet werden sollte als bisher, schon allein deshalb, weil die Randbemerkungen an ganz zentrale Stellen plaziert wurden, in mehreren Fällen nach Abschnitten, die wichtige Wendepunkte in der Darstellung markieren. Dies läßt sich im ersten Teil des Evangeliums belegen, wo die P-Sätze sowohl die Einleitung als auch den Abschluß des langen Berichts über das Leben und Wirken Jesu kennzeichnen. Wenn unsere These, daß alle P-Sätze ein- und derselben Schicht angehören, richtig ist, muß ihnen um so mehr Gewicht beigemessen werden.

2) Die Behauptung, daß die P-Sätze aus ein- und derselben Traditionsschicht stammen, muß im Hinblick auf die ausgedehnte quellenkritische Arbeit der Joh-Forschung gesehen werden, durch die wir uns ein Bild von der Entstehungsgeschichte des Evangeliums machen können. Seit einiger Zeit spricht man innerhalb dieser Forschung von verschiedenen Schichten im Evangelium, die eine sich nach und nach ändernde Gemeindesituation wiederspiegeln. Die Geschichte des Evangeliums stimmt mit der johanneischen Gemeinde überein und kann nur in diesem Zusammenhang verstanden werden. Dabei möchten wir auf die Betrachtung zu diesem Thema bei J. L. Martyn, History and Theology in the Fourth Gospel, 1968, hinweisen.

Aus unserer Arbeit ist ersichtlich, daß die P-Sätze nicht verschiedenen Schichten zugeteilt werden können, sie bilden ganz im Gegenteil eine eigene Schicht, eine »kommentierende« Schicht, die die Diskussion über die Entstehung und Entwicklung des Evangeliums in neue Bahnen lenkt.

Der Einfluß des Redaktors auf das Evangelium erscheint nun wichtiger als die Rolle, die die Gemeinde und das Milieu spielen. Die Veränderungen, die das Evangelium im Laufe der Zeit durchlaufen hat, können durchaus im Takt mit durchgreifenden Veränderungen der inneren und äußeren Gemeindeverhältnisse geschehen sein; zu einem bestimmten Zeitpunkt muß jedoch jemand in diesen Prozeß eingegriffen und die Leitung übernommen haben. Unsere Untersuchung unterstreicht die Be-

deutung des Evangelisten für die Gestaltung des Evangeliums. Seine bewußte Arbeitsweise mit Stoff und Darstellung kommt durch die P-Sätze
deutlich zu Gesicht.

3) Lange Gedankenketten durchziehen das Evangelium und die theologischen Motive lassen sich von Kapitel zu Kapitel verfolgen, was zu einer Konzentration der Forschung auf die zentralen Begriffe und Motive
geführt hat. Auf diesem Gebiet hat uns die Forschung nicht nur tieferes
Verständnis für die charakteristischen Züge des Evangeliums vermittelt,
sondern sie hat auch unsere Auffassung über Einteilung und Disposition
des Stoffes beeinflußt. Unsere Untersuchung greift an zwei Punkten in
diese Diskussion ein, bei der Untersuchung von 1.19ff. und 6.27ff. Bei
1.19ff. unterstreichen die Forscher die wiederholte Anwendung des Be-
griffes μαρτυρεῖν und schließen daraus, daß der Evangelist eine vollständige Darstellung vom Bekenntnis Johannes des Täufers geben will. Bei
6.27ff. wird die Übereinstimmung der beiden Begriffe καταβαίνειν und
ἀναβαίνειν als Beweis für den gedanklichen und dispositionsmäßigen
Zusammenhang des Abschnitts 6.60 mit dem vorangehenden Text angeführt.

In unserer Exegese dieser Kapitel bei Joh versuchten wir zu beweisen,
daß der Evangelist nicht die gedanklichen Zusammenhänge als Grundlage seiner Darstellung verwendet. Für ihn sind die konkreten historischen Geschehnisse, die sowohl datiert als auch lokalisiert werden können, von Interesse. Anstatt der theologischen Motive benutzt er diese
Vorgänge als konstituierende Elemente in seiner Darstellung.

4) Die Verwendung von Symbolen ist ein schwieriges Feld für die
Joh-Forschung. Die allgemeine Auffassung der Exegeten, die sich mit
diesen Fragen beschäftigt haben, ist, daß Wörter und Ausdrücke sowohl
eine reale als auch eine tiefere, geistliche Bedeutung haben können, die
Frage ist nur, wie weit diese Verwendung von Symbolen geht, in welchem Umfang wir mit einer Doppeldeutigkeit im vierten Evangelium
rechnen müssen. Die Frage »Towards a Symbolic Reading?« wird erneut
gestellt und verlangt neue Erwägungen.

In diese Diskussion wurden geographische Namen und Aufzeichnun-
gen einbezogen; dabei wurde nachgewiesen, daß Erfolg im Wirken Jesu
wiederholt in Galiläa, Rückschläge dagegen in Judäa und Jerusalem, den
Ort des Sterbens Jesu, gebunden sind, und man hat sich gefragt, ob diese
Systematik nicht aufgrund theologischer Erwägungen erfolge. Auch die
P-Sätze, in denen geographische Namen vorkommen, sind bei diesen
Betrachtungen berücksichtigt worden.

In diesem Zusammenhang möchten wir auf unsere Untersuchung hinweisen, die zeigt, daß die Grenzen zwischen dem erzählten Stoff und den
Randbemerkungen im Joh klar und scharf sind. Die geographischen In-

formationen in den P-Sätzen sind alle wörtlich gemeint und können deshalb in einer Beweisführung für eine symbolische Interpretation nicht als Beleg verwendet werden.

5) Bei der Erforschung der Gleichnisse im Joh hat man sich hauptsächlich auf Joh 10, das Gleichnis vom guten Hirten, konzentriert. Obwohl C. H. Dodd und auch andere darauf hinweisen, daß es andere, kürzere Gleichnisse im Joh gibt, nimmt das Gleichnis vom guten Hirten eine Sonderstellung ein. Ein zentrales Problem bei der Auslegung ist, wie das Verhältnis zwischen 10.1−6 und dem nachfolgenden Text 10.7 ff., in dem das Hirtenmotiv beibehalten wird, bestimmt werden soll. Weil der P-Satz in V 6 steht, bildet er den Mittelpunkt dieser Problemstellung, die wir hier unter einem neuen Gesichtspunkt betrachten.

Es ist eine bekannte Tatsache, daß in der neutestamentlichen Gleichnisforschung die synoptischen Evangelien, die besonders reiches und vielfältiges Material enthalten, die größte Aufmerksamkeit auf sich gezogen haben. Die Erkenntnisse der Arbeit mit den drei ersten Evangelien wurden dann bei der Auslegung des vierten Evangeliums fruchtbar gemacht. Auf diese Weise wurden die Beobachtungen, die sich an die Gleichnistheorie in Mk knüpfen auf das Joh übertragen, um die Beziehung zwischen 6.1−6 und dem darauf folgenden Text zu erklären.

Unsere Untersuchung zeigt, daß die P-Sätze nicht dazu dienen, den Übergang von einem zum anderen Textabschnitt zu vermitteln. Ihre Aufgabe ist, den vorausgehenden Text zu präzisieren und den Leser zum Nachdenken darüber anzuregen. Diese Funktion ist deutlich in 10.6 und zeigt, daß der Evangelist mit seiner Randbemerkung die selbständige Stellung des Gleichnisses hervorhebt. Unsere Untersuchung unterstreicht somit die unabhängige Stellung des Joh im Verhältnis zu den synoptischen Evangelien.

6) Im Verhältnis des Joh zum Alten Testament gibt es viele Probleme, die in verschiedenen Bezügen erörtert worden sind. Das Evangelium enthält sowohl deutlich erkennbare Bibelzitate als auch nicht identifizierte Zitate und Anspielungen auf biblische Berichte und Bilder. Man hat untersucht, aus welchen Teilen des Alten Testamentes die Zitate stammen, ob die Wiedergabe mit den alttestamentlichen Textüberlieferungen übereinstimmt, und man hat sich gefragt, in welchem Maße das vierte Evangelium historisch orientiert ist. − Auch mit der Form der Bibelzitate haben sich die Forscher viel beschäftigt, vor allem wurden die Reflexionszitate behandelt und mit den entsprechenden Formulare bei Mt verglichen.

Die Reflexionszitate nehmen im Joh einen besonderen Platz ein: Sie treten an die Stelle der P-Sätze, wo diese fehlen. Außerdem erinnern sie in der Form an die P-Sätze. Aus diesen Gründen haben wir besondere

Aufmerksamkeit auf die Reflexionszitate gerichtet. Wie wir gesehen haben, enthalten die P-Sätze theologische Reflexionen und Schrifthinweise, was uns zu folgender Frage veranlaßte: Wie kann die Beziehung zwischen dieser doppelten Reihe Randbemerkungen im Evangelium erklärt werden?

Die Bibelzitate im ersten und die Zitate im zweiten Teil des Evangeliums sind in der Forschung schon früher untersucht und einander gegenübergestellt worden. Die ersten wurden dabei als Kontextzitate definiert und als Gegensatz zu den Reflexionszitaten aufgefaßt. Wir haben in dieser Untersuchung einen anderen Weg eingeschlagen und festgestellt, daß es zwei Typen von Randbemerkungen gibt, die beide auf die Schrift hinweisen, was unserer Meinung nach im Joh von besonderem Interesse ist.

In den Reflexionszitaten kommt deutlich zum Ausdruck, daß die Verurteilung und die Kreuzigung Jesu nach Gottes Willen geschieht. Seine Feinde, die scheinbar Gewalt über ihn haben, erfüllen durch ihre Taten die Schrift. Wir haben dargelegt, daß derselbe Gedanke auch im ersten Teil des Evangeliums durch die P-Sätze ausgedrückt wird. Der Blick wird hier auf die Passion und die Herrlichkeit Jesu gerichtet. Es heißt, daß die Jünger erst mit dieser Erkenntnis die heilige Schrift und die Worte Jesu verstehen konnten. Die P-Sätze und die Reflexionszitate stehen nicht nur gliederungsmäßig, sondern auch theologisch als aufeinander abgestimmte Rahmenbemerkungen im vierten Evangelium. Im ersten und im zweiten Teil kommt dieselbe Auffassung über die Schrift zum Ausdruck. Das Evangelium als Ganzes gesehen ist stärker historisch und offenbarungsgeschichtlich orientiert, als viele Forscher angenommen haben.

Literaturverzeichnis

BARRETT, C. K., The Gospel According to St. John, London 1955. 1978.

BASSLER, J. M., The Galileans: A Neglected Factor in Johannine Community Research, CBQ 43 (1981), 243–257.

BECKER, H., Die Reden des Johannesevangeliums und der Stil der gnostischen Offenbarungsrede, FRLANT NF 50 (1956).

BECKER, J., Das Johannesevangelium im Streit der Methoden (1980–1984), ThR NF 51 (1986), 1–78.

BELLE, G. VAN, De Sèmeia-bron in het vierte evangelie, Ontstaan en groei van een hypothese, Stud. NT Aux 10 (1975).

–, Les Parenthèses dans l'évangile de Jean, Stud. NT Aux 11, Leuven 1985.

BENOIT, P. / BOISMARD, M.-É., Synopse des quatre évangiles en français avec parallèles des apocryphes et des pères, Tome I Textes, Paris 1965. 1973.

–, Synopse des quatre évangiles en français, Tome II Commentaire par M.-É. Boismard avec la collaboration de A. Lamouille et P. Sandevoir, Paris 1972.

–, L'évangile de Jean, Commentaire par M.-É. Boismard et A. Lamouille, avec la collaboration de G. Rochais, Synopse de quatre évangiles en français, Tome III, Paris 1977.

BERGMEIER, R., Glaube als Gabe nach Johannes, Religions- und theologiegeschichtliche Studien zum prädestinatianischen Dualismus im vierten Evangelium, BWANT 6 (1980).

BERNARD, J. H., The Gospel According to St. John, 2 vol. (ed. A. M. McNeile), Edinburgh 1928.

BETZ, O., Das Problem des Wunders bei Flavius Josephus im Vergleich zum Wunderproblem bei den Rabbinen und im Johannesevangelium. Untersuchungen zu Josephus, dem antiken Judentum und dem Neuen Testament. Festschr. Otto Michel, hrsg. O. Betz, K. Haacker und M. Hengel, Göttingen 1974, S. 23–44.

BEUTLER, J., Psalm 42/43 im Johannesevangelium, NTS 25 (1978), 33–57.

BJERKELUND, C. J., PARAKALÔ, Form, Funktion und Sinn der paracalô-Sätze in den paulinischen Briefen, in: Bibliotheca Theologica Norvegica 1, Oslo 1967.

–, Geografi og kjærlighet i Johannesevangeliet, in: Dynamis 1980, S. 14–27.

BOISMARD, M.-É., De son ventre couleront des fleuves d'eau (Jo., VII,38), RB 65 (1958), 523–546.

–, Les sitation targumiques dans le quatrieme evangile, RB 66 (1959), 374–378.

–, Saint Luc et la rédaction de Quatrième Évangile (Jo., IV,46–54), RB 69 (1962), 185–211.

–, Les traditions johannique concernant le Baptiste, RB 70 (1963), 5–42.

BORGEN, P., Bread from Heaven, An Exegetical Study of the Concept of Mana in the Gospel of John and the Writings of Philo, Suppl. NovTest 10 (1965).

–, Philo·Alexandria, A Critical and Synthetical Survey of Research since World War II, in: Aufstieg und Niedergang der römischen Welt, Geschichte und Kultur Roms im Spiegel der neueren Forschung II, Bd. 21/2, hrsg. H. Temporini und W. Haase 1984, S. 98–153.

BORNKAMM, G., Geschichte und Glaube I, Gesammelte Aufsätze III, BEvTh 48 (1968), darin S. 60–67. Die eucharistische Rede im Johannes-Evangelium, ZNW 47 (1956), 161–169.

–, Geschichte und Glaube II, Gesammelte Aufsätze IV, BEvTh 53 (1971), darin S. 51–64: Vorjohanneische Tradition oder nachjohanneische Bearbeitung in der eucharistischen Rede Johannes 6?

BOWMAN, J., Samaritan Studies I: The Fourth Gospel and the Samaritans, BJRL 40 (1958), 298–308.

BROWN, R. E., The Gospel According to John, 2 vol., New York 1966. 1970.

–, The ›Mother of Jesus‹ in the Fourth Gospel, BETL 44 (1977), 307–310.

–, The Community of the Beloved Disciple, The Life, Loves, and Hates of an Individual Church in New Testament Times, London 1979.

BULTMANN, R., Das Evangelium des Johannes, KEKNT 2, Göttingen 1964.

CONZELMANN, H., Grundriß der Theologie des Neuen Testaments, in: Einführung in die evangelische Theologie 2, München 1967.

CONZELMANN, H. und LINDEMANN, A., Arbeitsbuch zum Neuen Testament, Tübingen 1975.

CULLMANN, O., L'evangile johannique et l'histoire du salut, NTS 11 (1964), S. 111–122.

–, Der johanneische Kreis, Sein Platz im Spätjudentum, in der Jüngerschaft Jesu und im Urchristentum, Tübingen 1975.

–, The Johannine Circle, Its place in Judaism, among the disciples of Jesus and in early Christianity, London 1976.

DAHL, N. A., The Johannine Church and the History, in: Jesus in the Memory of the Early Church, Minneapolis, Minnesota 1976, S. 99–119.

DAUBE, D., Typologie im Werk des Flavius Josephus, in: Freiburger Rundbrief 31 (117/120), 1979, 59–68. Nachdruck des Sitzungsberichts der Philosophisch-Historischen Klasse, 1977, Heft 6 der Bayerischen Akademie der Wissenschaften.

DAUER, A., Die Passionsgeschichte im Johannesevangelium, Eine traditionsgeschichtliche und theologische Untersuchung zu Joh. 18.1–19.30, StANT 30 (1972).

DODD, C. H., The Prophecy of Caiphas, John 11.47–53, in: Neotestamentica et Patristica, Festschr. Oscar Cullmann, Suppl. NovTest 6 (1962), 134–143.

–, Historical Tradition in the Fourth Gospel, Cambridge 1963. 1965.

–, The Interpretation of the Fourth Gospel, Cambridge 1968.

–, A Hidden Parable in the Fourth Gospel, in: More New Testament Studies, Manchester 1986, S. 30–40.

EVANS, C. A., On the Quotation Formulas in the Fourth Gospel, BZ 26 (1982), 79–83.

FAURE, A., Die alttestamentlichen Zitate im 4. Evangelium und die Quellenscheidungshypothese, ZNW 21 (1922), 99–121.

FEE, G. D., Papyrus Bodmer II (P 66), Its Textual Relationship and Scribal Characteristics, StD 34 (1968).

FORTNA, R. T., The Gospel of Signs, A Reconstruction of the Narrative Source underlying the Fourth Gospel, in: Soc. NT Stud. Monogr. Ser. 11, 1970.

–, Source and Redaction in the Fourth Gospel's Portrayal of Jesus' Signs, JBL 89 (1970), S. 151–166.

FREED, E. D., The Entry into Jerusalem in the Gospel of John, JBL 80 (1961), 329–338.

–, Old Testament Quotations in the Gospel of John, Suppl. NovTest 11 (1965), 21–38.

–, Samaritan Influence in the Gospel of John, CBQ 30 (1968), 580–587.

–, Did John Write His Gospel Partly to Win Samaritan Converts? NovTest 12 (1970), 241–256.

–, Psalm 42/43 in John's Gospel, NTS 29 (1983), 62–73.

GIBLIN, C. H., Suggestion, Negative Response, and Positive Action in St. John's Portrayal of Jesus, NTS 26 (1980), 197–211.

GOODENOUGH, E. R. and GOODHART, H. I., The Politics of Philo Judaeus, New Haven 1938.
GRELOT, P., »De son ventre couleront des fleuves d'eau«, La citation scriptuaire de Jean, VII,38, RB 66 (1959), 369–374.
–, A propos de Jean VII,38, RB 67 (1960), 224–225.
–, Jean, VII,38: Eau de rocher ou source du temple? RB 70 (1963), 43–51.
GRIMM, W., Die Preisgabe eines Menschen zur Rettung des Volkes, Priesterliche Tradition bei Johannes und Josephus, in: Josephus-Studien, Untersuchungen zu Josephus, dem antiken Judentum und dem Neuen Testament, Festschr. Otto Michel, hrsg. O. Betz, K. Haacker und M. Hengel, Göttingen 1974, S. 133–146.

HAENCHEN, E., Das Johannesevangelium, Ein Kommentar aus den nachgelassenen Manuskripten, hrsg. Ulrich Busse, Tübingen 1980.
HENGEL, M., Judentum und Hellenismus, Studien zu ihrer Begegnung unter besonderer Berücksichtigung Palästinas bis zur Mitte des 2. Jh.s v.Chr., WUNT 10 (1973).
–, Zeloten und Zikarier, Zur Frage der Einheit und Vielfalt der jüdischen Befreiungsbewegung 6–74 n.Chr., in: Josephus-Studien, Untersuchungen zu Josephus, dem antiken Judentum und dem Neuen Testament, Festschr. Otto Michel, hrsg. Otto Betz, Klaus Haacker und Martin Hengel, Göttingen 1974, S. 175–196.
HOSKYNS, E. C., The Fourth Gospel, hrsg. F. N. Davey, London 1940.

JEREMIAS, J., Johanneische Literaturkritik, ThBl 20 (1941), 33–46.
JONGE, M. DE, Jesus, Stranger from Heaven and Son of God, Jesus Christ and the Christians in Johannine Perspective, in: Society of Biblical Literature, Sources for Biblical Study 11, 1977, S. 117–140.
–, Signs and Works in the Fourth Gospel, Suppl. NovTest 48 (1978).
JOSEPHUS, FLAVIUS, Jüdische Altertümer, übersetzt von Fr. Kaulen, Köln am Rhein 1892.
–, Opera, with an English Translation by H. S. J. Thackaray, R. Marcus, A. Wikgren, L. H. Feldman, I–IX, The Loeb Classical Library, London 1966–1969.

KYSAR, R., The Fourth Evangelist and his Gospel, An examination of contemporary scholarship, Minneapolis, Minnesota 1975.

LAGRANGE, M. J., Évangile selon Saint Jean, Paris 1925.
LANGBRANDTNER, W., Weltferner Gott oder Gott der Liebe, der Ketzerstreit in der johanneischen Kirche, Eine exegetisch-religionsgeschichtliche Untersuchung mit Berücksichtigung der koptisch-gnostischen Texte aus Nag-Hammadi, Beiträge zur biblischen Exegese 6, Heidelberg 1977.
LÉON-DEFOUR, X., Trois chiasmes Johanniques, NTS 7 (1960–61), 249–255.
–, Bulletin de litterature johannique, RSR 68/2 (1980), 271–316.
–, Towards a Symbolic Reading of the Fourth Gospel, NTS 27 (1980/81), 439–456.
LEROY, H., Rätsel und Mißverständnis, Ein Beitrag zur Formgeschichte des Johannesevangeliums, BBB 30 (1968).
LIGHTFOOT, R. H., St. John's Gospel, Oxford Paperbacks 5, hrsg. C. F. Evans, Oxford 1963.
LINDARS, B., The Gospel of John, New Century Bible Commentary, London 1982.

MACDONALD, J., Memar Marqah, Aramaic Text and English Translation, Memar Marqah – The Teaching of Marqah, Vol. I: The Text, Vol. II: The Translation, BZAW 84 (1963).
–, The Theology of the Samaritans, (The New Testament Library), London 1964.
–, The Samaritan Chronicle No II (or: Sepher Ha-Yamin), From Joshua to Nebuchadnezzar, BZNW 107 (1969).
MACDONALD, J. and HIGGINS, A. J. B., The Beginnings of Christianity According to the Samaritans, NTS 18 (1971–72), 54–80.

MARSH, J., The Gospel of St. John, The Pelican Gospel Commentaries, Harmondsworth, Middelsex 1968.

MARTYN, J. L., History and Theology in the Fourth Gospel, New York 1968.

–, Glimpses into the History of the Johannine Community, BETL 44, Leuven 1977, S. 149–175.

–, The Gospel of John in Christian History, Essays for Interpreters, New York, Ramsey, Toronto 1978.

MASTIN, B. A., A Commentary on the Gospel According to St. John, Black's New Testament Commentaries, New York 1968.

MATSUNAGA, K., Is John's Gospel Anti-Sacramental? A new Solution in the Light of the Evangelist's Milieu, NTS 27 (1980), 516–524.

MEEKS, W. A., Galilee and Judea in the Fourth Gospel, JBL 85 (1966), 159–169.

–, The Prophet-King, Moses Traditions and the Johannine Christology, Suppl. NovTest 14 (1967).

–, The Man from Heaven in Johannine Sectarianism, JBL 91 (1972), 44–72.

MICHAELS, J. R., The Temple Discourse in John, in: New Dimensions in New Testament Study, hrsg. R. N. Longenecker, M. C. Tenney, Michigan 1974.

MORRIS, L., The Gospel According to John, Grand Rapids, Michigan 1970.

NEIRYNCK, F., John and the Synoptics, BETL 44 (1977), 73–106.

–, Jean et les Synoptiques, Examen critique de l'exégèse de M.-É., Boismard, BETL 49 (1979).

–, John and the Synoptics, The empty tomb Stories, NTS 30 (1984), 161–187.

NICOL, W., The Semeia in the Fourth Gospel, Tradition and Redaction, Suppl. NovTest 32 (1972).

NOACK, B., Tegnene i Johannesevangeliet, Tydning og brug av Jesu under, Köbenhavn 1979.

OLSSON, B., Structure and Meaning in the Fourth Gospel, A textlinguistic Analysis of John 2.1–11 and 4.1–42, in: Coniectanea Biblica N.T. Series 6, Lund 1974.

O'ROURKE, J. J., Asides in the Gospel of John, NovTest 21 (1979), 210–219.

PAMMENT, M., Is There Convincing Evidence of Samaritan Influence on the Fourth Gospel? ZNW 73 (1982), 221–230.

PANCARO, S., ›People of God‹ in St. John's Gospel, NTS 16 (1969–70), 114–129.

–, The Law in the Fourth Gospel, Moses and Jesus, Judaism and Christianity according to John, Suppl. NovTest 42 (1975).

PHILO, Opera, with an English Translation by H. S. J. Thackeray and H. H. Whitaker, I–XII. The Loeb Classical Library, London 1929–1964.

PORSCH, F., Pneuma und Wort, Ein exegetischer Beitrag zur Pneumatologie des Johannesevangeliums, FrTS 16 (1974).

POTTERIE, J. DE LA, Le bon pasteur, in: Populus Dei II, Communio 11, Studi in onore del Card. Alfredo Ottaviani, Rom 1969, S. 927–968.

PRABHU, G. M. S., The Formula Quotations in the Infancy Narrative of Matthew, in: Analecta Biblica 63, Rom 1976.

PURVIS, J. D., The Samaritan Pentateuch and the Origin of the Samaritan Sect, Camb. Mass. 1968.

REIM, G., Studien zum alttestamentlichen Hintergrund des Johannesevangeliums, in: Society for New Testament Studies Monograph Series 22, Cambridge 1974.

RICHTER, G., Zur sogenannten Semeia-Quelle des Johannesevangeliums, in: Studien zum Johannesevangelium, hrsg. J. Jainz, Regensburg 1977, S. 281–287.

–, Zur Frage von Tradition und Redaktion in Joh. 1.19–34, in: Studien zum Johannesevangelium, 1977, S. 288–314.

Rissi, M., Der Aufbau des vierten Evangeliums, NTS 29 (1983), 48–54.

Robinson, J. A. T., The Parable of John 10.1–5, in: Twelve New Testament Studies, London 1962, S. 67–75. Vgl. ZNW 46 (1955), 233–240.

Rothfuchs, W., Die Erfüllungszitate des Matthäus-Evangeliums, Eine biblisch-theologische Untersuchung, BWANT 5 (1969).

Ruckstuhl, E., Die literarische Einheit des Johannesevangeliums, Der gegenwärtige Stand der einschlägigen Forschung, Studia Friburgensia NF 3 (1951).

–, Johannine Language and Style, The Question of their Unity, BETL 44 (1977), 125–147.

Sanders, J. N. and Mastin, B. A., A Commentary on the Gospel According to St. John, New York 1968, London 1975.

Schenke, L., Die formale und gedankliche Struktur von Joh. 6.26–58, BZ 24 (1980), 21–41.

Schnackenburg, R., Zur Traditionsgeschichte von Joh. 4.46–54, BZ NF 8 (1964), 58–88.

–, Das Johannesevangelium, I–III, Freiburg (Herder) 1965, 1971, 1975.

–, Entwicklung und Stand der johanneischen Forschung seit 1955, BETL 44 (1977), 19–44.

Schulz, S., Untersuchungen zur Menschensohn-Christologie im Johannesevangelium, Göttingen 1957.

–, Das Evangelium nach Johannes, Göttingen 1972.

Schweizer, E., Ego Eimi, Die religionsgeschichtliche und theologische Bedeutung der johanneischen Bildreden, zugleich ein Beitrag zur Quellenfragen des vierten Evangeliums, FRLANT NF 38 (1939).

–, The Concept of the Church in the Gospel and Epistle of St. John, in: New Testament Essays, Studies in Memory of T. W. Manson, Manchester 1959, S. 230–245.

Scobie, C. H., The Development of Samaritan Christianity, NTS 19 (1972–73), 390–414.

Simonis, A. J., Die Hirtenrede im Johannes-Evangelium, Versuch einer Analyse von Johannes 10.1–18 nach Entstehung, Hintergrund und Inhalt, in: Analecta Biblica 29, Rom 1967.

Smend, F., Die Behandlung alttestamentlicher Zitate als Ausgangspunkt der Quellenscheidung im 4. Evangelium, ZNW 24 (1925), 147–150.

Smith, D. M., John and the Synoptics, Some Dimensions of the Problem, NTS 26 (1980), 425–444.

–, John and the Synoptics, Bibl 63 (1982), 102–113.

Stiftinger, K., Exegetische Studie zu Joh 7.37 f., Graz 1970.

Tenney, M. C., The Footnotes of John's Gospel, Bibl. Sac. 117 (1960), 350–364.

Thyen, H., Entwicklung innerhalb der johanneischen Theologie und Kirche im Spiegel von Joh 21 und der Lieblingsjüngertexte des Evangeliums, BETL 44 (1977), 259–299.

–, Aus der Literatur zum Johannesevangelium, ThR NF 39 (1974), 1–69, 222–252, 289–330; 42 (1977), 211–270; 43 (1978), 328–359; 44 (1979), 97–134.

Tragan, P.-R., La parabole du ›Pasteur‹ et ses explications; Jean 10.1–18, La genèse, les milieux littéraire, in: Studia Anselmiana 67, Rom 1980.

Trocmé, E., Jean-Baptist dans le Quatrième Évangile, RHPhR 60 (1980), 129–151.

Wahlde, U. C. von, The Terms for Religious Authorities in the Fourth Gospel: A Key to Literary-Strata? JBL 98 (1979), 231–253.

–, Wiederaufnahme as a Marker of Redaction in John 6.51–58, Bibl. 84 (1983), 542–549.

Wilckens, U., Der eucharistische Abschnitt der Johanneischen Rede vom Lebensbrot (Joh 6.51c–58), in: Neues Testament und Kirche, Festschr. R. Schnackenburg, Freiburg 1974, 220–248.

Stellenregister

1. Altes Testament

2. Neues Testament
(Joh ist nicht mit aufgenommen)

Autorenregister

Barrett, C. K. 116
Bassler, J. M. 36. 82. 86. 134
Becker, H. 57
Becker, J. 5
Belle, G. van 5 f. 59
Bergmeier, R. 141
Betz, O. 23
Beutler, J. 121
Bjerkelund, C. J. 12
Boismard, M.-É. 61. 62−65. 68. 74. 76 f.
    85. 91. 98
Borgen, P. 49. 87. 89 f.
Bornkamm, G. 68−70. 88. 91 f.
Bowman, J. 36
Brown, R. E. 36. 58. 64. 74. 80 f. 83. 86.
    88 f. 91. 95 f. 99. 104. 111. 115−120. 122
Bultmann, R. 17 f. 20 f. 33. 56 f. 59. 68. 70.
    78. 81. 86. 89. 91. 96. 101−103. 110.
    116 f. 120−122. 128. 133. 142

Conzelmann, H. 56
Cullmann, O. 36. 134

Dahl, N. A. 133. 134
Daube, D. 24−26. 28
Dauer, A. 16. 90. 123
Dibelius, M. 20
Dodd, C. H. 23. 65. 73. 76. 80. 82. 85. 94.
    102. 107. 109−115. 121. 150

Evans, C. H. 137

Faure, A. 135 f. 138. 140. 142
Fee, G. D. 61
Fortna, R. T. 12. 56−66. 68. 75. 78. 83. 85
Freed, E. D. 36. 95. 98. 115. 121. 131

Giblin, C. H. 16. 83. 84
Goodenough, E. R. 49
Goodhart, H. I. 49
Grelot, P. 98
Grimm, W. 24

Haenchen, E. 80. 120. 122 f.
Hengel, M. 23. 35
Higgins, A. J. B. 46

Jeremias, J. 58
Jonge, M. de 55. 64. 84. 87

Kysar, R. 5. 59

Lagrange, M. 76
Langbrandtner, W. 141
Léon-Defour, X. 5. 20. 82. 121
Leroy, H. 16
Lindars, B. 110
Lindemann, A. 56

MacDonald, J. 35. 38−41. 43. 46
Martyn, J. L. 85. 134. 148
Mastin, B. A. 117
Matsunaga, K. 92
Meeks, W. A. 36. 55. 86. 89. 90. 94
Michaels, J. R. 87 f. 94. 97. 100−102

Neirynck, F. 5. 58. 61−64. 116
Nicol, W. 56
Noack, B. 84

Olsson, B. 10−12. 20. 60. 77 f. 80. 98. 115
O'Rourke, J. J. 9−11

Pamment, M. 36
Pancaro, S. 80. 88. 90
Porsch, F. 16. 94. 96
Potterie, J. de la 18 f.
Prabhu, G. M. S. 11. 118. 137 f.
Purvis, J. D. 36

Reim, G. 131. 133
Richter G. 59. 66−68. 74
Rissi, M. 76. 141
Robinson, J. A. T. 105. 107 f. 110
Rothfuchs, W. 136−138. 143
Ruckstuhl, E. 56. 58. 64

162 *Autorenregister*

Sanders J. N. 117
Schenke, L. 90
Schnackenburg, R. 20. 56. 61. 74. 85. 89.
   93 f. 98. 104–106. 111. 114. 120. 141
Schulz, S. 20
Schweizer, E. 56. 133
Scobie, C. H. 36
Simonis, A. J. 68. 103 f. 107 f.
Smend, F. 136 f.

Smith, D. M. 58. 80. 116
Stiftinger, K. 95

Tenney, M. C. 5–10
Thyen, H. 5. 57. 61. 70. 88. 92
Tragan, P.-R. 103. 105–107
Trocmé, E. 75. 83

Wahlde, U. C. von 74. 88. 96
Wilckens, U. 88

Texte und Studien zum Antiken Judentum

herausgegeben von
Martin Hengel und Peter Schäfer

J.C.B. Mohr (Paul Siebeck)
Tübingen

DATE DUE

HIGHSMITH   #LO-45220